長安街

四维解码『神州第一街』

长安街知事 编著

北京日報出版社

图书在版编目（CIP）数据

长安街：四维解码“神州第一街”/长安街知事编著. -- 北京：北京日报出版社，2024. 10. -- ISBN 978-7-5477-5027-8

Ⅰ. K291

中国国家版本馆CIP数据核字第202443Y7C3号

审图号：京S（2024）048号

长安街：四维解码“神州第一街”

出版发行：北京日报出版社
地　　址：北京市东城区东单三条8-16号东方广场东配楼四层
邮　　编：100005
电　　话：发行部：（010）65255876
　　　　　总编室：（010）65252135
印　　刷：雅迪云印(天津)科技有限公司
经　　销：各地新华书店
版　　次：2024年10月第1版
　　　　　2024年10月第1次印刷
开　　本：880毫米×1230毫米　1/16
印　　张：22
字　　数：360千字
定　　价：158.00元

重新发现长安街

每每提及长安街，总有一段深刻的记忆涌上心头。

20 世纪 80 年代，我留学归国，有幸参与的第一个重大项目便是长安街规划。那时的北京，正在编制新的一版城市总体规划，我们满怀着对这座城市未来的憧憬和对规划事业的热情，一头扎进了这个充满挑战的任务。

几乎每一版的北京城市总体规划，长安街都是重中之重。那时的长安街，尽管没有如今这般壮阔，但已经是一个充满活力的地方。在“自行车王国”里，凤凰牌自行车、“二八大杠”自行车形成的浩浩荡荡的通勤大军，更是我们这代人的集体记忆。

在编制城市分区规划、历史文化名城保护规划、皇城保护规划、历史文化街区规划等项工作的日子里，我和同事走访街巷、踏勘胡同、寻访古建，触摸时间给这座古都留下的印痕。再往后，不论是做城市规划还是文物保护工作，我一直在近距离见证着长安街不断延长、升级、焕然一新，心中充满感慨。

几十年匆匆而过。闲暇时，每次漫行长安街，总能感受到一种既熟悉又新鲜的气息。我常常想，我们的工作不仅是保护历史，也是在保护未来。我们有责任让后人了解关于长安街的历史以及它承载的古都文脉。这本新书，正是向后人展示长安街魅力的一个很好的载体。在一次又一次的回望中，我们将获得一种“重新发现”的兴奋，与一种“永远热爱”的深情。它将带领读者穿越时空，领略长安街的过去、现在和未来。

长安街的风景朝暮有别、四时不同，而最壮观最恒定的风景，是整个中华民族寻梦追梦的自信脚步。

时光流转，岁月峥嵘。在中华民族伟大复兴的坐标系上，长安街标定着一个国家的自信自强、砥砺奋进，展现着“长治久安”的美好愿望一步步照进现实。这条长街也将继续见证一个矢志复兴的民族，在新时代的长征路上不断从胜利走向新的胜利。

希望每一位读到这本书的朋友，都能像我一样深深地爱上长安街。让我们共同守护它的魅力，让它在岁月的长河中继续绽放光彩。

单霁翔

夜幕下从空中俯瞰北京，最醒目的是金“十字轴”。

南起永定门，北至钟鼓楼，悠久的中轴线是北京老城的灵魂和脊梁，是纵轴。随着“北京中轴线——中国理想都城秩序的杰作”列入《世界遗产名录》，“北京城独一无二的壮美秩序”享誉世界。

而横轴，则是以天安门广场为中心，横贯首都东西的长安街。这条被誉为“神州第一街”的百里长街，向西延伸至首钢地区、永定河水系、西山山脉，向东延伸至北京城市副中心和北运河、潮白河水系。这条发展之轴、复兴之轴，支撑起大城生长的坚实骨架，成为见证城市日新月异的“时代之镜”，更以其强烈的政治、历史、文化意义，成为闻名世界的“国家窗口”。

始建于明永乐十八年（1420），历经多次整修设计，从土路到沥青路，从不贯通到贯通，从“十里长街”变为“百里长街”，从“最窄处 5 米、最宽点 15 米”到“可做飞机跑道”，从设计护栏到规划绿地……长安街不断延长、拓宽，焕新、升级，它的生长变迁，不仅是宽度、长度及沿街建筑高度的空间叠加，更是顺应时代功能定位调整的深度嬗变，堪称四维生长。据 2017 年《北京城市总体规划（2016 年—2035 年）》，长安街及其延长线的使命定位更加明晰——“以国家行政、军事管理、文化、国际交往功能为主，体现庄严、沉稳、厚重、大气的形象气质”。

每座城市都有各自的独家记忆，长安街也在悠悠岁月中浓缩着太多的家国故事。1949 年，毛泽东主席在天安门城楼上宣告“中华人民共和国中央人民政府今天成立了”；筹备国庆 10 周年庆典之际，长安街第一次全面焕新，“十大建筑”拔地而起；1983 年，国旗班第一次迈着整齐步伐穿过长安街，让国旗与太阳一同升起；时至今日，人民大会堂中传出铿锵宣示——“中华民族迎来了从站起来、富起来到强起来的伟大飞跃”……长安街沿线一栋栋标志性建筑，记录着中华民族如何从筚路蓝缕探索寻路走向复兴，如何在中国共产党的坚强领导下奋勇开拓中国特色社会主义道路的美好前景与光明未来。

改革开放伟大变革的加速度，直接体现为北京变身现代化国际大都市的加速度，体现为长安街发展建设的加速度。数据显示，20 世纪 90 年代，长安街 10 年建设量是此前 40 年建设总量的 4 倍，办公、商业、金融类建筑鳞次栉比，长安街及其延长线两侧的建筑格局大体完成。作为外宾来华的重要一站，长安街沿线的故宫、秀水街、第一使馆区、建国饭店……深度参与了中国改革开放的时代进程，见证着中国开放的大门越开越大的生动实践，见证着中国与世界交往的脚步更加笃定的发展信心。

抚今追昔，今非昔比。而历史的细节，又是如此意蕴深刻——1984 年，以一封署名“华兴”、叙说梦想登上天安门城楼的来信为起点，经过反复研究后决定，1988 年元旦天安门城楼正式向公众开放，昔日封建皇权禁地，成为人们来京旅游热门打卡地。行走于长街之上，每每可见诸多冠之以“人民”之名的重要建筑，人民大会堂、人民英雄纪念碑、劳动人民文化宫、中国人民革命军事博物馆……它们鲜明诠释着中国共产党“一切为了人民、一切依靠人民”的执政理念。长安街的故事，昭示着“人民当家作主”的政治追求，承载着“人民至上”的深厚情怀。

首都北京，一城双轴，横纵交汇，其交点正是天安门广场建筑群。2024年7月，党的二十届三中全会在人民大会堂胜利召开，会议通过了《中共中央关于进一步全面深化改革、推进中国式现代化的决定》，这是在新的历史起点上推进全面深化改革向广度和深度进军的又一次总动员、总部署。在中华民族伟大复兴的坐标系上观照，发展的长安街，开放的长安街，人民的长安街，无不展现着“长治久安”的美好愿望如何一步步照进现实。

2024年是中华人民共和国成立75周年，重温峥嵘岁月的沧桑巨变，更能理解“神州第一街”的重要价值。它属于北京，属于中国，属于每一个行走在长街之上、为其深感自豪骄傲的“国家主人”。谨以此书，向祖国献礼。祝福我们伟大的祖国——繁荣昌盛，国泰民安！

长安街的故事，还会更加璀璨夺目。

长安街知事

2024年9月

•东西长安街展宽到一百二十公尺至一百四十公尺。

•中央其它部门和有全国意义的重大建筑如博物馆、国家大剧院等，将沿长安街等重要干道布置。

——1958 年《北京市总体规划方案》

•保留并发展了原有的南北中轴线，打通并展宽延伸了东西长安街，形成了新的东西轴线，两条轴线相交在天安门广场。

•要继续完成天安门广场和东西长安街的改建。安排中央及国家领导机关和一些重要的大型文化设施与其他公共建筑，形成庄严、美丽、现代化的中心广场和城市主要干道。

——1983 年《北京城市建设总体规划方案》

•继续完成天安门广场和东西长安街（复兴门至建国门）两侧的改建，主要安排国家重要行政机构和大型文化设施，适量安排商业服务设施，形成庄严、美丽、现代化的中心广场和城市东西轴线。

•长安街、前三门大街两侧和二环路内侧以及部分干道的沿街地段，允许建部分高层建筑，建设高度一般控制在 30 米以下，个别地区控制在 45 米以下。

——1993 年《北京城市总体规划（1991 年—2010 年）》

•在北京市域范围内，构建“两轴－两带－多中心”的城市空间结构。两轴：指沿长安街的东西轴和传统中轴线的南北轴。

•长安街及其延长线是体现北京作为全国政治、文化中心功能的重要轴线；规划以中部的历史文化区和中央办公区为核心，在东部建设中央商务区(CBD)，在西部建设综合文化娱乐区，完善长安街轴线的文化职能。

——2005 年《北京城市总体规划（2004 年—2020 年）》

•构建“一核一主一副、两轴多点一区”的城市空间结构。

•长安街及其延长线以天安门广场为中心东西向延伸，其中复兴门到建国门之间长约 7 公里，向西延伸至首钢地区、永定河水系、西山山脉，向东延伸至北京城市副中心和北运河、潮白河水系。

•长安街及其延长线以国家行政、军事管理、文化、国际交往功能为主，体现庄严、沉稳、厚重、大气的形象气质。

1. 以天安门广场、中南海地区为重点，优化中央政务环境，高水平服务保障中央党政军领导机关工作和重大国事外交活动举办。

2. 以金融街、三里河、军事博物馆地区为重点，完善金融管理、国家行政和军事管理功能。

3. 以北京商务中心区、使馆区为重点，提升国际商务、文化、国际交往功能。

4. 加强延伸至北京城市副中心的景观大道建设，提升东部地区城市综合功能和环境品质。

5. 整合石景山—门头沟地区空间资源，为城市未来发展提供空间。

——2017 年《北京城市总体规划（2016 年—2035 年）》

目录

第四章 人民的长安街

第五章 开放的长安街

第六章 立体的长安街

第七章　厚重的长安街

第八章　生态的长安街

第一章

名动天下的长街

霞光下的长安街。摄 / 北京日报记者　武亦彬

天街连山海

十里还是百里，长安街到底有多长

穿过复兴门上的彩虹桥，迎面一轮朝阳。眼前的“神州第一街”——长安街，熠熠生辉。

一路风光无限，一路盛景繁华。

当历史的镜头拉近，我们会看到它的前世今生——

数百年间，长安街从“十里长街”变为“百里长街”，“生长”已成为其最鲜明的特质。

而今，从金水桥向东、西望去，笔直的街道宛如巨人将双臂伸展开来，展露大国之都的胸襟与怀抱。

浩浩长街，悠悠岁月。这幅北京长安街及其延长线的宏伟卷轴，是今日中国的生动写照。

十里长街

很多国家的首都，都有一条著名的街道，比如法国巴黎的香榭丽舍大街，俄罗斯莫斯科的阿尔巴特大街……这些名街大道,不仅集中了大量的地标建筑，更因其强烈的政治、历史、文化意义，成为闻名世界的“国家窗口”。

在中国，首都北京的长安街，亦是如此。

这里留下了中华文明的深深印记，见证了沧海桑田的时代巨变。

“长安街到底有多长？”问题的答案似乎不止一种。

有人说是“十里长街”，一篇《十里长街送总理》成为几代人的集体记忆；有人说是“百里长街”，它向东西两端不断延伸，指向城市的未来……

而故事，要从600多年前说起。

据史料记载，明永乐十八年（1420），紫禁城建成，因皇城扩大，内城的南城墙向南推移，原城墙辟为街道。这条街道东侧至长安左门，西侧至长安右门，长度只有370米，最初被称为“天街”。

这条御道天街，就是最初的长安街。

到了清顺治八年（1651），今东单路口北建起了东单牌楼，西单路口北建起了西单牌楼。从长安左门到东单牌楼处的这段路被命名为东长安街，从长安右门到西单牌楼处的这段路称为西长安街。

不过，历史上很长一段时间里，东、西长安街并未贯通。

直到1912年，为了交通便捷，长安左门、右门门扇被拆除，仅留门阙。自此，东、西长安街得以连通，天安门前的广场也向公众开放。

这时的长安街，从东单到西单，长约3.7公里，虚数称“十里”，故有“十里长街”之说。

新中国成立之后，北京被确定为首都。长安街的规划、改造和建设也走上了快车道。

1953年，为了改善京城日趋拥挤的交通状况，市政部门将长安左门、右门两座城门彻底拆除；此后，为了进一步改善交通，又将东单以东的五条胡同拆除，辟为建国门内大街；将西单以西的五条胡同拆除，辟为复兴门内大街。由此，长安街向东延至建国门，向西延至复兴门，长度为6.7公里。

“1953年的规划里就有这条街，那会儿长安街是从东单到西单，规划上的概念是将长安街延伸到建国门和复兴门。在国庆10周年的时候，长安街正式打通，基本的框架就形成了。”在接受《北京日报》记者采访时，原北京市城乡规划委员会主任赵知敬说道。

长安街，在人民心目中具有特殊的意义和神圣的地位。

“东西长安街的许许多多的巨大扩音器里传来轻快的舞曲声，早已把人们的心吸引到天安门去了。从四面八方涌来的人流把东西长安街都淹没了。”这是 1953 年 5 月 1 日，长安街上“狂欢之夜”的欢快景象。“天安门，祖国的心脏呵！你永远光明和美丽！”在报道中，《北京日报》记者发出这样的感叹。

这条十里长街，承载着太多历史与记忆。

它是首都最隆重繁忙的迎宾大道，是传统与现代文化交相辉映的空间场景，是每一个中国人向往的圣地。

规划探索

由于其特殊的政治地位，长安街成为北京乃至全国规划次数最多的一条大街。

一次次规划的编制、蓝图的实施，都充满了艰辛的探索。在此过程中，北京东西轴线不断拓展与延伸，沿街建筑面貌逐渐成形。

阅览《北京日报》1957 年 5 月 8 日头版，一篇题为《未来的北京什么样？》的报道透露出不少细节。

报道中提到，北京城市建设总体规划的初步方案已经拟订。“北京的旧城将来仍然是首都的中心地区。中央领导机关将要在天安门广场附近，或者沿着几条主要的干道修建。东西长安街、前门大街和地安门大街等都是北京的主要干道，将要展宽到一百一十公尺，并且向外延伸出去。”

报道中还点出：“将来的东西长安街，东头直达通县，西头直达石景山钢铁厂，全长三十多公里。”

1964 年 4 月，市政府组织北京市规划局、北京建筑设计院、北京工业建筑设计院、中国建筑科学研究院、清华大学、北京工业大学等 6 家单位参加长安街改建规划方案的编制，并邀请全国知名建筑专家参加方案的审议。

方案中提到，长安街形象应以严肃和活泼相结合，除了安排办公楼外，可以合理安排一些文化和商业建筑；长安街应体现“庄严、美丽、现代化”的方针，沿街建筑高度以 30 米至 40 米为基调；在建筑风格上，要处理好民族化和现代化的关系，力求简洁而不烦琐，大方而不庸俗，明朗而不沉闷。

这一方案为进一步规划和建设长安街起了重要参考作用，至今仍有指导借鉴意义。

党的十一届三中全会后，随着改革开放的推进，首都建设速度加快。

1983 年《北京城市建设总体规划方案》中，首次将长安街作为北京的东西轴线编入总体规划，在旧城改建布局中明确“保留并发展原有的南北中轴线，打通并展宽延伸东西长安街，形成新的东西轴线，两条轴线相交在天安门广场”，并提出“要继续完成天安门广场和东西长安街的改建”。

1998 年，为迎接新中国成立 50 周年，对长安街及其延长线进行了最大规模的整治工作。

2002 年，长安街研究规划报告中正式确立复兴门与建国门区段“神州第一街”的地位，并将整治的范围扩大至由首钢东门至通州运河广场，总长达到 46 公里。

新中国成立后，长安街多次向东、向西延长，先是东至大北窑，西至公主坟，再后来东至通州运河广场，西至首钢东门，总长度虚数可称“百里”，故有“百里长街”之说。

应当说，这所谓的“十里”和“百里”均是泛称，并不是确切的数字。

长安街仍在不断延伸。

2017 年 9 月 13 日，中共中央、国务院批复的《北京城市总体规划（2016 年—

1984 年，新中国成立 35 周年大庆之夜的长安街。摄 / 北京晚报记者　张风

2035年）》（以下简称新总规）这样描述：“长安街及其延长线以天安门广场为中心东西向延伸，其中复兴门到建国门之间长约7公里，向西延伸至首钢地区、永定河水系、西山山脉，向东延伸至北京城市副中心和北运河、潮白河水系。”

按照新总规要求，长安街的总长将达63公里左右，成为真正意义上的“百里长街”。

继往开来

不积跬步，无以至千里。

从“十里”到“百里”，长安街走过了一段漫长的路途。它的步伐，清晰地记录下共和国成长的轨迹。

“长安街是北京历史的象征，是共和国成长、发展的象征。作为‘神州第一街’，它有一种恢宏的气势，体现了中华民族追求发展、追求幸福的努力。长安街不仅是北京人的骄傲，也是全国人民的骄傲。我每次从国外回国，走到长安街都会油然而生一种作为中国人的自豪。”在接受媒体采访时，中国入世谈判首席代表龙永图颇有感触地说。

这条穿越时空的轴线，正在走向更加辉煌的未来。

紧紧围绕“建设一个什么样的首都，怎样建设首都”这一重大课题，在新总规中，北京提出着力构建“一核一主一副、两轴多点一区”的城市空间结构。

作为“两轴”之一，长安街被赋予更崇高的使命——新总规就“完善长安街及其延长线”作出了规划，要求“长安街及其延长线以国家行政、军事管理、文化、国际交往功能为主，体现庄严、沉稳、厚重、大气的形象气质”。如今，在长安街东延长线上，北京城市副中心这座千年之城正在崛起。

大运河畔、绿心林海中，北京城市图书馆、北京大运河博物馆、北京艺术中心三大文化设施于2023年12月正式投入运营……一大批项目加速落地，成果斐然。

北京城市副中心成为京津冀协同发展的重要“一翼”，带动区域腾飞。

长安街西延长线上，首钢老厂区内，曾经的十里钢城再无机器轰鸣。

它的新名字——新首钢高端产业综合服务区，被寄予打造“城市复兴新地

从绿心森林公园远眺三大文化地标与北京副中心城区。图源：北京日报

标”的希望。

2016 年，北京冬奥组委入驻由西十筒仓区域工业遗存改造的办公地；2022 年，北京冬奥会单板滑雪大跳台比赛项目在此上演，运动员旋转的身姿与背景中的冷却塔相衬，成为最独特的定格……

我没见过那一条街，
能比得上长安街这般长远：
它东接大海，浩浩渺渺，
它西连昆仑，莽莽苍苍；
……

在 1962 年 3 月 22 日的《北京日报》上，一首《长安街之歌》极尽浪漫。

这条令人心生向往的“神州第一街”，走过波澜壮阔的历史，必将见证伟大复兴的美好未来。

文 / 陈雪柠

长安传古今

长安街诞生多久了，它的名字从哪里来

长安街，是一条街吗？

对几乎所有中国人来说，早在双脚踏上长安街之前，就已有了关于这条街的记忆。

曾经，封建王朝与市井烟火以此街为界，隔开两重天；一百多年前，八国联军的铁骑从此野蛮踏过；同样也是以此为起点，工人阶级登上历史舞台，而后一个崭新的中国茁壮成长，中华民族走出了一条属于自己的道路。“长治久安”的美好图景，跨越百年，自这里走进现实。

“萧瑟秋风今又是，换了人间。”长安街，不只是一条街，更是一条通往中华民族复兴之路。

始丁 300 米

“长安”二字始于 2000 多年前。

西汉初年，汉高祖刘邦定都于关中，高祖五年（前 202），置长安县，在原秦朝兴乐宫的基础上修建长乐宫，位于渭河南岸、阿房宫的北侧。两年后，汉高祖将国都由栎阳（古县名，战国时秦国早期都城）迁移至此，因地处长安乡，故定名长安城，寓意“长治久安”。

隋、唐两朝，长安城又成了统一王朝首都的名字，时间长达 320 多年。

或许是其所代表的美好愿景，就像某种文化基因，“长安”二字根植在了中国的历史深处。

1271 年，忽必烈在金中都东北另建新城，命名为元大都，大都南城墙内有一条名为“顺城街”的街道，东起今内城东墙故址，西至今内城西墙故址，长约 6.7 公里，宽度约 20 米，这被认为是现今长安街的雏形。

直到明初，“长安街”才正式以皇城前主要街道的名字出现。

彼时，这还是一条被割裂开的街道。

明初改建元大都时，将内城的南城墙向南推移了约 2 里，在天安门（明时称承天门）前形成了一个“T”形广场，沿广场的东、西、南三面，修筑宫墙。南端为大明门，东西两翼各开一门，分别被称为长安左门、长安右门，而这段被框定在两座长安门之间约 300 多米长的小街道，便是最早的长安街。

1644 年，清军入关，清朝统治者接管了前朝的江山，却并未对前代遗留的北京城以及长安街的整体布局做出较大的改动。

清顺治八年（1651），长安左、右两门，分别被改称为东长安门和西长安门，并在今东单路口北建东单牌楼，上书“就日”二字（比喻对天子的崇仰或思慕），西单路口北建西单牌楼，上书“瞻云”二字（意为贤明的君主恩泽施及尤民）。另在今北京饭店前，建东长安牌楼；今府右街南口，建西长安牌楼。

从长安右门向西延伸至西单牌楼，便是历史上的西长安街；而与之对称的，自长安左门延伸至东单牌楼的，为东长安街。清代乾隆年间，两条街又分别向东西两侧各延长了约 500 米。

也是在这一时期，东西长安街被“切割”得更碎了。在东长安门与东长安牌楼之间，竖起了三座门，被称为东三座门，与之对称的西三座门随之拔地而起。

“旧时皇帝面南而君临天下，所以建筑都以皇帝为中心，所谓的‘左右’也是从他的视角出发的。”北京古都学会影像专委会副主任闫树军说。

那时候的长安街，很难称之为一条“街”。

与城内的其他街道一样均为土路，平日里“无风三尺土，有雨一街泥”，“黄土垫道，净水泼街”是皇帝要过街时才有的待遇。

皇城禁苑，不许百姓穿行，天安门广场与北侧的皇城，阻挡住了北京内城

北京内城的第一张照片，由英法联军的随军摄影记者费利斯·比托摄于 1860 年。供图 / 刘阳

三分之二东西方向的交通道路。

龙门在左，虎门在右

在中国传统的五行理论中，东方属木，象征春天，寓意生长与生命。西方属金，象征秋天，寓意凋敝与死亡。

或许是一种巧合，东西长安街呈现出了截然不同的功能区分，与之相呼应。明清两代都将礼部、户部、吏部、工部与翰林院设置在紧邻东长安街的位置上，这里也因此与商业、民政、庆典紧密相连。

每三年，书写着当年进士名讳的“黄榜”，都会经午门、天安门，东转出长安左门张挂在临时搭建的“龙棚”内。举子们一旦金榜题名，犹如鱼跃龙门，长安左门成了民间的“龙门”，而东长安街便是“金殿传胪”的最后一站。

一门之隔，光景截然不同。

每年秋季，等待处决的囚犯会经由长安右门被带到天安门广场西侧，排列整齐，等待判决与行刑。

在明代，朝廷将左、中、右、前、后五军都督府与锦衣卫等衙门设立在“T”形广场西侧，紧邻西长安街。到了清代，采用八旗兵制，废除五军都督府，设刑部、都察院、大理寺。西长安街也因此与刑罚、军事息息相关，而长安右门成了百姓口中的“虎门”，跨出这道门，常常意味着生命的尽头。

横亘在长安街之间的“T”形广场，成了某种区域分界线。

广场南端的大清门和北京城的南大门正阳门之间，隔着一个百步见方的小广场，被老百姓称为“棋盘街”，要想从西边走到东边，百姓只能选择绕道。

除了上述机构外，民宅填补了这一区域内剩余的大部分空缺。作为皇城前的主要街道，长安街两旁住的人自是“非富即贵”。

历经沉浮

时势塑造了这条街的形象，而它的形象也在不断映照时势，两者互为镜像。

1840 年是中国历史的一道伤疤。当稳定的社会环境被打开一个缺口，一条街也随之震荡。

1901 年《辛丑条约》签订后，东长安街以北 80 米至南城墙的区域成了外国列强的租借地，而且为之专用。整个街道的氛围与生态也随之改变，中国人不得在界内居住，这片区域就变成使馆区和练兵场，练兵场沿着使馆界布置，填满了街道的南侧。

此后，东西长安街作为“街”的基本功能开始逐渐显现。1905 年，东长安街修成石砟路。两年后，西长安街也修成了石砟路。

随着清王朝的覆灭，古老的城市布局已无法适应时代的发展，这条街的旧时格局亦随之被打破。

1913 年 1 月 1 日，东三座门、西三座门、长安左门、长安右门内的门，以及连接这几座门殿的围墙被拆除。相互凝视了数世纪之久的两段长安街之间，终于出现了一条通道。

1917 年，长安街路面修成了柏油路，开始成为北京城的主要交通道路。但在整个民国期间，长安街并非一条笔直通畅的大街，从西单到东单短短几公里，要经历数次曲折。

“敬陈者各处街道均有定名，惟自天安门至中华门一段，又东西长安门之一段，及长安门外之东西两段，迄无一定之名称殊多不便，今拟将中间南北方向之正道，即自天安门至中华门之一段，定名为天安道，又长安门间东西方向之一段，定名为中山街，自东长安门直至东单牌楼，统名为东长安街，自西长安门至西单牌楼，统名为西长安街。”

这是一封来自 1928 年的建议书，时任北平工务局局长的华南圭曾向北平市长呈递有关道路命名的建议，从中亦可窥见当时这条街道的曲折。

后来，在民国二十五年（1936）北平市内外城分区地图上，从西单到东单之间的道路被细分为了六段，自西向东分别是：西长安街、府前街、西三座门大街、中山路、东三座门大街、东长安街。

然而，不论如何改造，“长安街”这三个字，历经沉浮，未曾从世人眼前消失，唯有日伪时期出版的北平地图上找不到东、西长安街的名字。

日伪统治期间，曾对北平进行城市规划，东、西长安街分别被更名为东、

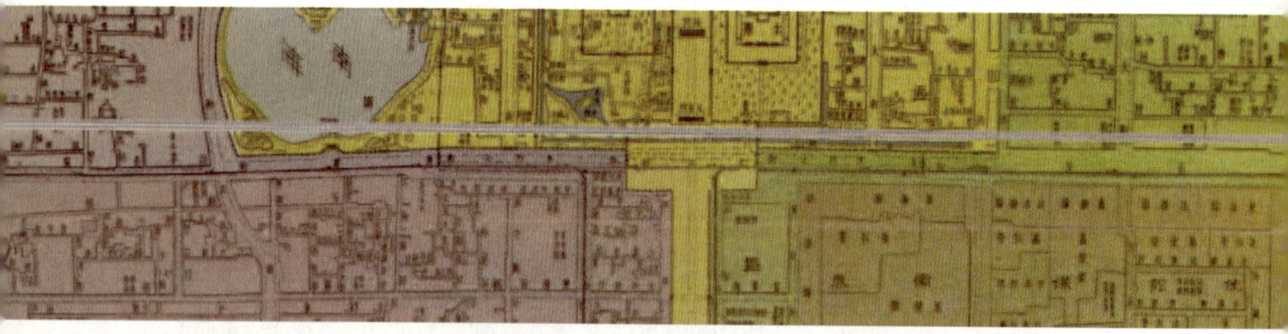

1936 年，北平市内外城分区地图截图。图源：北京市城市规划设计研究院历史文化名城规划所

西三座门街，连接起了西郊的住宅区与东郊的工业区。为了城内与东西郊的交通便利，日伪政府在东西城墙上开了两个豁口，西边的名为“长安”，东边的名为“启明”，随后还修建了向东、西两侧延伸的道路延长线。

“当时所谓的‘延长线’仍然是很窄的小胡同，并没有形成‘街’。”北京市城市规划设计研究院历史文化名城规划所副所长林宛婷说。虽然空间框架被拉开了，但没有形成长安街延长线的空间概念。

曾经的污点也能成为新的起点。这两个豁口，成了后来真正意义上长安街延长线的开端，即为今天的“复兴门”与“建国门”。

1950年前后，东三座门、西三座门与附属的两座牌楼被一同拆除。1952年，长安左门与长安右门也被拆除。1954年，东长安牌楼与西长安牌楼被迁建至陶然亭公园。

当这些明清时代象征着权力的“路障”被接连拆除、迁移后，长安街有史以来第一次真正意义上贯通了。原来封闭的空间被逐渐打开，这条街从皇家走向了大众。

“长安街尘埃落定需要一百年。”北京市城市规划设计研究院原副院长董光器曾这样描述长安街的变化。他参与了新中国成立后的历次北京市总体规划。几十年来，围绕这条街的建设从未停止。

1958年9月，《北京市总体规划方案》中首次明确“东西长安街展宽到一百二十公尺”，随后“国庆工程”在街道两侧拔地而起。

1983年《北京城市建设总体规划方案》中，首次将长安街作为北京的东西轴线编入总体规划。两年后，《关于天安门广场和长安街规划方案的报告》正式上报中共中央、国务院。

20世纪90年代，一批金融、商务写字楼在长安街上建成。为迎接新中国成立50周年，长安街还在1998年经历了新中国成立以来最大的一次全面整治。

2002年，长安街第一次以“神州第一街”的名称出现在了规划报告中。

北京市建筑设计研究院总建筑师、总规划师吴晨曾这样评价说，新中国成立后围绕长安街的规划将中国古代的营城思想与对未来城市发展的愿景充分结合起来，对于世界都城的建设来说都是一个经典的历史性规划。

2012 年，长安街夜景。摄 / 北京日报记者　饶强

眼下，新的规划仍在继续。

2017 年《北京城市总体规划（2016 年—2035 年）》提出，长安街及其延长线以天安门广场为中心东西向延伸，其中复兴门到建国门之间长约 7 公里，向西延伸至首钢地区、永定河水系、西山山脉，向东延伸至北京城市副中心和北运河、潮白河水系。

从山到河，一幅 63 公里的江山图正徐徐展开。在这里，有传统的回音，也有时代的新声，未来仍在这里徐徐展开。

文 / 丁文捷

古都披霓裳

城市色彩管控出现后，长安街该是什么颜色

每一座古都，都有自己的色彩。

“紫禁城的红墙、金色的琉璃瓦、深红的廊柱、墨绿的古柏、汉白玉的雕栏……”俯瞰北京老城，鲁迅眼中的色彩异常分明。

在天安门城楼前，长安街与统领老城规划建设的北京中轴线相交，成为贯通东西的横轴。

那么，长安街两侧的建筑应是什么颜色？

2004 年，东长安街街景。图源：北京日报

几十年来，争论从未停止。但有一点是不争的事实——

长安街上的建筑是共和国历史的缩影。长安街的建筑色彩，也应是大国首都风范的浓缩与彰显。

沉稳、厚重、大气，长安街的魅力就蕴藏在这般色彩基调之中。

冷暖调和

建筑学家称，长安街是一座“建筑博物馆”。

大道两旁，数十座闻名全国乃至世界的建筑，见证着时代的沧桑变迁。

这里有故宫博物院等古代建筑的典范，有人民大会堂、民族文化宫等融合时代感与民族风格的北京“十大建筑”，也有国家大剧院这样现代前卫的建筑作品。

它们的建筑色调，有暖亦有冷。

故宫博物院是长安街上的古代建筑典范。图源：北京日报

“红墙像一道长长的屏风，墙顶的明黄色琉璃瓦在阳光下金光闪闪。和这种鲜明色彩交相辉映的是一朵朵白玉兰花。”在1987年7月21日的《北京日报》上，散文《一株白玉兰》里生动的描述，是许多人对长安街色彩的初印象。

紫禁城南面的城墙作为长安街的一部分，保持着红黄两色为主的辉煌韵律。

新中国成立后，京城到处推进改造和建设。1959年秋，人民大会堂、中国人民革命军事博物馆、中国历史博物馆与中国革命博物馆等一大批大型公共建筑火速竣工，北京“十大建筑”之称不胫而走。这时的建筑色彩，以米黄色、白色、灰色为多。

人民大会堂外表为浅黄色花岗岩，上有黄绿相间的琉璃瓦屋檐，12根浅灰色大理石门柱壮丽典雅；电报大楼上装有四面塔钟，建筑外墙与门窗均为浅黄色系……

彼时，长安街的规划建设已更为人们所重视。在征得众多全国知名专家的意见后，有关部门对长安街的规划建设提出了多项原则：长安街应该体现“庄严、美丽、现代化”的方针；在建筑风格上，力求简洁而不烦琐，大方而不庸俗，明朗而不沉闷。

进入20世纪八九十年代，这样的规划方针得以延续。北京国际饭店、全国妇联办公楼等建筑拔地而起，亮出恢宏的身姿。

“北京的东长安街上又耸立起一幢高楼大厦。这座通身洁白的大厦像一座神秘的艺术宫殿吸引着众多的中外游客。”

1987年，北京国际饭店开业，《北京日报》以“玉厦琼宫矗长街”为题展开报道。“饭店的色调基本上取于白色和深棕色。白，象征纯洁；棕，寓意古朴。”

1993年落成的全国妇联办公楼则采用了纯色的蓝绿琉璃瓦顶，纯白墙体，色彩清新、明快、活泼。

“90年代初期的建筑色调变化较多；后期，由于钢结构与玻璃幕墙的使用，出现了以蓝色调为主的建筑，如国家大剧院。”规划师焦洋在《北京长安街建筑色彩设计品鉴》一文中这样说。

国家大剧院由法国著名建筑设计师保罗·安德鲁主持设计。它庞大的椭圆

北京国际饭店。摄 / 北京晚报记者　张风

“外壳”，由钛金属板和超白透明玻璃共同组成。金属构件与玻璃幕墙正在成为新建城区色彩风貌的趋势之一。

“长安街北侧是黄顶红墙、富丽堂皇的中国宫殿建筑群，逐渐过渡到米色、白色。长安街的南侧则以灰色、蓝色调为主。”在焦洋看来，色彩的分布也体现着皇城与内城的区别，皇城内是红墙黄瓦的暖色调，外面则是近现代建筑的灰白冷色调。

复合的灰

如果说，在此前的城市规划里，色彩只是建筑风格的附属，那么，进入21世纪，北京第一次真正有了城市色彩的建设构想。

这个色彩，名叫“复合灰”。而它的诞生，与《北京晚报》的推动息息相关。

2000年8月，《北京市城市建筑物外立面保持整洁管理规定》实施，但《北京晚报》记者发现，当时并没有关于城市建筑外立面粉刷颜色的指导意见，便刊发报道，向广大市民抛出这样的问题：城市需要什么样的色彩？谁来规范城市的颜色？

文章见报后，市民、专家纷纷来电。《北京晚报》艺术图画版又开辟讨论区，随后刊发多个专版。这场讨论引起了北京市委、市政府的重视，相关领导做出批示，相关部门成立临时班子开会研讨。

经过晚报的后续追踪报道与多轮讨论，关于北京城市色彩的设计有了统一的意见，核心就是《北京晚报》提出的“灰调复合色”概念。

2000 年 11 月，由北京市市政管理委员会组织编制的《北京城市建筑物外立面粉饰推荐色样》发布，明确北京城市建筑物外立面的色彩主要采用以灰色调为本的复合色，以创造稳重、大气、素雅、和谐的城市环境。

“有人担心，灰调复合色的建筑不够现代、活力不足，北京将披上灰装、穿上灰裳，成为灰色的北京。实际上这是一种误解。”当时政府相关负责人解释：以灰色调为本的复合色不是一种单纯色，也不是传统的灰砖色，而是现代的、复合的色彩系列，包括红色灰、蓝色灰、黄色灰等各种颜色的“彩色灰”。对城市基本色调的大讨论从北京蔓延至全国。

当时即有业内专家评论称：此事表明我国的城市建设“已告别了单纯的盖楼时代，标志着城市色彩意识的觉醒，北京给全国城市建设开了个好头”。

“北京的现代单体建筑体量越来越大，越来越密集，如果不进行色彩控制，反差过大、杂乱无章的城市色彩就会造成视觉负担，甚至成为色彩污染。”时任北京市市政管理委员会主任的阜柏楠在接受《北京日报》记者专访时的一席话，此后逐渐成为共识。

2002 年，当北京开始规划长安街上最后 10 块建筑规划空地时，除了确定建筑轮廓和艺术风格，对于建筑颜色也有了明确的导向。方案建议，建筑颜色应以米色、浅米色等调和色调为主，对比色调为辅，并根据不同环境和建筑功能选用相协调的明亮度，色调可以明快些。

可以看到，改扩建后的中国国家博物馆，外立面基本保留了 1959 年的设计式样，高大的石柱、大理石和玻璃墙面庄重大方，老馆的琉璃檐口与新馆的仿铜处理金属板檐口相得益彰，古朴典雅。

在长安街西延线，门头沟制定的城市规划设计实施导则中提出：长安街两侧的办公建筑，建议采用中性偏冷的颜色，适当用赭石色作为辅助色，居住建筑可采用米黄色作为辅助色。

色彩，逐渐成为城市设计的重要一环。

丹韵银律

城市色彩的"高光"时刻，无疑是跻身总体规划之时。

2017 年《北京城市总体规划（2016 年—2035 年）》指出：

——加强城市色彩管控。充分汲取古都五色系统精髓，规范城市色彩使用，形成典雅庄重协调的北京城市色彩形象。

——建立城市色彩引导管理体系，重点管控老城、三山五园地区、北京城市副中心及其他重点地区城市色彩。

——对建筑、设施、植被、路面等提出色彩使用指导意见，发挥城市色彩对塑造城市风貌的重要作用。

"这款条文的规定，高度凝练了北京城市色彩的研究和规划成果。"中央美术学院高精尖中心研究员王京红曾参与相关工作。她在《城市色彩三部曲》一文中认为，总体规划要回答"建设一个什么样的首都"的问题，而北京城市色彩规划要解答的是"首都看起来是什么样子"的难题。

这个问题，在 2020 年印发的《北京城市色彩城市设计导则》（以下简称《导则》）中有了更详细的解答。

《导则》开篇定调：北京城市色彩主基调为"丹韵银律"。从色彩学的角度看，就是由"丹韵"引导的红色系与"银律"引导的灰色系两大色系，让暖与冷和谐交融。

作为"两轴"之一，长安街在《导则》中占有重要的一席之地。

《导则》强调：安街的色彩要分段分项定位，复兴门至建国门地段集中展示首都风范与古都风韵相辉映的街道色彩形象；在复兴门与建国门外，整体突出北京时代风貌街道色彩形象。

所谓"首都风范"，意为气势恢宏、庄严敦厚；而"古都风韵"，是以红

东长安街高楼林立的北京 CBD 中心区。摄 / 北京日报记者　邓伟

橙色为核心，以暖灰色调环绕。

“时代风貌”即当下北京的色彩容貌。当金属构件与淡蓝色、微绿色玻璃幕墙被广泛使用，熠彩城市正在成为新建城区色彩风貌的趋势。

建筑色彩的背后，是历史文脉的延续。

保护长安街历史建筑风貌色彩，被列入《导则》之中。长安街两侧的建筑以沉稳、厚重、大气的形象为主，大量具有历史文化价值的建筑个体，应作为重要保护对象，周边建筑色彩应与之协调。

难能可贵的是，《导则》还将长安街沿线色彩现状还原在一张色卡之上。这些丰富的色彩和而不同，宛如跳动的音符，谱出一首独属于长安街的动人乐曲。

“让我看看你的城市建筑外观色彩，我就能说出这个城市的性格、居民的喜好，甚至文化上的追求。”世界著名建筑大师伊利尔·沙里宁曾这样说。

我们欣喜地看到，无论是 20 世纪五六十年代提出的“庄严、美丽、现代化”的规划方针，还是近些年提及的“沉稳、厚重、大气”的形象风格，这条“神州第一街”始终与时代同频共振。

它的色彩，远不止赋予城市外在之美，更丰富了首都精神的内涵。

文 / 陈雪柠

大道谱华章

假如用长安街建筑高度写一首歌，会是什么调

把长安街“演奏”出来，会是怎样的一首曲子？

“整条街要像音乐，要有节奏，有高有低，有长有短，有出有进，有不同的音色，长与短之间有休止符，此时无声胜有声。”1964 年 4 月，在一场聚焦长安街规划方案的专家评审会上，梁思成这样阐述自己的理念。

几十年间，长安街的建筑音符，跳动在北京城市规划的五线谱上，和着不断加入的“新乐器”，一曲庄严、沉稳、厚重、大气的交响曲奏响了。

谱曲定调

音高位置决定乐曲的“调”，长安街上建筑的高度也决定了这首曲子的“调”，到底如何找到最适合北京、最适合长安街的调？

1934 年，世界著名城市规划师埃德蒙·培根第一次来到北京时，便发现了这个“奥秘”。故宫、前门这些古建，在明清北京旧城“水平型”的城市风貌中，尤显高大。他被这独一无二的景色吸引，称赞“这可能是有史以来人类在地球上建造过的最伟大的单体工程”，希望这无价的遗产，能够在人们视线内尽可能少地掺杂现代元素。

目前有据可查的北京旧城内建筑限高的首份文件，是时任北平的最高军政长官宋哲元颁布的《建筑房屋暂行规定》，其中明确提出：“居住稠密区，概

不准建筑高楼，有碍邻居之光线空气；建筑楼房，须于地方空阔之处，楼址周围需有三丈宽之空院，起最高度以两层为限，但须在十公尺以下”。

平缓的音调持续着。1949 年起北京城市建设迅速铺开，从新中国成立初期到 20 世纪 70 年代中期，旧城内的新建建筑以 6 层以下的楼房为主，高层建筑数量较少。

一声“高音”吸引了人们的注意——“旧城建筑最高 45 米”，这一规定从 1985 年第一次被写进《北京市区建筑高度控制方案》中，在北京城市规划中一直延续至今。

以故宫为中心，长安街的音调在同一秩序性中，渐次向两侧升高。1985 年版的长安街规划方案第一次明确了“建筑高度上，东单到西单控制在 40 米以内，东单以东、西单以西控制在 45 米以内”。

1993 年《北京城市总体规划（1991 年—2010 年）》明确，长安街“允许建部分高层建筑，建筑高度一般控制在 30 米以下，个别地区控制在 45 米以下”。而在 2017 年《北京城市总体规划（2016 年—2035 年）》中再次强调：要“加强长安街及其延长线的建筑高度管控”。

平缓开阔的曲谱上，几个区域特色音符出现在延长线上。2014 年，门头沟要求长安街西延线两侧建筑限高 80 米，S1 线周边适当提高到 120 米，以保证长安街西延长线的景观视廊，“既保持统筹协调，也要能突出门头沟的设计个性”。

而东延长线的北京城市副中心同样要求原则上新建超高层建筑高度不超过 200 米。传承通州古韵、融合运河水韵，实现长安街东延长线的精彩收尾。

如果把这支曲子放到不同年代的话，那么 20 世纪 50—80 年代规划建设音调渐强，90 年代响起了快节奏的音符，进入歌曲高潮，这一时期几乎是前 40 年建设的总和。在当今不断演奏的过程中，长安街的歌曲开始加入国家政治、历史文化、现代文化、复兴文化等不同的篇章，加入花卉、树木等精彩的细节点缀，加入地铁、公交等现代化的声响，不断趋于立体和完美地演奏着。

由北京城市规划绘制而成的“城市五线谱”，既在城市发展中起到了重要而高效的引领作用，又保护了城市的历史文化“灵魂”，更突出对每一位居民的关怀。城市空间与自然山水有机交融、和谐共生、相得益彰。

1959 年，民族饭店、民族文化宫、水产部大楼、电报大楼，在西长安街上排列成行。图源：北京日报

20 世纪 90 年代的东长安街。图源：北京日报

韵律节奏

一条“道路红线”正在被画出，一个“建筑灰线”区正在被确定，测量和规划人员正在“城市五线谱”上，安排高低起伏、疏密适宜的“建筑音符”。

城市建设必先规划，规划必先测量。“道路红线”是一个城市进行规划时首先被确定的部分，长安街的街道宽度在 1958 年被最终确定为 120 米。随后开始测量土地，规划土地类型，进行建筑定位，画出框定位置的“建筑灰线”，一幢幢建筑开始在五线谱上奏响。

长安街的曲子随永定河一路向东延伸弹唱，曲谱尺度呈现令人震撼的笔直顺畅。从门头沟石担路至通州北运河左岸连续的道路线形没有大的曲折，街道空间贯穿始终，为长安街这首曲子敲响了定音鼓。

一声三角铁声音传来，首钢带来几声夹杂在钢铁工厂之中的科幻声。八宝山革命公墓带来历史文化雄浑而低沉的声响，仿佛圆号。一阵紧凑的小提琴声传来，五棵松附近的奥运场馆篇章被奏响。

一阵小号声音高亢锐利，歌曲开始进入铜管乐篇章。从公主坟出发，盖着中国式楼阁的西客站发出声响，耳畔还有长安街上最苏式的建筑——中国人民革命军事博物馆传来的声音。

低音提琴开始在复兴门响起，随后进入音乐紧凑集约的金融街，银行大楼开始多了起来。孔雀蓝琉璃瓦的民族文化宫和仍会响起《东方红》的电报大楼，在曲中混了两声清晰的鼓声，表示其重要的位置。歌声停在西单路口，一边是混杂着游人声音的西单商业街，另一边是贝聿铭设计的中国银行总行大厦。

民族乐团的篇章引导着歌曲进入高潮——天安门和故宫奏着古琴、琵琶，古朴厚重、嘹亮庄严。人民大会堂敲响编钟清脆、明亮、悠扬的高音区，谱写着未来；正对面的中国国家博物馆则敲响浑厚、雄壮、深邃的低音区，记录着中华民族的来路。

音乐开始继续紧密奏响，东方广场、恒基中心、光华长安大厦等商业写字楼开始扎堆。过了东单，高楼林立的中央商务区响起快节奏弦乐，是整条长安街最高的几个音符。

夕阳落下，中央商务区璀璨的灯光亮起，国贸建筑群等一幢幢大楼熠熠生辉。摄/北京日报记者　饶强

高音暂告一段落，一个休止符出现，此时无声胜有声。大型开放空间在京通快速路与通惠河形成了“河一街”并行的空间篇章。

乐曲继续演奏，变得舒朗平缓、通透开放。城市副中心伴着城市绿心森林公园、环球影城等响起木管乐器的篇章，明亮、优雅、丰满、温暖。

这首乐曲的曲谱中，格外注重“观众”行走期间的体验和感受。通过设立合理的街宽比控制沿线建筑高度，形成舒适的街道空间感受。增加绿植、优化道路断面，通过弱化尺度过大的空旷感从而加强围合感，就像人们坐在剧院观看时一般，使人迅速安静下来，又不至于封闭到感觉压抑。

长安街的韵律节奏，结合着城市建设中的政治、文化、交通、开放空间和人群活动等影响要素，构建了良好的城市空间秩序，形成一条主次分明、井然有序、开合考究、尺度相宜的轴线。

和声交响

不断延长奏响的长安街乐曲，如何始终保持统一？一栋新建筑被设计出来，设计风格是否与街道整体相契合？外立面颜色是否与该片区相适应？高度是否与周围建筑形成良好的比例？

“这些问题原先我们只能通过想象、讨论、实地观测来确定，而今我们可以把设计好的图像放进实景三维模型中进行模拟和比照，其体量、形态、高度与风貌是否会影响景观视廊与城市天际线，变得一目了然、直观高效。”北京市测绘院首都功能核心区部副部长安智明介绍说。

不仅长安街，如今整个北京六环以内都在这个实景三维模型中。实景三维，简单说就是在数字世界建造一座与现实一模一样的城市，是一个真实场景下的三维数字地图，它可以全方位、立体化呈现城市各类资源要素的现状和空间分布情况。

在实景三维模型中，观众可以沉浸式体验长安街，穿越时空感受城市变迁，以俯瞰视角或行进视角穿梭于长安街，感受春夏秋冬四季不同的景色，还可以拿起放大镜查看长安街上古建筑的各种细节。“水瓶盖大小的纹路细节都可以清晰地被我们记录下来。”安智明打了个比方。

实景三维模型的测量采用车载激光扫描仪、站式激光扫描仪、背包激光扫描仪等多种先进设备。安智明介绍：“测量设备越来越先进，以前可能要用一整天才能测出的数据，现在几分钟就搞定了，而且精度也比以前更高了。”

测绘越来越精细，同时也越来越生动。海量的信息输入实景三维模型中，不仅有建筑高度和占地面积，连每一个花坛、路灯、垃圾桶、摄像头的数据也被收入其中。

实景三维模型对城市规划和建设，古建文物的保护和修复，国庆等大型活动的演示和设计，甚至对一些手游场景的建模都提供了不可或缺的数据支撑。

在实景三维模型建立过程中，部分“建筑音符”也在不断被纠偏和改善，长安街这首歌越唱越动听。

自新中国成立75年间，人们在长安街上修建起的这一个个音符，有高有低，有长有短，有出有进。这首“收放有致”的轴线音乐，吸引着无数人一遍又一遍地行走其间，用眼睛欣赏这独属于长安街的乐曲。

我们都是这首乐曲的一部分，当你经过长安街的时候，你便也成为这首乐曲的一个音符……

文 / 李俊瑶

第二章

纵贯时空的长街

长安街夜景。摄 / 北京日报记者　武亦彬

初顾露峥嵘

新中国成立后，长安街规划第一稿诞生了

在中国人的印象中，长安街似乎是最宽的一条马路。不过在过去，它是一条最窄处仅有5米，且被割裂开的街道。

长安街到底应该有多宽，又是从何时起显露出今日"神州第一街"雏形的？

新中国成立之后，针对长安街的规划才真正开始。"长安街是首都建设的缩影。不同时代背景下，国家对'都'的功能定位，最为集中地映射在了长安街之上。"北京市城市规划设计研究院历史文化名城规划所所长叶楠说。

1958年《北京市总体规划方案》中，首次明确了"东西长安街展宽到一百二十公尺"。1959年，"十大建筑"落成，长安街的神韵由此书写。

破旧立新

1949年10月1日，当开国大典的游行队伍经过长安街时，他们看到的街道格局与明清时代的景象并没有太大的区别。

在开国大典的纪录片中，依旧能看到长安左门、长安右门分列天安门东西两侧，阅兵车辆前进时不得不绕过两座门，阅兵编队沿长安街行进时，要从门洞穿过。

站在今天回望，长安街在从明朝永乐年间开始的长达500多年时间里，没有什么动静，一直是一条割裂的街道。

直到1913年1月1日，东三座门、西三座门、长安左门、长安右门内的门板以及连接这几座门殿的南侧围墙被拆除，东西长安街之间才首次出现了一条通道。

也是在这时，天安门前的“T”形广场开始对外开放。于民众而言，终于可以从东单直接走向西单了，这段长街约3.7公里。

伴随着帝制走向没落，昔日彰显皇权的城门，逐渐成为城市发展与民众通行的阻碍。

1915年6月16日，时任北洋政府内务总长的朱启钤作为彼时北京城市改造的主要负责人，冒雨主持了正阳门（前门）改造工程的开工典礼。他手持足有3斤重的银镐，刨下了第一块城砖。

6个月后，改造工程结束，“前门顿改旧观，高楼耸立。气象发皇，五门洞开，行人称便”。此次改造包括拆除城墙及瓮城、开通城门、修铺天安门至外城地区的城市街道等工程，也是在此基础上，北京环城铁路开通，可以说这是“破旧立新”的一大步。

民国时期打开了皇城禁苑，长安街上增添了路灯，它作为一条街道的基本功能开始逐渐显现。1924年，沿长安街铺设了电车轨道，而后3条平行的电车线路在天安门城楼与天安门广场之间运行。

不过这时的改造，并未触及这条街道的“肌理”，它的长度和宽度几乎没发生多大的变化。

从15米到120米

1949年底，最早建设长安街的设想出现了。

“新中国成立初期，如何提振士气，改变首都的精神面貌，最佳答案就是建设公共建筑。”叶楠提出，在20世纪50年代，如何布局中央办公用房以及长安街的宽度成为讨论的重点。

那是一个百废待兴的时代，北京旧城有2000多万平方米的房屋和设施可以利用。

站在关键的历史节点，在政治、经济、技术水平等多种因素的共同作用之下，以天安门广场为中心，沿长安街发展成为当时的主流声音。1951 年，一些政府部门的大楼在长安街上破土动工。

由于长安左门、长安右门门洞阻碍交通，成为事故多发地，一遇节日，游行队伍也难以顺畅通过，有人主张拆除两门，但反对的声音也同时出现。专家学者和公安、交通部门各执一词，争执不下，市政府也难以决断，最后选择通过市人民代表会议讨论。

1952 年 8 月 11 日，北京市在中山公园内中山堂召开各界人民代表会议，讨论拆除长安左门、长安右门之事，以表决的形式定下了拆除方案。

为了慎重起见，拆下来的材料暂时保存在劳动人民文化宫，为日后复原提供了可能性。1954 年，出于同样的原因，东长安牌楼与西长安牌楼被迁建至陶然亭公园。

东西长安街有史以来第一次真正意义上贯通了。那么，长安街到底应该多宽呢？

15 米，是 1949 年 10 月长安街路面上的最宽点，而最窄处仅为 5 米。

作为一条紧靠中国政治心脏的大街，任何涉及长安街的细节都会被审慎对待。北京市委、市政府吸取了一些大城市交通拥挤的教训，主张把长安街搞得宽一点。

100 米，是 1953 年提出的第一稿规划总图上规定的宽度。

为何要把路修得这么宽？考虑道路宽度问题的大前提是城市有多少人口，用什么样的交通工具。

基于此天安门广场的第二轮规划开始编订，最终长安街的红线宽度为 100 米。同时，路面定为一块板的形式，必要时可作为飞机跑道。

1958 年，《北京市总体规划方案》首次明确“东西长安街展宽到一百二十公尺”。

为迎接新中国成立 10 周年，长安街上发生了显著的变化。东长安街中间的有轨电车轨道被拆除了，绿化带被铺成了路面，原先的两幅路被合并为一条宽阔、开放的单幅路，能同时通过 120 人横列的游行队伍，天安门城楼前的路面也被铺上了花岗石。

也是在那时，96 基莲花灯与 145 基棉桃灯，分别在天安门广场和长安街畔拔地而起。夜幕之下，华灯组成了两条金色巨龙，升腾在长安街的上空。

同一时间，还有“国庆工程”在紧锣密鼓地开工动土。

1955 年，西长安街道路展宽工程即将开工。图源：北京日报

1959 年，拓宽后的长安街。图源：北京日报

宽广胸怀的象征

“如果将这些国庆工程比作各式各样的展厅，那么长安街就是这些展厅的陈列空间。”美国东北大学建筑学院学者于水山在《长安街与中国建筑的现代化》一书中这样描述“国庆工程”。在他看来，从一开始，将长安街打造成一个“展台”就是人们努力的方向。

为庆祝新中国成立10周年，中央决定扩建天安门广场，打通长安街，把长安街从东单、西单往东西分别延伸到建国门、复兴门，并建设十大“国庆工程”，其中，中国人民革命军事博物馆、民族文化宫、北京民族饭店、人民大会堂、中国历史博物馆与中国革命博物馆（两馆属同一建筑体，即今中国国家博物馆）以及北京站在长安街沿线。

但留给“国庆工程”的时间并不多。

1959年2月23日的一份报告显示，所有计划的工程项目加起来一共有16个，而此时距离“国庆工程”的完工日期只有7个月。事实上，所有“十大建筑”的设计与建造都要在10个月内完成，尽管在这一过程中，一些项目因成本问题以及建筑材料短缺而不得不延期，但对于初生的新中国来说，完成这一系列建设绝对是奇迹。

这其中，人民大会堂堪称奇迹中的奇迹。直到1959年2月，大多数人都认为万人大会堂几乎不能如期完工。

一组数据就能印证人们的担忧。档案资料显示，总建筑面积超17万平方米的人民大会堂所需的建筑材料包括127700立方米的钢筋混凝土，400000平方米的灰浆饰面，71600平方米的木地板，24000平方米的大理石，27000平方米的花岗岩。

而解决庞大的材料需求的过程，生动演绎了什么是“全国一盘棋”。辽宁的钢材、天津的电线、上海的电梯、南京的灯泡、杭州的锦缎……分布在23个省市的200多个工厂，开足马力为大会堂赶制各种材料。

能在如此短的时间内完成这样庞大的工程，北京市建筑设计研究院总建筑师、总规划师吴晨提出，政府的决策力是一方面，人民群众的热情与凝聚力也起到了至关重要的作用。

据统计，在大会堂施工的 10 个多月中，每天有 1.4 万多名建设者活跃在工地，累计有 30 万人参加了劳动。

1959 年 10 月 1 日，一座座集体创作的结晶，如期填补了这条街上的空白，意料之外，却又在情理之中。

这条宽阔大道的建设，不仅体现了专业技术人员对新中国建筑风格的一种探索，更象征了新中国宽广的胸怀与面对未来的憧憬。

以“国庆工程”为新的起点，越来越多恢宏的建筑立面开始出现在长安街两侧，“神州第一街”的神韵与日俱增。

文 / 丁文捷

再见现崔嵬

进入 21 世纪，长安街及其延长线概念正式亮相

长安街不是一条静态的、一次建成的大街。

20 世纪 60 年代，长安街的沿街立面上，有两个大“缺口”——西单十字路口的东北角和方巾巷东侧。

1964 年，一次专门针对长安街的规划开始了。自那时候起，长安街的氛围与风格便有了轮廓。

20 世纪八九十年代，长安街上的主要建筑基本建成。图源：北京日报

进入 20 世纪 90 年代，街上的主要建筑基本建成，长安街越来越接近人们今日所见的面貌了。从十里到百里，这不仅仅关乎宽度与长度，在某种意义上，它还是一部浓缩的近代史，每向外拓展一厘一毫，都是探索。

雏形

20 世纪 50 年代末，位于西单十字路口东北角的老房子被全部拆除。在与之对称的方巾巷东侧，长安街上出现了两块醒目的空地。

1963 年，《关于北京城市建设工作的报告》指出："东西长安街两侧已经有不少拆了房子的空地，应当尽先安排适当的建设项目，把它建起来。首都面貌应当逐步改变，可让北京市迅速做出东西长安街的改建规划。沿街要多建一些办公楼和大型公共建筑。"

很快，这一报告得到了中央的批准。随后，上述报告中又提出对长安街进行有计划、有重点的城区改建。北京市立即组织了针对长安街和天安门广场规划方案的编制工作。在那两块空地上，政府决定建起百货大楼和办公楼。

1964 年 4 月，一场聚焦长安街规划方案的专家评审会引起了全国范围的关注。在此之前，北京市政府发动了在京的 6 家规划设计单位分别编制规划方案，围绕 6 个方案，数十位专家展开了如火如荼的讨论。

几天后，与会者对长安街改建规划的原则取得了基本一致的看法。最终，一项综合方案连同 6 家单位所做的规划方案一并报送市政府。

回望 60 年前的那场评审会，你会发现如今长安街的氛围与风格，自那时起便有了轮廓。

"在这条街上布置什么还不是很清楚，但气氛是它自己长出来的，不是扮演出来的。"梁思成参与了那次会议，关于建筑风格，他提出，"整条街要像音乐，要有节奏，有高有低，有长有短，有出有进，有不同的音色，长与短之间有休止符，此时无声胜有声。"

而长安街的形象也应严肃与活泼相结合，除了安排办公楼外，还可以合理安排一些文化和商业建筑。建筑专家陈植在会上表示，这条街应更好地组织人民生活，可以有大量的文化、商业以及服务性设施，"若都是搞办公楼，晚上黑洞洞，星期天冷清清"。

方案中还提出，长安街应体现"庄严、美丽、现代化"的方针，沿街建筑高度以30米至40米为基调，布局要有连续性、节奏性和完整性，轮廓应简单、整齐，不要有急剧高低起伏。

"1964年的长安街规划，确定了清晰的功能与风貌基调，多数规划原则在之后的历版总规与长安街规划中得以延续。"林宛婷说。

开放的长安街

1983年《北京城市建设总体规划方案》中，长安街作为北京城的东西轴线，第一次出现在了规划方案里。

方案在旧城改建布局中明确提出，打通并展宽延伸东西长安街，形成新的东西轴线，还要继续完成东西长安街的改建，安排中央及国家领导机关和一些重要的大型文化设施与其他公共建筑，形成"庄严、美丽、现代化"的中心广场和城市主要干道。

1983年11月12日，首都规划建设委员会成立。1984年，以1964年长安街规划综合方案为基础，北京市委、市政府以及首都规划建设委员会组织了在京的中央、地方规划设计和主要院校等7家单位，分别编制了7个方案。随后，又组织各方专家参与讨论、修改，对天安门广场和长安街的性质、建设内容、建筑布局、风格，以及绿化的配置，交通的组织和现代化设施的要求等方面，形成了比较一致的看法和综合方案。

一年后，《关于天安门广场和长安街规划方案的报告》正式上报中共中央、国务院。

"从长安街建设实施的变化，能明显地看出时代的烙印。"董光器曾对比过1964年和1985年的规划方案，认为后者更强调对古建筑和传统风貌的保护，比如皇城的红墙。还有一点不容忽视，后者更加明确西单、前门、王府井三大商业中心与长安街和天安门广场的结合，长安街和天安门广场应增加商业服务内容，以方便群众。

那是一个怎样的时代？党的十一届三中全会后，我国启动了“对内改革、对外开放”的进程。1992年，邓小平南方谈话，又掀起了一轮改革开放的热潮。

也是在那个时代，人民大会堂、天安门城楼先后对外开放。1988年1月1日，77岁的北京市民高希武成为第一个登上天安门城楼的中国普通百姓。

同一时期，中共北京市委、市政府依据我国现代化建设三步发展战略目标，对1982年城市总体规划加以修订，于1993年正式发布《北京城市总体规划（1991年—2010年）》，“世界著名的古都和现代国际城市”被补充进了城市性质之中，并提出“适量安排商业服务设施，形成庄严、美丽、现代化的中心广场和城市东西轴线”。

林宛婷注意到，规划的方向不再是纯功能性的了，对人的体验、社会气象和精神面貌的关注度开始增加。

当改革开放的力量落到长安街上，银行、商务楼还有饭店便如雨后春笋般拔地而起。

据董光器描述，20世纪90年代初，长安街上的写字楼租金和售价是全市最高的，更加刺激了开发商在长安街上寻求开发的机会，国内的各大银行也不满足于仅局限在西二环金融街上进行建设，纷纷争取在长安街上亮相。

1985年后，长安街上按规划建设的国家机关办公楼为11个。闹市口北街东侧，长安街北侧是中国工商银行总行大厦，起初这个位置属于国家经济贸易委员会。

原规划在东长安街上的儿童剧院，最终让位于光华长安大厦。因建设首都时代广场而拆除的长安大戏院搬进了大厦一层。

“由我国自己投资、自己设计、自己施工、主要设备材料也选自国内的一幢现代化兼具中国特色的大型旅游饭店”，在1987年开门营业。这是北京国际饭店的设计者在书写介绍时的第一句话，字里行间的自豪感不言而喻。

“改革开放后，尤其是进入90年代后，长安街沿线的建设进入了明显的加速期。90年代，长安街沿线的建设量超过了之前四十年的总和。”林宛婷说。

几年工夫，除个别楼座外，长安街上的主要建筑基本建成。

最大规模的整治

长安街自有其特殊性，要建设这样一条城市轴线，几乎不存在可供参考的标准，每向前一步都是新的探索。

不知不觉间，长安街的夜晚发生了变化。每当夜幕降临，大街沿线 377 块户外广告及牌匾的霓虹灯亮起，色彩绚丽。

东自建国门，西至复兴门，除了中心的天安门广场及周边地区外，地标式的建筑物上都被广告牌占据。

1998 年，《迎接建国 50 周年全面整顿长安街及其延长线实施方案》出台，长安街迎来了新中国成立以来最大规模的全面整治，范围从公主坟延伸至大北窑，长约 13 公里，户外广告及牌匾是这轮整顿的重中之重。

这是一项触及“奶酪”的工作。广告牌少则百平方米，多则上千平方米，按地段不同价格也有差异，对于长安街沿线单位来说，是一笔不小的收入。

为了恢复长安街的面貌，最终在各方努力下，户外广告及牌匾于 1999 年 7 月 31 日前被全部拆除。

1999 年 8 月，经过整治后的长安街夜景。图源：北京日报

那么，商业元素流向了哪里？彼时，西单、王府井两大商业街和机场路都已在增建广告牌。

这还是一次以人为出发点的整治。人行步道的宽度得到规范，需统一达到4.6 米至 6 米，另特设盲道 3 万米，从复兴门到公主坟，从建国门到大北窑，盲道直通天桥，在步道上还增设了电话亭、座椅、步行道灯。此外，沿街黄金地带扩出了 15 公顷的绿地面积。

同时发生变化的，还有长安街的天空。几十年前举目望天，视线中总有一张躲不过去的网，那是横七竖八的电线编织起来的。这一次，沿线马路两侧的架空电线明线全部埋入地下。电杆、架空线逐渐消失之后，长安街天际线清晰可见。

2002 年，新一轮的长安街与天安门广场研究规划开始，也是在这一年的规划报告中，长安街第一次以“神州第一街”的名字出现了。

长安街的建设仍在继续。进入 21 世纪，“长安街及其延长线”这一概念正式出现在了城市总体规划中。“过去几十年间，总规对长安街的要求重点聚焦于二环内的传统长安街，但在 2005 版总规中，已经开始在市域的总体架构下强化长安街及其延长线的统领作用了。”林宛婷说。针对长安街的规划研究更加广域、综合，从一条线变成了一条带。

“规划以中部的历史文化区和中央办公区为核心，在东部建设中央商务区，在西部建设综合文化娱乐区，完善长安街轴线的文化职能。”这是《北京城市总体规划（2004 年—2020 年）》中对长安街及其延长线的展望。

而在《北京城市总体规划（2016 年—2035 年）》中，长安街及其延长线“向西延伸至首钢地区、永定河水系、西山山脉，向东延伸至北京城市副中心和北运河、潮白河水系”。首都发展的空间架构进一步拓展。

文 / 丁文捷

三横展通途

北京三条东西主动脉，都是“安字辈”

青铜铸造，外方内圆。

以青龙、白虎、朱雀、玄武象征四极，四周辅以篆体“东西南北”四字——2006年9月26日，中国公路“零公里”标志在天安门广场、正阳门南侧亮相。

四通八达的中国公路，从这里出发——中国第一条城市快速环路，国内第一条利用世界银行贷款建设的跨省市高速公路，中国第一条真正意义上的快速公交线……一条又一条道路犹如血管，从原点延展。

中国公路“零公里”标志，亮相天安门广场。摄/申玉彪

记录城市变迁，丈量前进脚步。如果将日历调回新中国刚成立时，因缺乏贯城干道，城市交通可谓“血脉瘀阻”。

如今，经过数十年的大规模道路建设，长安街展翅，环路一圈一圈从城里向城外突破，乡村公路不断提级改造，高速公路如放射线一般四通八达。

在这其中，长安街、平安大街、广安大街三条大路成纬，构建起如今京城内如网通衢的横贯线。

初成

如果将各时代的主动脉依次落图，就会发现，它有新旧之分。

旧日都城的“棋盘格”，并不如想象中那般经纬通顺。由于建城时人为强调皇权中心的功能，所有道路在途经皇宫禁苑地区时全成断途。

新中国成立前，整座城市的道路总和不过 214 公里长，且土路居多。

自 20 世纪 50 年代起，北京开展了规模空前的道路建设。

就拿西长安街来说，狭窄道路的一半被电车道占去。如果赶上各机关、工厂下班或首都电影院、长安大戏院集中散场，路况更加拥挤。在那个经济不发达的时代，“堵车”在这里并不鲜见。

以 1955 年为起始点，长安街启动改造。西长安街部分路段展宽至三四十米，后来西单到复兴门道路改建，旧刑部街和报子街合二为一，修成 35 米宽的沥青混凝土路，无轨电车、汽车、三轮车和自行车可以同时并行。

再后来，东单到建国门修成了一条长 1400 米、宽六七十米的道路。

前后十几年间，新中国的建设者们拆除旧时代残存的门洞、牌楼、双塔，扫开成片的低矮陋房，使长安街不断地展宽、加长。到 20 世纪八九十年代，长安街成为一条东达现通州，西至石景山，全长约 40 千米、路面最宽处达 80 米且横贯东西的京城交通主动脉。

与长安街同期建设的还有朝阳门至阜成门的朝阜路，东西向主动脉增加到两条。20 世纪 60 年代后期，北京又兴建了前三门大街。

1990 年前后，这三条平行的路，被称为“三条东西主动脉”，北京道路“棋盘格”渐得改善。

更迭

临近新世纪，北京城区道路建设突飞猛进。

三条东西主动脉中，除了长安街，另外两条都被更宽、更长的城市大道所更替。

较早变化的，是平安大街。

东起东四十条立交桥，西至车公庄立交桥，全长 6893 米，途经平安里、北海北门、地安门、张自忠路——如今，平安大街已是横贯城区的一条重要交通干道。

作为 20 世纪北京市委、市政府筹划多年的一项重要工程，平安大街西段在 1998 年开工当年就打通了。这条道路作为新中国成立 50 周年的献礼之作，为首都城市建设增光添彩。

当时，这条道路地处居民稠密、商业繁华、文物古迹较多的地区，其推进也颇为艰难。

南新仓、清陆军部和海军部旧址、欧阳予倩故居、和敬公主府、孙中山行馆、北海公园、贤良祠、保安寺、旌勇祠……平安大街道路两侧共有 30 多处

1998 年，平安大街正在建设施工。
摄 / 北京日报记者　李士炘

大小文物古迹，仅被确定为国家、市或区级文物重点保护单位的就有 10 处。

在清陆军部和海军部旧址南面，在拆除平房后，出现了一座完好无缺的壮观巨型影壁；西标段在发掘出土一座唐代墓葬后，又发掘出土了一段明代城墙基础……怎么办?

躲着文物走，让着古迹走。

北京市市政工程设计研究总院高级工程师焦光群说，如果按规划中的平安大街永久中心线实施，一些文物建筑将受到影响。但这次平安大街建设的要求是，“既要建成一条高质量的城市交通干道，确保 7 种市政管线的敷设，同时要保护好地上、地下的文物”。

于是，为了保护清陆军部和海军部旧址、孙中山行馆等，道路中心线向南挪移了 18.5 米。这条并不平直的道路投入使用后，北二环的交通压力瞬时减小。

随后，就是广安大街。

2000 年 8 月 25 日，北京城第三条升级版横贯东西大动脉——广安大街开工。

这条大街如今更通俗的称呼，是“两广路”。其由往日的广安门大街、菜市口、骡马市、东西珠市口大街、三里河、蒜市口、榄杆市、广渠门内大街组成。

若追溯历史，这条街是北京最古老、最繁华的街道之一。

《北京档案》杂志有载，战国初年，燕国进一步扩建燕蓟城时，依照“前朝后市”的古制辟其交易所为“燕市”，即今广安门一带。

秦汉以后，一直相沿不废，唐代被称为“檀州街”，就是如今的广安门内外大街。修建而成的它和长安大街、平安大街相呼应，在首都中心区贯穿东西。

建成之后，它和东单、西单大街的延长线及北边的平安大街一起，构成北京路网的“内环”。

成“环”之后，老北京内核部分的交通面貌焕然一新。二环和内环之间的诸多平行路先后整治疏通，小巷通车的梦想成了真。

广安大街，和它的兄弟平安大街一样，也为保护文物“让路”。

为了保护纪晓岚故居和离此不远的百年老字号“德寿堂”，建设方增加 7000 万元费用，将广安大街虎坊桥至珠市口路段的道路中线南移了近 10 米，并专门设计了导向岛，用来保护珠市口教堂。

2002 年，宽阔的广安大街。摄 / 北京日报记者　孙戉

广安大街开始辐射。两区政府陆续拓展与之相交的道路支线，从台基厂到天坛北门的祈年大街，从北京站南口到幸福大街的“站南路”，从长椿街到广安门内大街的长椿路……大小 10 多条支路从蓝图落地，织密经纬。

多年前，著名交通专家徐康明曾经给北京缓堵开出“药方”——要在“通”字上做文章。

北京的“通途”更迭，一如中国的改革开放，永远在路上。

快慢

20 世纪 50 年代，打通长安街、朝阜路，初建横贯东西的主动脉；

六七十年代，建前三门、北二环，构成初步的“环行路”；

80 年代，扩建的京张、京石、京榆、京开、京津塘等公路，向东、南、西、北放射出去，首都大门八方洞开；

进入 21 世纪，仅一年，广安大街、学院路、西外大街、云岗路、左安东路、马甸桥……城区就新添道路 90 公里，这些路连起来能围着老城区绕三圈。

过去几十年，如果说到北京修路的速度，那就是“越来越快”。

同样越来越快的，还有经济和社会的腾飞。

1987 年 8 月 1 日，改善东南城角的“东厢”工程开工，使一片落后的关厢地区与现代化的内城结为一体。

埋设下各种市政管线的平展大道像一条有力的筋脉，把现代化的希望送向了被冷落多年的城南。

10 座漂亮的立交桥，新建的方庄住宅区及其他新建筑一脉相承，2300 户危房户喜迁新居，贫穷和落后为之一扫。

“东厢”告捷，“西厢”为之震动。对于在全市 24 片危旧房中占 9 片的宣武区（于 2010 年并入西城区）来说，还有什么比在这里修路更让人感到迫切的呢？

长达 10 余公里的“西厢”道路工程，将拆除多达 7000 户危旧房，这条粗壮有力的市政动脉还将使宣武区的彻底改造具备现实的基础。

1990 年，“西厢”工程在一片隆隆的推土机声中开工。

修路，让沿线市政基础设施一步跨越数十年，将城市发展的成果与更多人共享；修路，唤醒沉睡的梦想，让一座城市不断向外延展；但近几年，城市的路，又开始慢下来。

朝阳门南北小街、朝阜路东城段、崇雍大街、平安大街东城段，这四条路在长安街以北形成“两纵两横”健步悦骑林荫景观大道。

北京老城逐渐显现“慢街素院”“京韵大市”的古都风貌；哪怕是在由主干道路转型为绿色交通道路的平安大街，人们也可以沿着这条绿色大道悠闲慢行。

几十年加速奔跑，如今可以漫步观赏花草。京城，一路好风光。

文 / 耿诺

长街立神州

长安街何以被誉为“神州第一街”

夜幕降临，华灯初上、红墙辉映，手持国旗、唱着《我和我的祖国》，在长安街夜骑，一路打卡长安街地标，领略首都风范、古都风韵、时代风貌，成为年轻游客所青睐的旅游仪式感。

的确如此，如果说哪条街道最能代表首都北京，那一定是“神州第一街”——长安街。

毫无疑问，从长安街的长度、宽度、历史价值、文化底蕴、政治意义等方面来看，它是见证北京乃至中国历史变迁、时代发展的“窗口”，也是中华民族伟大复兴道路上的一道最美风景线。

独特位置

长安街之所以被称为“神州第一街”，不仅仅是因为其长度和宽度，更是因为它所处的独特位置，长安街两侧集中分布着众多地标性建筑。这些符号塑造了独特的政治形象，比如天安门城楼、中南海新华门、天安门广场、人民大会堂、人民英雄纪念碑、毛主席纪念堂、民族文化宫、故宫博物院、中国人民革命军事博物馆、中华世纪坛等，很多对党和人民具有重大深远意义的国家大事都在这里发生。

由于得天独厚的地理位置，长安街沿线两侧集中分布着中央党政军群机关

航拍长安街。摄 / 北京日报记者　饶强

办公地，比如公安部、生态环境部、商务部、中国人民银行、工业和信息化部、国家广播电视总局、全国妇联、交通运输部、海关总署、中国社会科学院等，这些部门在党和国家治理体系中处于特殊重要位置，职责关乎国计民生，是我国名副其实的政治主动脉。

另外，长安街沿线两侧还分布着众多的中央企业总部，比如国家电网、中国国家铁路集团、中国人民保险集团、中国华能、国家开发银行、中国银行、中国工商银行、中国农业银行等，这些企业在关系国家安全和国民经济命脉的主要行业和关键领域占据支配地位，是国民经济的重要支柱，在推动我国经济发展中发挥着“稳定器”“压舱石”的作用。除此之外，长安街还分布着众多闻名全国的现代化商业中心，比如西单、东单、王府井、金融街、国贸、五棵松等商圈。

正是由于其特殊性，《北京城市总体规划（2016 年—2035 年）》指出，“长安街及其延长线以国家行政、军事管理、文化、国际交往功能为主，体现庄严、沉稳、厚重、大气的形象气质”。2020 年，《首都功能核心区控制性详细规划（街区层面）（2018 年—2035 年）》提出，中南海—天安门地区，是中央党政领导机关所在地，是中央政务、国际交往、国事活动的核心承载地，是全国各族人民向往的地方，是向世界展示中国的首要窗口。中央政务功能向长安街沿线相对集中布局，强化政治中心、文化中心、国际交往中心的核心功能，体现以人民为中心的发展思想，展现大国首都形象。

迎宾大道

作为首都的心脏地带，长安街在每个中国人的心中都有着特殊的意义，是心中向往的地方。

1976 年 1 月 8 日，周恩来总理在北京逝世。1 月 11 日，当安放周总理遗体的灵车通过长安街时，从祖国大江南北奔赴长安街的群众，只为送人民的好总理最后一程。《十里长街送总理》一文这样描述当天的场景：

> 天灰蒙蒙的，又阴又冷。长安街两旁的人行道上挤满了男女老少。路那样长，人那样多，向东望不见头，向西望不见尾……就在这十里长街上，我们的周总理迎送过多少位来自五洲四海的国际友人，陪着毛主席检阅过多少次人民群众。

1986 年，“两弹元勋”邓稼先在生命的最后时光，提出想再去看一看天安门，望着长安街的车水马龙，他在这里问道：“30 年后，还会有人记得我们吗？”

同样在这条街上，1999 年 9 月，中共中央、国务院、中央军委隆重表彰研制“两弹一星”的功臣大会在人民大会堂召开，邓稼先被追授“两弹一星功勋奖章”。

作为“神州第一街”，长安街也是一条隆重的共和国迎宾大道，见证了新中国成立 75 年来外交的辉煌成就。

1972 年，尼克松访华，在机场的欢迎仪式结束后，车队经过长安街，进入钓鱼台国宾馆。此次尼克松访华，开启了中美关系的新时代，他的此行被称为“改变世界的一周”。尼克松访华后，从长安街上经过的外国领导人车队变得更加频繁了。

经过长安街的不仅有外国政要的车队，也有在长安街骑自行车的外国政要，其中最著名的当数老布什夫妇，他们在长安街骑着自行车合影的照片曾广为流传。

美国前总统老布什曾于 1974 年担任美国驻中国联络处第二任主任，来到北京就职后，老布什看到长安街上的自行车大军，便入乡随俗，经常骑着自行车逛北京的大街小巷，通过这样的方式了解中国的社情民意，因此他被称为“骑自行车的大使”。

如今的长安街上，人们依然经常会看见五星红旗和一些外国国旗悬挂在街道两侧，在国宾护卫摩托车队的护卫下，庞大的外国政要车队驶过长安街，此时的长安街成为共和国最隆重的迎宾大道。

见证盛事

新中国成立后，许多重大庆典、重大国事活动都在长安街举办，比如阅兵、群众联欢、迎接外宾等，长安街成为“盛世大典”的举办地、“国之大事”的见证地。每当举办这些重大庆典的时候，全中国乃至全世界的目光都集中在长安街，长安街一次次地成为举世瞩目的焦点，向世界展示中国的大国气象和盛世繁华。

1949 年 10 月 1 日，开国大典举行。中国人民解放军受阅部队、各界群众代表，沿着长安街通过天安门城楼，接受毛泽东等党和国家领导人的检阅。这一天，是中华民族的历史转折点，也成为长安街历史上最重要的里程碑。从 1949 年至 1959 年，共和国在长安街连续举行过 11 次国庆阅兵。

1959 年 10 月 1 日，新中国成立 10 周年这一天，素有“诗人元帅”之称的陈毅参加了 10 周年庆典。在长安街阅兵和群众游行之后，他以《十年大庆》为题赋诗两首，其中一篇即《长安街》，充分描述了长安街举办“盛世大典”时的壮美和庄严：

长安大道放光华，东是朝暾西赤霞。

巨厦摩天惊突兀，巧工遍地斗奇葩。

九州跃进新生力，万国衣冠友谊花。

革命长征第二步，会当宇宙泛仙槎。

进入改革开放历史新时期，分别于 1984 年、1999 年和 2009 年，在长安街举行了 3 次国庆阅兵。进入新时代以来，2015 年 9 月 3 日，纪念中国人民抗日战争暨世界反法西斯战争胜利 70 周年阅兵式在长安街隆重举行。2019 年 10 月 1 日和 2021 年 7 月 1 日，长安街又迎来高光时刻，庆祝中华人民共和国成立 70 周年大会和庆祝中国共产党成立 100 周年大会先后在这里盛大举行。

2021 年 7 月 1 日，庆祝中国共产党成立 100 周年大会现场，天安门广场放飞气球。摄 / 北京日报记者　和冠欣

除了重大庆典之外，每逢春节、国庆以及北京举办重要国际活动的时候，长安街沿线的建国门至复兴门之间都会精心布置一系列各具特色的主题花坛，成为来往行人的打卡点，它们共同组成长安街上亮眼的色彩。

与华盛顿宾夕法尼亚大道、巴黎香榭丽舍大街、伦敦唐宁街、莫斯科阿尔巴特大街等世界其他著名大街相比，百里长安街是古老的、也是年轻的，是传统的、也是现代的，是庄严的、也是开放的。

一部长安街的变迁发展史，也折射出中华民族感天动地的奋斗史。从 600 多年历史岁月中走来的长安街，就犹如从 5000 多年中华文明史中走来的中国特色社会主义道路，它们同样诉说着中华民族的过去、现在与未来。行走在长安街，我们可以从这里领略大国首都风貌，也可以从这里读懂中国特色社会主义道路是创造人民美好生活、实现中华民族伟大复兴的康庄大道。

方向决定道路，道路决定命运。新中国成立 75 年来，长安街之所以发生了翻天覆地的变化、见证了一个又一个辉煌时刻，其根本原因在于我们党找到了一条符合中国国情、顺应时代发展、符合人民群众根本利益的正确道路，这就是中国特色社会主义道路。

展望未来，伴随着中国特色社会主义道路越走越宽广、民族复兴的光明前景越来越近，长安街上将会见证新时代中国特色社会主义更加绚丽的华章。

文 / 袁昕

第三章

见证盛事的长街

中国共产党成立100周年时，立于天安门广场上的中国共产党党徽年号。摄/北京日报记者　戴冰

城楼览风云

一封署名“华兴”的信，打开了天安门城楼大门

“中华人民共和国中央人民政府今天成立了！”1949 年 10 月 1 日下午 3 时，毛泽东主席站在天安门城楼上庄严宣告。

那一时刻的天安门，距明永乐十五年（1417）建成，已过去了 532 年。

明朝时，天安门名为“承天门”，意为帝王“承天启运，受命于天”，后被李自成焚毁。到了清朝，历经修复扩建，承载了“安邦治国”的美好愿望，改名“天安门”。

此后，天安门见证王朝衰落，又亲历连天炮火。也是在这里，一个崭新的中国发出了属于自己的声音。

天安门是长安街的原点，祖国的心脏。以此为起点，长安街向东西两侧无限延伸，中华民族走出了一条属于自己的道路。

大修之前

新中国成立后，在北京市的多次规划和建设里都能看到天安门和天安门广场。1949 年，为迎接开国大典，北京市对天安门、长安街及天安门广场进行了重点整治。

那一年，天安门城楼上多年来积存的鸽粪、蒿草等污物被清除了。据说，当时仅城楼上清理出来的鸽粪就运了几车。破损的砖瓦、门窗等构件也在那时

进行了简单整修。

1952 年，天安门城楼经历了一次大修，更换了破损的门窗和个别已经腐朽的梁木，重新绘制了屋顶梁桥和天花藻井上的彩绘。这是新中国成立后第一次较为全面的修缮，西北角城台入口处的电梯也是在那时安装上的。

此后，每年的小修小补未曾间断，而持续的修整也成了它的负担。资料显示，当时用以加固的铁箍、钢材之多，甚至超过了楼顶自身的重量。

1968 年 3 月，天安门城楼经历了新中国成立以来最详细的一次“体检”，人们发现，支撑整个城楼的大柱子已有 2 根糟朽；屋顶的 8 根五架梁已有 6 根断裂，三架梁也有 1 根断裂……城楼的累累伤痕被清晰地记录在册。

据《北京日报》2016 年 4 月 5 日刊发的《重建天安门》一文报道，为保证城楼安全使用，1969 年，国务院正式启动天安门城楼拆除重建工作。很多人不知道的是，天安门城楼如今的样貌，便是由那时起重建的。

“这是新中国成立后的‘天字第一号’工程，是一项极为重要的整治工程。”亲历那一次重修的中国勘察设计协会传统建筑分会顾问、著名古建专家马炳坚回忆说。

这是一项极为复杂的工作，需要在原址上按照原规格和原建筑形式重新修建天安门城楼，建筑材料全部更新。

1968 年 5 月 15 日，《关于翻修天安门城楼的请示报告》中明确提出“拟采用木结构进行翻修的方案”。

同年，在北京市第二房屋修缮工程公司古建工程处当木工的马炳坚，突然被调去扎小样。

“扎小样”，就是在建造大型或复杂的木构建筑前，先将该建筑按照一定比例缩小做成模型，这也是古建筑木作行业沿袭了千百年的规矩。

刚开始，没人告诉他们要参与的是天安门城楼翻修。后来，还是学徒工的马炳坚才知道，自己跟着老师傅们一起做的，就是天安门城楼最西侧一间梢间的小样。

天安门属于歇山式建筑，最复杂的木结构都集中在梢间部分。“把梢间的问题搞清了，其他就不成问题了。”马炳坚说。

与此同时，还有一个天安门木结构考察小组同步开展工作。这个考察小组由北京市建筑设计院的三位工程师组成，负责给天安门城楼构架测绘，弄清城楼的构造和构件的尺寸，为木构架的预制加工做准备，同时也为扎小样提供了实物依据。

两个月后，扎小样的工作完成。这意味着，为天安门城楼重建做好了充分的技术准备工作。

“原样不动”

1969 年 12 月 15 日，天安门城楼重建工程在一个临时搭建起来的巨型罩棚中悄然开始。

工人们面对的第一个难题是怎么拆。

当时，施工人员用塔吊先将城楼西南的一个整角吊起来，拉到中山公园水榭北侧，每拆一块木料，都按顺序编号，在木料上写清内、外、上、下、左、右，然后画草图，还请来新华社摄影记者到现场拍摄了上千张照片。最后，根据草图和照片把拆卸的木料反反复复按原样码了几遍，才彻底弄明白了一个角的内在结构。

拆楼的过程还伴有意外之喜。施工人员在天安门屋脊上的最中间拆出了一个宝盒，经专家鉴定，盒里装着一块金元宝，还有朱砂和五彩粮。有人说，这是当年的“镇楼之宝”。

在拆除之前，还有一项浩大的工程已悄然开始。

马炳坚提供的数据显示，整座城楼共有各类柱子 132 根，各种梁 112 根，各种檩 160 余根，各种枋 180 余根，各类斗拱 138 攒，椽子、望板等构件更是不可计数，所用原木将近 40000 立方米。

早在老城楼拆除一年多前，马炳坚就和百余位木匠一同开始了木构件制作工作，他主要参与了斗拱的制作。

在古建中，立柱与横梁交接处，呈弓形的承重结构叫拱，而拱与拱之间垫的方形木块为斗，二者合称斗拱。

“斗拱的构成是有规矩的，当时掌握技术的老师傅们把样板都做好了，我们这些学徒就按样板画线，再下料制作。”马炳坚记得，那时候甚至没有图纸，“尺寸都装在老师傅们的脑子里。”

王德宸是木构件制作的主要技术负责人之一，也是马炳坚的师傅。那时候，他日夜盯着工地，为核对一个尺寸或检查一个榫卯是否准确，常常半夜爬起来跑到现场去。

像拆卸时一样，木构件制作完成后，被分门别类地码放好，再按照安装顺序被运抵现场进行组装。这依旧不是一件易事。天安门的大木构件异常庞大，马炳坚记得，仅内檐柱的直径就有 1 米左右，长约 12 米，这就需要与之匹配的大型运输车辆以及塔吊来协助安装。

后来，他听参与大木构件安装的工匠师傅回忆，当时，施工人员被分成了两个工作组，沿天安门西北角和东南角画了一条界线，南面和西面的安装由组人负责，北面和东面的部分则交给了另一组。

112 天后，暖棚拆掉后，天安门城楼的新面貌显露了出来。原来宝盒的位置，被放进了一块汉白玉石，上面竖向刻着“1970 年 1—3 月重建”。

天安门城楼上嵌的汉白玉石。供图 / 申玉彪

重建之后，城楼构件上存在的不足得到改进，还具备了较强的抗震能力，同时增添了广播电视转播设施。

十几年后，天安门城楼再经修缮。这一次，1970 年重建时绘制的“西番莲和玺”彩画又被改回了传统的“金龙和玺”彩画，城楼重拾历史风貌。

人民的天安门

1988 年 1 月 1 日 9 时整，一声铃响，天安门东西马道的朱红色大门缓缓打开了。

那天，77 岁的北京市民高希武成了正式开放后第一个登上天安门城楼的中国游客。

如今登上城楼的人不会想到，它的开放始于一封信。

“我是 1954 年从上海来北京的。30 多年来，每次到天安门，仰望天安

1988 年元旦，第一批登上天安门城楼的游客。图源：北京日报

门城楼，我总梦想有一天能登上这‘祖国心脏的心脏’。我向周围的同志们说出了我的愿望，有人说这是‘幻想’‘白日做梦’，但我深信，总有一天，梦想会成为现实……”

1984 年 9 月，一封署名“华兴”的信受到了中央的重视，经过反复研究，1988 年元旦，古老而庄严的天安门城楼正式向公众开放。

也是在那之后，40 多岁的马炳坚第一次登上天安门城楼，“视野非常开阔，面前就是全世界最大的广场，和城楼之下的视角全然不同……”

24 年后，设计师张开济口中天安门城楼的“配角”——天安门观礼台，也首次向公众开放。2012 年的元旦，首批 5000 名游客登上观礼台，目睹了新年第一次升旗仪式。

灯饰、粉刷、彩绘……近年来，每逢关键时间节点，天安门城楼都会以崭新的面貌出现在世人眼前。开放 36 年来，城楼已累计接待了超过 5000 万人次中外游客。

天安门城楼管理处讲解组组长刘阳仔细观察过，城楼前廊正中的位置总是

傍晚时的天安门广场。摄 / 北京日报记者　武亦彬

游客最关注的，“这个位置确实特殊，可以看到天安门广场上的一系列建筑在一条直线上，此外，这也是领导人站过的地方，所以游客们都特别愿意在这里多做停留，去感受、拍照”。

刘阳在城楼工作了 27 年，2017 年 6 月 6 日，讲解组正式成立，她成了第一批讲解员。据刘阳描述，天安门城楼大殿东侧陈列的第一枚国徽，也是现在的热门打卡点。

“听完讲解之后，游客们会觉得很神圣，都特别愿意拍照留念。”刘阳记得有一次讲解结束，一位坐在轮椅上的老人，从散开的人流中显露出来，盯着第一枚国徽，表情凝重，迟迟没有离开。刘阳主动上前询问，才得知老人患了重病。老人家说：“这可能是我最后一次来北京，最后一次登城楼了，听你讲第一枚国徽的故事特别有感触。”

“越来越人文”，是刘阳工作几十年来感受到的变化。

1950 年国庆一周年前夕悬挂到天安门城楼上的第一枚木质中华人民共和国国徽，现陈列在天安门城楼大殿东侧。摄 / 北京日报记者　丁文捷

从天安门城楼前廊正中的位置望出去，天安门广场上的国旗杆、人民英雄纪念碑和毛主席纪念堂在一条直线上。摄 / 北京日报记者　丁文捷

最初，城楼上只有一些基本的陈设展，能讲解的内容也很有限。后来，大殿东西两侧分别设置了展板，西侧回顾了天安门的历史和建筑特色，东侧则从开国大典开始，盘点了几次重要的国庆阅兵。与此同时，无障碍游览服务也在不断提升。

“越来越多的家长带孩子来参观，哪怕孩子只有三四岁，还不能理解，家长也会带他们来感受这个氛围。”刘阳还注意到，人们越来越关注建筑背后的故事与内涵了。

登上城楼，站在前廊最中央的位置，中轴线上国旗飘扬，旗杆、人民英雄纪念碑以及后面的毛主席纪念堂连成一线，眼前的长安街车流不息，历史与现实的轴线在天安门交汇，又延伸至无尽的远方。

文 / 丁文捷

广场阅盛世

从皇宫禁地到人民广场，这里的变化翻天覆地

“天安门广场的建筑与景观，展示了现代中国在公共空间设计中探索和创新民族风格的努力。”2024 年 7 月，黎巴嫩建筑师贾德·塔博特在第 46 届世界遗产大会审议北京中轴线项目时如是说。

天安门广场是世界上最大的城市中心广场，是中华民族团结和祖国繁荣昌盛的重要象征。到天安门广场看升旗，几乎是所有中国人从小就有的愿望。但您知道天安门广场传奇的前世今生吗？从皇宫禁地到垃圾成山再到人民广场，您是否知道它如今辉煌的背后到底经历过多少磨难？

伴随着新中国的成立，天安门广场经历了从皇家前院到世界最大城市中心广场的华丽转身，这伟大改造的背后有着深刻的意义。

岁月风尘

作为明清两代紫禁城的正门，天安门的政治意义远大于它的使用功能。明清两代皇帝在此举行“金凤颁诏”的仪式，天安门平时大门紧闭，只有在新皇登基、大婚、祭天地等重大庆典活动以及皇帝进出紫禁城时才会启用。只有皇家在此行使权力，普通老百姓严禁进入。这里是封建王朝的中心、统治机构的中枢，体现的是至高无上、唯我独尊的皇权思想。

天安门历经 600 多年的岁月风尘，这里是无数重大历史事件的发生地。

它见证了中国人民一次次要民主、争自由，反抗外国侵略和反动统治的斗争，记载了中国人民不屈不挠的革命精神和大无畏的英雄气概，是中国从衰落到崛起的历史见证。

然而，在北平解放前，天安门地区是一个没人管理的地方，经历多次战火的天安门广场坑坑洼洼、荒草丛生，中间有些地方的草长得比人还高，垃圾成山，渐渐成了一个散发恶臭的巨型垃圾场。最大的垃圾堆竟然有六七米高！

1949 年 1 月，北平和平解放。5 月，北平成立了一个“都市计划委员会”，叶剑英兼任委员会的主任，给都市计划委员会的第一个任务就是清理广场。1949 年 8 月 9 日至 14 日第一届北平市各界人民代表会议上，做出了整修天安门和天安门广场的决定，并要求这项工程务必在 9 月份完成，来自党政军机关以及各界的人民群众多达 1.8 万人，参与了这场浩大的清理运动。经过大家一起努力，一个宽阔平坦、宏伟壮观的天安门广场呈现在世人面前。

开国大典

1949 年 7 月，开国大典筹备委员会成立，第一个问题就是开国大典要在哪里举行。当时有两套方案，其一是将阅兵地点选在市中心天安门，其二是在市郊西苑机场。经过反复权衡，最终选定在天安门前举行开国大典。主要考虑到可以利用天安门城楼作为检阅台，方便观礼；天安门作为中华民族优秀传统建筑的代表，庄严雄伟，在这里举办开国大典，也可以彰显新中国的国家形象、展现民族荣光。

1949 年 10 月 1 日，中华人民共和国开国大典隆重举行，参加开国大典的首都 30 万军民早已齐聚天安门广场。下午 3 点，开国大典开始。毛主席在天安门城楼上庄严宣告：“中华人民共和国中央人民政府今天成立了！”伴随着《义勇军进行曲》铿锵有力的旋律，毛主席亲手按动电钮，天安门广场升起新中国第一面五星红旗。4 点 35 分阅兵分列式开始，这是新中国成立后第一次盛大阅兵。1 万多名官兵组成的受阅部队列成方阵，在《中国人民解放军进行曲》的雄壮旋律中，迈着威武的步伐，由东向西通过天安门前，接受党和国家领导人的检阅，场面十分壮观。天安门广场上，群情激昂、欢声雷动。

从这一天开始，天安门成为新中国的象征，从此被赋予新的意义，迎来了新的生机。

世界最大

新中国成立后，天安门广场经历了数次大规模改扩建工程，使古老的广场更加宏伟壮观，成为党和国家举行重大庆典、盛大集会和外事迎宾的神圣重地。

为庆祝新中国成立 10 周年，1958 年，中央决定改扩建天安门广场。要求反映出我国历史悠久、地大物博、人口众多的特点，能容纳 100 万人集会。这项工程从 1959 年 1 月开始，到 1959 年 9 月正式结束，8 个月的时间，天安门广场再次发生了翻天覆地的变化。

1959 年，天安门广场鸟瞰图。图源：北京日报

见证辉煌

进入新时代，天安门广场见证了众多重要时刻，许多重大活动在这里盛大举行。

2015 年 9 月 3 日上午，纪念中国人民抗日战争暨世界反法西斯战争胜利 70 周年大会在天安门广场隆重举行，这是一次铭记历史、守护和平的国家庆典。党和国家领导人以及 65 位外国国家元首、政府首脑、政府高级别代表、联合国等国际组织负责人、前政要，30 个国家的外军观摩团团长等出席大会。中共中央总书记、国家主席、中央军委主席习近平在大会上指出，“70 年前的今天，中国人民经过长达 14 年艰苦卓绝的斗争，取得了中国人民抗日战争的伟大胜利，宣告了世界反法西斯战争的完全胜利，和平的阳光再次普照大地”。随后，天安门广场举行盛大的阅兵仪式，这次阅兵是新中国成立以来首次以纪念抗日战争暨世界反法西斯战争胜利为主题举行的盛大阅兵，其规模之大、规格之高，在共和国阅兵史册上写下了浓墨重彩的一笔，也在天安门广场史册上写下了浓墨重彩的一笔。

2019 年 10 月 1 日，庆祝中华人民共和国成立 70 周年大会在天安门广场隆重举行，随后举行盛大的阅兵式和群众游行。中共中央总书记、国家主席、中央军委主席习近平在大会上指出，“70 年前的今天，毛泽东同志在这里向世界庄严宣告了中华人民共和国的成立，中国人民从此站起来了。这一伟大事件，彻底改变了近代以后 100 多年中国积贫积弱、受人欺凌的悲惨命运，中华民族走上了实现伟大复兴的壮阔道路”。

2021 年 7 月 1 日，天安门广场又一次迎来了历史性高光时刻，庆祝中国共产党成立 100 周年大会在天安门广场举行。中共中央总书记、国家主席、中央军委主席习近平在大会上庄严宣告：“经过全党全国各族人民持续奋斗，我们实现了第一个百年奋斗目标，在中华大地上全面建成了小康社会，历史性地解决了绝对贫困问题，正在意气风发向着全面建成社会主义现代化强国的第二个百年奋斗目标迈进。”

这些盛大的庆祝活动举办，有力彰显了新时代以来取得的历史性成就、发生的历史性变革，生动展现了全国各族人民大团结的优势和中国特色社会主义制度的优势。

天安门广场是古老的，也是崭新的，它从封建时代的皇家广场，蝶变为当代中国的人民广场。每逢重大节日，这里就成为广大人民群众的欢乐海洋。在亿万中国人民的心目中，天安门已经成为祖国的象征。如今，天安门广场已成为广大游客来北京旅游的打卡地，“我爱北京天安门”这句歌词也真切表达了人们发自肺腑的对天安门的热爱之情。

天安门是中国的，是全国各族人民的向往之地，是中华儿女爱国情感的寄托。天安门也是世界的，它有 600 多年厚重的历史文化内涵，是外国人认识中国和感受中华文化的一张亮丽名片。

文 / 袁昕

红旗升曙光

2 分零 7 秒，刻在血脉里的旋律

2 分零 7 秒，可以做些什么？

国旗护旗队齐步走上国旗基座，升旗手振臂一挥，国旗自底端升至 30 米高的旗杆顶部，时间是 2 分零 7 秒。

太阳露出地平线，升至与地平线相切，时间也是 2 分零 7 秒。

2020 年 10 月 1 日清晨，随着雄壮的国歌声响起，鲜艳的五星红旗在天安门广场升起。图源：北京日报

每天清晨，伴随着第一缕阳光，天安门广场上的五星红旗冉冉升起，开启了新的一天。

1949 年 10 月 1 日，开国大典上，毛主席在天安门城楼按动电钮，升起了新中国第一面五星红旗。此后，升降国旗仪式历经 5 次大变革，从 1 人升旗壮大至如今 96 人的国旗护卫队，升旗仪式更加庄严隆重。

而五星红旗始终在天安门广场中央迎风飘扬，见证了新中国成立 75 年来风云激荡的光辉岁月。

如今，看升旗依旧是独属于国人的仪式感。每个黎明，数以万计来自全国各地的人提前守候在这里，一起等待国旗升起，在一场庄严的仪式中，抒发着满腔的民族自豪感。

一人升旗

如今或许少有人知道，最早承担升旗任务的是电工师傅。

由于国旗杆下的升旗系统为电动装置，开国大典第二天，设计其电力系统的北京供电局就开始负责日常升降国旗的任务。

后来近 26 年里，电工胡其俊成了天安门广场上唯一的升旗手。没有伴奏，没有群众围观，在当时是一件由一个人完成的工作。

1976年，“一人升旗”的时代结束了，接下重任的是北京卫戍区的警卫战士，旗手人数由过去的一人改为两人。

也是在那一年，五星红旗开始每天在天安门广场中央迎风飘扬。两名卫戍部队的战士一人扛旗，一人护旗，并肩而行。通过天安门前的斑马线时，还要给穿梭的汽车和自行车让道。等太阳快落山了，就按动电钮降下国旗，把国旗扛回来，放在驻地的房檐下。

那时候，升旗依旧没有隆重的仪式，不奏国歌，升降国旗的时间也不固定，距离人们口中的“国旗班”的出现还有 6 年。

国旗班

1982 年 12 月 28 日，原武警北京总队第六支队十一中队五班进驻天安门，担负天安门广场升降和守卫国旗任务，自此天安门广场开始有了国旗班。

彼时，天安门国旗班第一任班长董立敢提出，应该有一个神圣庄严的升旗仪式来表达亿万人民对国旗的热爱之情。

很快，经上级批准，旗手人数由原来的 2 人升至 3 人，还按照北京天文台提供的精确日出日落时间编制了升降国旗时刻表。

新的升旗仪式始于 1983 年 2 月 1 日。中间一名旗手扛旗，两侧各有护旗手，三人都腰扎武装带。庄严与神圣的仪式感开始吸引普通民众驻足。

1986 年元旦起，中央电视台将天安门广场升国旗的镜头作为《新闻联播》的片头向全国播放，时间长达一年。或许从这时开始，前往天安门广场目睹升旗仪式成为无数国人心中的愿望。

随着 1990 年《中华人民共和国国旗法》的颁布，国旗升降仪式的改革工

1983 年，国旗班战士穿梭于天安门广场，引发市民围观，人们逐渐开始驻足观看升降旗仪式。图源：北京日报

作也提上了议事日程。

8 年后，经国务院批准，这支 3 人的队伍增长到了 36 人，同时发生变化的还有国旗基座与升旗仪式。

撤掉国旗杆四周封闭的栅栏后，战士们不用再翻越栏杆了。基座被改建为平面三层，内层是边长 6 米、高 45 厘米的汉白玉平台，基座中心是 30 米高的银灰色国旗杆。

1991 年 5 月 1 日清晨，一支由 36 名身着戎装的国旗护卫队官兵和 60 名武警军乐队官兵组成的橄榄绿方队，在《歌唱祖国》的军乐声中，从天安门城楼中间门洞出发，跨过金水桥和长安街，正步行进至国旗杆基座，横看成列，纵看成行。

138 步，是战士们从金水桥走到国旗杆下的步数，每一步都是 75 厘米。

4 分钟后，擎旗手将一面宽 3.3 米、长 5 米的特大号国旗交给升旗手。军乐队奏响国歌，升旗手按动电钮，鲜艳的五星红旗在雄壮的国歌声中缓缓上升。2 分零 7 秒后，国旗飘扬在旗杆顶端，在初升红日下熠熠生辉。

那日，上万名群众聚集在天安门广场，共同见证了这一庄严隆重的历史性时刻。

此后 27 年，风霜雨雪、严寒酷暑都未曾阻挡过这支队伍的脚步。每月逢

1991 年 5 月 1 日，擎旗手肩扛五星红旗，在国旗护卫队护卫下正步走向天安门广场。摄 / 北京晚报记者　张风

1991 年 5 月 1 日，庄严的五星红旗在晨光中飘扬。摄 / 北京日报记者　李士炘

1 日、11 日、21 日，军乐队队员在升旗现场演奏国歌外，平日则播放国歌录音。

精准的步数与时刻是仪式庄重的保证，而落到每一位战士头上，则是需要不计其数的训练才得以形成的肌肉记忆。

一位护卫队老兵曾说，从一名普通军人到一名合格的升旗手起码要脱几层皮。

顶着风练站立，迎着太阳练不眨眼，甚至还把蚂蚁捉来放在脸上练面部表情不变。夜晚睡觉时不枕枕头，要求四肢平展，仰卧而眠，不能侧卧和俯卧，这些构成了新兵训练的日常。

6200余次升降旗任务，零失误，这是“共和国第一升旗手”高红甫2015年退伍时的“战绩”。

2004年7月，高红甫接过了升旗手的“接力棒”。如何在国歌奏响的瞬间，迅速将近17平方米的国旗向空中撒出一个扇形？又要如何在国旗降至杆底的一刹那，迅速将其收拢成一个锥形？高红甫有自己的秘诀。

为了练撒旗，他拿着3公斤的哑铃练臂力，一练就是一整天。为了练收旗，他手掌外侧将国旗一把把砍在旗杆上，与旗杆硬碰硬发出“嗒嗒”的响声。肌肉记忆总是伴随着肉体的疼痛，白手套烂了一副又一副，成片的血泡结痂脱落。

“人旗合一”是他在接受采访时说得最多的话，一整套升旗动作要在30秒内完成，一气呵成。“不能融在一起，旗就不听你的。”

仪式感

2018年1月1日清晨，近10万群众静候在天安门广场，即将在他们眼前呈现的，是中国人民解放军三军仪仗队担负升降国旗的任务后，举行的首次升旗仪式。

7时32分，升旗号角划破长空，升旗仪式正式开始。

36人的队伍增长到了96人。96名解放军仪仗队队员组成的护旗编队，从城楼中间券门走上金水桥，30名礼兵肃立两侧迎接国旗。

7时36分，伴随着解放军军乐团奏响的《义勇军进行曲》，鲜艳的五星红旗迎风展开，与喷薄的朝阳一同升起。

升级后的升旗仪式，除了每月1日为96名护旗队员，其他时间也增至66名，护旗队动作、升旗时长、军乐团出场和演奏位置等多个细节也做出了同步调整，还在每月1日增加了号手和礼兵的迎旗环节。

威武雄壮的气势，庄严肃穆的气氛，都彰显着中国人民阔步新征程的自信豪迈。

如今，越来越多的年轻人将看升旗视作一项必“打卡”项目。如何预约，如何占据前排的位置，如何快速通过安检，成了大家关注的焦点。于是，由个人经历浓缩成的不同版本的攻略，在各种社交平台上传播开去。

凌晨3点刚过，最早通过安检通道的人就开始在天安门广场上“百米冲刺”，

2018 年 1 月 1 日 7 时 36 分，天安门广场迎来新年首个升旗仪式，迎着清晨的曙光，首次担任升旗任务的中国人民解放军三军仪仗队升旗手将五星红旗高高抛起。摄 / 北京日报记者　和冠欣

因为从最后一道关口到国旗杆前的栅栏的奔跑速度，决定了你最终能站在哪里看升旗。

找好位置后，后面要做的一件事情就是等待。看着天安门上空，从乌黑逐渐变淡，透出了克莱因蓝，再变淡成了天蓝，最后透出日出前的一抹粉色，三军仪仗队走出来了！

迈过长安街，他们踢着正步，齐刷刷地向升旗台走去。后排的年轻家长总会把自家孩子扛在肩头，让他们在更开阔的视野里，看着国旗升起。

几乎每个亲历升旗仪式现场的人都会想起唱国歌。更多人会高高举起拍摄杆，用手机记录下这终生难忘的时刻。只要伴奏响起，所有人都会不由自主地唱起来，毕竟这 46 秒是刻在血脉里的旋律。

“起来！不愿做奴隶的人们！把我们的血肉，筑成我们新的长城……”

文 / 丁文捷

石碑立沧桑

114字，刻下中华民族的集体记忆

三年以来，在人民解放战争和人民革命中牺牲的人民英雄们永垂不朽！

三十年以来，在人民解放战争和人民革命中牺牲的人民英雄们永垂不朽！

由此上溯到一千八百四十年，从那时起，为了反对内外敌人，争取民族独立和人民自由幸福，在历次斗争中牺牲的人民英雄们永垂不朽！

1949年9月30日黄昏，宣读完亲自撰写的这114个字后，毛主席率先执锨铲土，为人民英雄纪念碑奠基。

9年之后，“共和国第一碑”落成。北眺南望，位于中轴线之上，直面长

1958年，人民英雄纪念碑落成揭幕。图源：北京日报

安街，纪念碑矗立在天安门广场的中心。

总有一些精神跨越时空，历久弥新。

有人说，很多革命先烈倒在了黎明前最黑暗的时刻。他们没能看见日出，却燃烧自己点亮血色天幕，为我们迎来了日出。

奠基石

“全体一致通过以本届全体会议名义设立为国牺牲的人民英雄纪念碑并亲往奠基。”这是一份会议记录的第六项内容，现珍藏于中央档案馆，清楚记下了中国人民政治协商会议第一届全体会议的最后一天通过的这一项重要决议。

1949 年 9 月 30 日，奠基仪式上，毛主席宣读了碑文，并在天安门广场南侧中华门的北边与委员们一起执锹铲土。

奠基点，是由周总理亲自选定的。起初，关于建造地点有过多种意见，有人主张建在东单广场，也有人建议建在西郊的八宝山。

据《党史纵览》杂志 2009 年第 1 期报道，在政协第一届全体会议上，周总理提议，把人民英雄纪念碑建在天安门广场，天安门广场有五四运动以来的革命传统，同时这里也是全国人民和全世界人民敬仰的地方。

最终，五星红旗旗座之南，北距天安门城楼约 463 米，南距正阳门城楼约 440 米，成了人民英雄纪念碑破土之地。

而直至 9 月 30 日上午，奠基石碑才被运送到天安门广场，它出自琉璃厂 261 号两位篆刻师陈志敬与陈志信之手。

百余字，雕刻成一寸大小的隶书，两人在 5 天夜以继日工作后，终于完成。奠基仪式上午，陈志敬雇了一辆人力车把雕刻好碑文的奠基石碑送到了天安门广场，担心车来回颠簸损坏石碑，他还特地在底部垫了一床被子。

“纪念死者”

“纪念死者，鼓舞生者”是当时关于建碑目的的指示，而这八个字该如何落在纪念碑的设计上，经历了一个不断探索的过程。

直至1952年8月1日正式开工，纪念碑的设计方案都仍在改动。

奠基仪式后不久，北京都市计划委员会向全国发出了征选纪念碑规划设计的通知，收到的设计方案超百件，其中三个方案得到了专家们的认可。在这三种设计草图送呈北京市领导审批的时间里，由于当时有方案提出加大加高纪念碑下面的大平台，并开三个门洞，做成类似于城门的形状，正卧病在床的梁思成给市领导写了一封信，内容直指上述方案存在的不妥之处。

“人民英雄纪念碑是不宜放在高台上的，而高台之下尤不宜开洞。至于碑身，改为一个没有顶的碑形，也有许多应思考之点。传统的习惯，碑身总是一块整石。”1951年8月29日，梁思成在信里表达了自己的设计理念，他提出纪念碑应该根基稳固地立在地上，同时要注重设计纪念碑的顶部，“我愿在这上面努力一次，再草拟几种图样奉呈。”

如今看来，当年的这封信为纪念碑勾勒出了轮廓。

1952年5月，人民英雄纪念碑兴建委员会成立，梁思成任委员会副主席一职。历经一年多的打磨，纪念碑下半部分的设计得以确定，将带有方形底座的直立石碑建在双重须弥座的台基之上。

“在纪念碑的设计过程中，碑顶的争议是最多的。”天安门地区管理委员会原副主任贾英廷曾撰文说，当时建筑家和雕塑家的分歧较大，一度形成了“建筑顶”与“雕像顶”之争，最终采用了中国传统建筑中的庑殿顶。

就在设计方案还悬而未决时，另一项重要的工作正在有序推进。

1953年10月16日，一块大石料被运送至广场。这是一块色泽、质地出众的花岗石，重近百吨，采自青岛浮山大金顶一带，经人民英雄纪念碑兴建委员会慎重挑选，被用作纪念碑碑心石。

滚木、推土机牵引滚移，再加上火车运输，多种方式交替使用，耗时约188天，大石料终于被运抵施工现场。从开采到运输，7116名工人直接参与其中，更印证了这一过程的复杂性。

而当巨大的碑心石石料已按设计方案等候在工地时，新的变化出现了。

依照中国传统，立碑碑身正面应朝向南方，但天安门广场的人流多从长安街涌入，集中在广场的北部。

据贾英廷描述，建造过程中，考虑到人流集中的方位，决定一改传统，便于更多人能直接从长安街看到纪念碑的正面。

于是，重达 60 多吨的纪念碑碑心石，被掉转方向。

由南到北，变化的不仅是方向，更是建筑物设计的出发点，人民英雄纪念碑也因而成了中国为数不多的坐南朝北的大型纪念碑。

毛主席题写的“人民英雄永垂不朽”八个鎏金大字，镌刻在碑心正面。

而纪念碑背面由毛主席起草的 114 字碑文，周总理前后写了 40 余次草稿。如今人们看到的，是周总理最满意的一幅。

“鼓舞生者”

“今天，从建碑开始就在这里艰苦劳动的雕刻工人们，在 10 块大浮雕上面做完了最后一遍修饰……用花岗石铺成的月台地面和台阶，像玻璃板一样平整。在建碑过程中，没有发生过一件工伤事故和刻坏过一块汉白玉。”

这是 1958 年 4 月 22 日竣工当日，新华社记者的报道。新中国成立至今耗时最长、规模最大的公共艺术项目，凝聚了无数人心血与期待的人民英雄纪念碑建成。

《虎门销烟》《金田起义》《武昌起义》《五四运动》《五卅运动》《南昌起义》《抗日游击战争》《胜利渡长江》《支援前线》《欢迎解放军》，这十幅汉白玉浮雕，镶嵌在纪念碑底座。“艺匠”们培训 2 年，雕刻 3 年，一笔一画刻下了这个民族浴血奋斗的来路。

在高 2 米、总长 40.68 米的浮雕中，共有超 170 个人物形象，每个人物都和真人一样大小，面貌、性格、表情和姿态各不相同，其中无一具体的历史人物或英雄人物。

人民英雄纪念碑承载着各族人民的纪念与缅怀，见证了这个国家一步步走向繁荣富强。

65 年后，纪念碑的奠基之日又被赋予了新的意义。

1958 年 5 月拍摄的矗立在天安门广场上的人民英雄纪念碑。摄 / 北京日报记者　李晞

2014 年 8 月 31 日，十二届全国人大常委会第十次会议通过关于设立烈士纪念日的决定，将 9 月 30 日确定为烈士纪念日。在开国大典前一天举行人民英雄纪念碑奠基典礼，将国庆节前一天设立为烈士纪念日，这当然不是一种巧合。

“国庆勿忘祭先烈”，每年 9 月 30 日，党和国家领导人都同各界代表一起，在天安门广场向人民英雄敬献花篮。

对于天安门地区管委会文保基建处来说，9 月 30 日前还有一项重要工作——对纪念碑二层基座进行局部物理清洗。据文保基建处副处长段敬亮描述，每年烈士纪念日前 10 天，工作人员会用软毛刷蘸上清水，对一些明显的污渍进行清洁，“用‘精细’的实际行动，传递对英烈的敬重与缅怀”。

除了清洁之外，对纪念碑状况的日常监测也是一项重要的工作，其中裂缝和倾角便是文保基建处关注的重点。

2018 年，22 个裂缝计和 8 个倾角计被安装在了人民英雄纪念碑一层基座上。

“裂缝计用于监测条石之间裂缝宽度的变化，倾角计用于监测汉白玉栏杆的倾度变化。”段敬亮介绍，监测的数据会实时传输到系统中，经过几年的观察，每年随温度变化，数据会呈现周期性波动，但裂缝和倾斜没有发生较大变化，结构状态稳定。对于因风化问题产生的破损部位，工作人员也会及时进行局部修补，以防止出现更大的裂痕。

在某种程度上，大家守护的早已不是一处文物，而是独属于中华民族的集体记忆，民族精神也由此传承下去。

1986年6月，中国共产主义青年团北京市委员会、天安门地区管理委员会、少先队北京市工作委员会三家单位联合创办“少年先锋岗”——戴着红领巾穿着统一制服的少先队员们，高举少先队旗帜，守护在人民英雄纪念碑前。

1986年6月1日，“少年先锋岗”成立仪式在人民英雄纪念碑前举行。摄/北京日报记者　翟伟

2016 年 4 月，少年们参加“少年先锋岗”活动。摄 / 北京日报特约摄影　周良

过去 30 余年时间里，一批批的少年已参与到这项活动中。在一班岗 15 分钟里，他们眼神坚定，接旗、敬礼、转身、齐走，学着大人的模样，将自己理解的人民英雄革命精神外化于行。“纪念死者，鼓舞生者”的种子已然在年轻的血液中生根发芽。

文 / 丁文捷

华灯鉴来路

2849 颗灯球、6000 多盏光源永远亮着

一个城市总有两张面孔，一张属于白天，一张属于夜晚。入夜后，没有灯光，城市就会藏进黑暗里。

1949 年 12 月 31 日，北京路灯总数为 14520 支。

夜幕降临，长安街上东西三座门前的路灯亮了，电压不足，灯光像个香火头，那还是夜里出行需要格外小心的年代。

1950 年 9 月 23 日，天安门前改双球路灯 22 基。

新中国成立 10 周年庆典前夕，北京进行“十大建筑”和天安门广场建设，长安街配置华灯，采用莲花灯和棉桃灯造型。自那时起，北京城夜晚的面孔逐渐清晰明亮了起来。

国旗升起，华灯熄灭，国旗降下，华灯初上，在过往 65 年里，这些元素，共同构成了独属于天安门广场的仪式感。而每一基华灯背后，还有一代又一代华灯人。

第 43 号华灯

天安门广场第 43 号华灯，国旗杆东侧，陈春光至今记忆深刻，那是自己作为第五任华灯班班长的起点。

“站上华灯车的瞬间，就一身鸡皮疙瘩。”7 年前，陈春光第一次参与华

灯班的检修工作。车缓缓升起，视野逐渐变得开阔，他离国旗越来越近，在近10米的空中“正好对着天安门城楼”。

爱国情怀、民族自豪感，天安门广场上产业工人的骄傲感，历史的厚重感……再谈起这一体验，陈春光依旧很难说清楚，这到底是一种怎样的情绪，总之都在那一刻迸发了。

1959年9月，东西长安街路边装上了145基棉桃灯，天安门广场上同步安装了96基莲花灯。

莲花灯分为两层，顶部1个灯球，下面8个灯球，上面雕刻着不同的花的图案，象征百花齐放。而棉桃灯分3层，每盏灯由8个灯球托举着4个，最上面还点缀着1个，寓意四面八方拥护党中央。

“老班长王庆余回忆，制作棉桃灯的时候，真想在灯球上吹出一个小尖儿，做成棉桃的样子。”陈春光记得曾有老师傅说，受限于当时的工艺，最终还是选择了圆形的灯罩，一直沿用至今都未进行改动。

后来，专家们根据北京的城市特点定位，确定了全市平日、一般节日、重

1959年，新型路灯安装完毕时，长安街夜景。图源：北京日报

大庆典三种类型日子的灯光照明方案。

后来，天安门广场上又加装了华灯。现在，长安街自西单到东单共有华灯253基、2849颗灯球、6000多盏光源。夜幕降临，华灯柔和的灯光下，长安街灯火通明，流光溢彩。

从半天到半小时

华灯点亮了长安街，而华灯班点亮了盏盏华灯。

为保证华灯正常运作，彼时北京供电局每年对华灯进行清扫检修工作。老班长王庆余经历过那个光是够到灯罩都实属不易的年代。

1960年，对华灯进行第一次清洗。杉树树干砍去枝叶，做成细长的杆子，再用铅丝固定拧紧，搭成杉篙架子，往木架子上铺块板，老师傅们晃晃悠悠地就开始工作了。

清洗一基华灯，得挪动三四次架子，每挪动一次，就得先下来，再爬上去。身边还放着一个大竹筐，需要系上绳子把灯罩运送到地面，地面的人用水洗净、擦干，再用竹筐传递上去，一个上午弄完一基华灯都很费劲。

夏季的蚊虫多，虫子又追光，一段时间下来华灯灯球里堆了很多虫子尸体，清扫的时候，用手一掏，能掏出半斤来，蚊虫腐烂的味道特别呛人，老师傅们还会将蚊虫拿回家喂鸡。

这段日子被陈春光称为“华灯车的史前时代”。

直至1972年，北京市才成立早期的路灯队，即今天城市照明管理中心的前身，专门负责检修、清洗华灯。四年后，我国自行改造、自行设计的第一代华灯车问世，利用滑轮和绞盘实现了作业平台的升降。

第一代华灯车，用的是美国大十轮当底盘，盛球仍是用的竹筐，当时需要提着水桶爬梯子上去清洗检修华灯，十分不方便。

伴随着中国机械工业的发展，华灯车也不断迭代升级。第二代华灯车安装了液压的升降系统；到了第三代华灯车，车载平台不光能用液压系统升高下降，还可以左右转动方向；第四代华灯车还加装了污水处理循环系统，用过的废水

第一代华灯车，用的是美国大十轮当底盘，盛球仍是用的竹筐，当时华灯人需要提着水桶爬梯子上去清洗检修华灯，十分不方便。图源：北京市城市照明管理中心

将回收到废水箱内，经过沉淀、过滤后，可以重复再利用。

2019 年，第五代华灯车正式投入使用。车辆定位、路线规划、状态监测、故障报警、数据分析……多种车联网功能在一辆车上得以实现，还新增设了灯球自动清洗装置。陈春光计算过，现在从地面升上高空到完成作业返回地面，大概耗时 30 分钟。

从木架子到高科技，从半天到半小时，华灯车走过了四十几年，与之同行的是五代华灯人。

大考时刻

科技提升了工作的效率，但工作的本质不会发生变化，夜以继日仍然是维护华灯这项任务的底色。

为了避开天安门广场和长安街的交通高峰，每年 6—9 月，从上午 10 点到下午 4 点，是他们固定清扫检修的时刻，有 6000 多盏光源等待着“体检”。同时，还要将华灯光源、线路、整流器、保险进行核对记录，为日常运行维护工作提供依据。

对华灯人来说，夏天是藿香正气水味的。

7 月，站上华灯车，头顶没有任何遮挡，灯杆灯具的温度最高可以达到 72 摄氏度。为了确保工作中人员安全，工人们还必须穿着长袖工作服，戴着两层手套，捂得严严实实。

在如此高温下，光是站 30 分钟就已经浑身湿透，而他们还必须细致地完成摘灯球、冲洗、擦拭、检查光源与接线、更换、安装等 6 个步骤、37 个环节。衣服湿透了，被烤干，然后再被汗浸湿，如此循环往复是华灯班那几个月的常态。为防中暑，陈春光会“上去之前喝一瓶藿香正气水，下来再灌一瓶”。

每年检修完，华灯人的两鬓都会留下安全帽勒过的白印子，那可能是暴晒后脸上最白的一块了。

2018 年，华灯班成员在天安门广场清洗检修华灯。图源：北京日报

重大活动保电是属于华灯人的另一项特殊工作。陈春光统计过，现在一年有200多天都在重大活动保电的范围。除了前期排查隐患，把华灯的“健康水平”调整至最佳，应急值守是重大活动期间的底线保障，以防一些不可控的外力造成故障。

陈春光记得，庆祝中华人民共和国成立70周年的彩排均安排在夜间，国庆当晚还有联欢活动，路灯照明保障尤为重要。

那是一场“昼夜接力”。

华灯班要在交通管制之前，也就是9月30日下午两点左右进入天安门广场，紧接着国庆当天阅兵、游行、夜间联欢，一直到10月2日，国旗升起，他们才能离开广场。陈春光粗略估算，这一过程大约是40个小时。

而在此过程中，需要密切关注设备情况，大家只能轮流找一个小角落，裹着衣服迷瞪一会儿，不能缺岗。

华灯璀璨

“第一，这是个品牌班组，得越带越好，越干越棒。第二，班里都看着你，做好表率。第三，还要不断学习，紧跟时代。”陈春光还记得，自己2017年正式加入华灯班，接过老班长孟庆水手上的接力棒时他的嘱托。

而陈春光和华灯的故事开始得更早一些。

2012年是华灯历史上最大一次集中改造。天安门广场上的华灯全部由水泥灯杆更换成钢结构灯杆，灯台上也被加装了花饰浮雕，呈现出百花齐放的胜景，陈春光深度参与其中，是这项工程中的一颗关键“螺丝钉”。

加入华灯班之后的7年里，在陈春光的带领下，华灯班从生产实践出发，获奖的科技创新就有31项、国家专利30项。

2012年，城市照明监控指挥中心在方庄建成，对全市31万盏路灯实施一体化的管控和监测，同时监测近500处景观照明设施。大屏幕上，天安门广场和长安街地区的华灯分布图一目了然。

253基华灯上安装了单灯监测装置，及时反馈每基华灯上每一盏光源的亮灯情况，对于华灯班来说，能实现第一时间发现、第一时间派单到现场处置。

而这一系统当时的通信模块为 2G，最大的缺陷就是运行速度缓慢。用陈春光的话说，它总是“没睡醒”。白天没有电，等华灯一亮，才会触发它启动，需要等待 5 到 10 分钟之后，它才能把现场采集到的电流、电压等数据传输至监控指挥中心。

去年，华灯单灯监测系统实现了升级改造，换上 4G 的通信模块后，传输数据的体量与速度都得到了提升，还加装了安全电池，可以实现在华灯启动前

上图为第五代华灯人合影，班长陈春光在中间手执锦旗；下图为第二代华灯人合影，戴草帽清洗检修华灯。图源：北京市城市照明管理中心

20 分钟上线。

从 500 瓦的白炽灯，到 450 瓦的自镇流高压汞灯，再到 85 瓦的电磁无极感应灯，华灯光源的功率一降再降，但华灯却更加亮了。

如今，华灯班 15 个人，两班倒。夜班组需要天黑亮灯前就要到大街上巡修直至凌晨，数十年如一日地守护华灯璀璨。

“灯灭了，老百姓可能还没发现，我们就第一时间修复了，给他们一种灯永远都亮着的感觉。”

在非工作时间经过长安街时，陈春光会习惯性地抬头看看华灯。

盏盏华灯早已化作了长安街的一部分，见证了新中国一路走来的许多重大时刻，静静地守望着这座城市的喧嚣与宁静，照亮了来路与前方。

文 / 丁文捷

白鸽赴和平

10 万羽鸽子飞成盘旋效果大有讲究

1959 年 10 月 1 日，新中国成立 10 周年庆典，新中国首次在重大活动中人规模司放和平鸽；

2008 年 3 月 31 日，和平鸽在天安门广场迎接北京奥运会圣火；

2021 年 7 月 1 日，庆祝中国共产党成立 100 周年大会，天安门广场放飞了 10 万羽和平鸽，刷新了重大庆典活动放飞和平鸽数量的世界纪录；

如今，每年重要节日的升旗仪式，天安门广场万羽和平鸽齐飞……

鸽子自古就被视为吉祥之鸟，但它真正成为“和平的使者”，出现在国家大型庆典活动上，成为人们美好愿望的寄托，却经历了漫长岁月的洗礼和演绎。

从战火中飞来

可能在大多数人印象中，鸽子与“和平”的联结，来自西方神话。

其实，在中国古代文化中，鸽子也被视为吉祥之物。早在商代，中国人就开始饲养鸽子，在器具中也出现了鸽子的艺术形象。在河南殷墟妇好墓出土的玉器中，就有一件用绿玉雕成的玉鸽。唐代开始出现画鸽子名家，明代出现了我国最早的鸽文化专著——《鸽经》，书中提及“凡家有不肥之叹者，当养斯禽”，此处“肥”是和睦之意。可以见得，鸽子的吉祥寓意里蕴含了和平、和睦。

然而，鸽子真正成为“和平鸽”，源于一个并不和平的故事。

第二次世界大战期间，法西斯占领巴黎后的某一天，毕加索邻居的守门人米什来拜访他。米什的儿子在保卫巴黎的战役中牺牲了，他的孙子柳信不想再用代表投降的白布来召唤鸽子，于是在屋顶用红旗召鸽子回巢。这一幕被两个法西斯士兵看到，他们残忍地将柳信推下楼，使其摔死。士兵离开前，还杀死了刚被召回的白鸽。悲痛的米什找到毕加索，他怀里抱着毛茸茸的白鸽，像将孙子小柳信拥在怀里。他请求毕加索将这只死去的鸽子画下来作为纪念。于是毕加索画下了一只冠毛丛丛、恬静美丽的白鸽，看上去栩栩如生，对抗着战争阴霾笼罩下的年代。

1949 年，世界保卫和平大会召开前夕，毕加索凭着记忆再次将米什的鸽子制作成石版画，献给了为和平斗争的人们。于是，这只白鸽便成为世界保卫和平大会的标志，希望将和平与幸福带给世界上所有像柳信一样的孩子。

1950 年，毕加索又画了一只鸽子，献给在波兰华沙举办的第二届世界保卫和平大会。它不再像第一幅那样恬静地站着，而是展翅飞翔了。1952 年，为庆祝世界保卫和平大会，毕加索又献出了第三幅和平鸽。它的羽翼更丰满，翅膀展开得更大，向着更高的地方飞去。渐渐地，鸽子作为和平的象征飞向了

1952 年，世界保卫和平大会召开，毕加索献出新作和平鸽。图源：北京日报

全世界，成为公认的“和平使者”。

于天安门落脚

和平鸽与新中国的故事，还要从天安门城楼上的一幅标志说起。

1949 年 5 月 25 日，在天安门城楼正中央，毛泽东和朱德的巨幅画像之间，悬挂着一幅白鸽标志，10 万民众在此举行欢迎大会。他们在欢迎谁？为何会悬挂白鸽标志？

第二次世界大战结束后，反对战争、拥护和平成为世界潮流。1949 年 4 月 20 日，世界保卫和平大会在巴黎和布拉格同时开幕。大会第四天，南京解放的消息从中国传到布拉格会场，现场顿时爆发出长达 15 分钟的热烈掌声和欢呼。各国代表纷纷离开座位，或振臂高呼，或与中国代表握手拥抱。郭沫若激动地说道：“中国人民的胜利，就是整个和平阵营的胜利！”这一历史时刻，被代表团成员徐悲鸿记在心中，回国后用画作近乎全景式地记录了下来，名曰《在世界和平大会听到南京解放的消息》。同样，在巴黎会场，得知南京解放的消息后，全体代表起立欢呼，外国记者称这是大会开幕四天中最热烈的场面。

这次世界保卫和平大会，通过了《世界保卫和平大会宣言》《告世界人民书》等重要文件。这也是中国在国际舞台上的一次成功亮相，向全世界传递了中国人民反对侵略战争、争取民主和平的坚强信念。

1949 年 5 月 25 日，中国代表团胜利归来。他们到达天安门广场时，数万民众欢迎代表团的口号声和掌声经久不息。在天安门城楼上，见证这一时刻的那只白鸽，正是世界保卫和平大会的会徽图案。象征和平与希望的鸽子，飞到天安门落了脚，开始书写新的故事。

在新时代高飞

据中国信鸽协会副会长、首席专家黄剑回忆，新中国首次在重大活动中放飞和平鸽是在 1959 年新中国成立 10 周年庆典上。中国信鸽协会成立于 20 世纪80年代，中国有组织地大规模放飞和平鸽，则始于中国信鸽协会成立后。

从1984年国庆节开始，典礼放飞的鸽子由北京市信鸽协会的会员们无偿提供。能在天安门广场参加庆典的鸽子，可不一般。它们都是自带导航的信鸽，放飞后会自己回家，最快的一两分钟就到家了。远一些的，从庆典现场驱车到房山区窦店镇尚且需要一个多小时，鸽子飞半小时就能到家。

征集千余羽容易，但像10万羽信鸽这么大的规模，还需要更多合力。2021年4月，庆祝中国共产党成立100周年大会征集信鸽，北京全市鸽友积极响应，最终3000余户志愿提供。

“被选中的鸽子，都是打过比赛、经过训飞、认家的，并且毛色油亮、骨骼肌肉健壮、身体健康。”养鸽20年的北京市民董晓波说。为了保证鸽子的健康，他还特意定制了食谱，增加豌豆、燕麦等蛋白质、碳水化合物，减少花生等油脂，让鸽子飞起来更轻盈。

庆祝大会前，放飞车将鸽友的信鸽逐一收集起来，运到指定地点进行手检，保证每只鸽子的健康。一切检查合格，鸽子才会被转移到天安门广场执行放飞任务。

10万羽和平鸽振翅高飞，在人民英雄纪念碑上空集结、盘旋。这壮观的景象，三分靠鸽子的天性，七分则是人的努力。

北京市信鸽协会秘书长孙鹏介绍，鸽子能够判断方向和回家的主要原因是它能感应到地球的磁场。因此，为了让10万羽鸽子形成盘旋效果，巧妙地布置了放飞车的车位：将来自北京东部的鸽子的放飞车停在广场西侧，将来自北京西部的鸽子的放飞车停在广场东侧，这样在放飞后，就会呈现“东侧的鸽子往西边飞、西侧的鸽子往东边飞”的景象。再加上鸽子判断家的方向需要时间，一相遇就会盘旋，盘旋几圈后，鸽子定位好回家的方向，就会一路朝家飞去。

与全世界共振

偶尔，鸽群中也会有掉队的“小鸽子”。

2022年2月4日，北京冬奥会开幕式上，数百名小朋友手持和平鸽模型

2022 年 2 月 4 日，北京冬奥会开幕式和平鸽展示环节中掉队的“小鸽子”归队。摄 / 北京日报记者　和冠欣

灯笼表演节目《闪亮的雪花》。表演中，一只“小鸽子”掉队了，被一只稍大点的“鸽子”拉回鸽群，共同汇成一个完整的心形。这一幕，在许多人心中留下深深烙印。当前，世界格局正在深刻变革，人类社会遭遇多重挑战。在变乱交织的国际环境中，中国选择做这个世界的和平力量、稳定力量。

和平鸽终究带不来和平，真正能带来和平的，是热爱和平的人。

中国自古就是和平的倡导者，“和”始终是中华文明的核心价值观。历史上，中国长期是世界上最强大的国家之一，但从未殖民或侵略他国，追求共生并进。几千年来，和平已经深深刻进中华儿女的基因中，融入中华民族的血液里。新中国成立以来，中国也没有主动挑起过任何一场战争和冲突，外交上始终坚持独立自主、合作共赢的原则。新时代的中国，坚定不移地走着和平发展的道路，推动构建人类命运共同体。

如此说来，中国与和平鸽在太空的“相遇”，是巧合也是注定。2024 年，嫦娥六号在月球背面采样时，采样痕迹呈现出一个中国的“中”字，也像是一只“和平鸽”。这充满“中国式浪漫”的发现背后，是中国和平利用太空的稳健步伐。

中国选择了和平，“和平鸽”也选择了中国这片蓝天。

这是一场浪漫的“双向奔赴”。

文 / 钱绯璠

第四章

人民的长安街

天安门城楼在阳光下焕发光彩。摄 / 北京日报记者　邓伟

万人大礼堂

“十大建筑”之首，人民大会堂堪称建筑史奇迹

伴随着“跟着人民币来一次特种兵式旅游”成为一种网络潮流，越来越多来北京旅游的年轻人都会提前准备一张第五套人民币 100 元纸币去一个地方打卡。没错，这就是这张百元纸币背后所绘的人民大会堂——国家的政治殿堂、全国人民的礼堂。

建筑史奇迹

60 多年前，天安门广场东侧一座宏伟建筑拔地而起，其规模之大，用时之短，在世界建筑史上，旷古烁今。

1958 年 8 月，中央政治局扩大会议做出决议，提出用一年的时间，在北京建造一批具有时代纪念意义的大型公共建筑，以此庆祝即将到来的新中国成立 10 周年的庆典。人民大会堂位列首位。

纵观世界建筑史，一座大型的场馆会堂，其建设周期往往很长：纽约联合国总部大厦用了 7 年、日内瓦万国宫用了 8 年、英国议会大厦用了 22 年、美国议会大厦则用了 26 年，比“十大建筑”只晚一年开工的悉尼歌剧院则用了整整 14 年。距 1959 年国庆节只剩下不到 13 个月，人民大会堂如何顺利建成、为国庆献礼？

由于时间紧迫，决定采取非常规的“三边”的建设方式，即“边设计、边

施工、边备料”，除材料、机械要立即准备外，设计工作更是关键，决定召开设计人员动员大会，发动大家献计献策，以尽早提出设计方案。

一轮又一轮的设计，不断变化，第一轮提出只做一个万人大礼堂，第二轮加入了可供 5000 人进餐 的大宴会厅，第三轮全国人大常委会办公楼也加入进来……“17 万平方米”——超过了故宫全部建筑面积的总和。

万人大礼堂是人民大会堂最核心，也是设计最为精彩的部分。这是世界上最大的大礼堂，能够容纳 1 万人同时开会。设计理念是“满天星斗、水天一色”。

万人大礼堂为椭圆形整体，净高设置成 33 米，在气势恢宏的同时又体现出“平易近人”。

顶棚中央是构思独特的五星红灯，红灯周围用镏金制作了 70 道光芒线，周围是 40 盏葵花形状花灯，外面还有 500 盏满天星灯，体现各族人民对党如葵花向阳般的感情，三圈水波纹式暗灯槽呈现大海后浪推前浪的效果，象征着中国共产党领导全国各族人民从胜利走向更大的胜利。

1958 年 10 月 28 日，人民大会堂正式破土动工。开工伊始，拆迁工程量巨大，但得到广大群众的积极支持。为了配合人民大会堂的建造，当时生活在周围的居民，都心甘情愿地搬离了住所。据统计，仅人民大会堂一项工程就需拆迁机关单位 67 处、迁移居民 684 户、拆除房屋 2170 间。

全国各地积极支援人民大会堂的建设。各省、自治区、直辖市先后派来 7700 多名优秀建筑工人参加建设。上至党和国家领导人、部长将军，下到普通干部、士兵、学生以及广大北京市民，无不以参加义务劳动为荣，各地群众纷纷支援人民大会堂的建设，大家都想为人民大会堂建设铲一锹土，出一份力。

据统计，参加人民大会堂建设的人员共计 30 万人，工程进入高潮期时，工地有 40 个施工单位、近 14000 人在工作，来自 23 个省市的 200 多家工厂，为大会堂生产大批设备和所需建筑材料，发挥了社会主义“集中力量办大事”的体制优势，创下了建筑史上的一个又一个奇迹。

除了来自人民的力量，还有来自人民的智慧。人民大会堂最大难关是技术问题，万人大礼堂的顶棚，高 33 米，相当于 10 层楼高，顶棚高度之高、跨度之大，且不能有一根立柱，堪称史无前例。

1959 年 9 月，庄严宏伟的人民大会堂外景。图源：北京日报

由特殊钢材制作的钢梁的吊装成了最大的难题，当时的技术和器具不像今天这么发达，前三次吊装都以失败告终，第四次吊装采用的是土方法，终于成功。而整个工程的顺利完工，也始终得益于一线工人的智慧。

这座大型建筑完全由中国工程技术人员自行设计、施工，仅用了 10 个多月的时间就建成了，从建筑设计、艺术风格、工艺水平到建设施工等各个方面，都是中国建筑史上的一大创举，成为首都北京的地标性建筑。

人民大会堂作为庆祝新中国成立 10 周年的“十大建筑”之首，向世界充分展示了新中国日新月异、蓬勃发展的建设成就，彰显出社会主义制度的优越性以及人民当家作主的精神风貌。

人民是主人

人民大会堂作为国家的政治殿堂，是全国人民的礼堂、国家形象的象征。人民大会堂设置了 34 个地方会议厅，其中包括台湾厅、香港厅、澳门厅。在这里 34 个省级行政单位都能找到代表自己的会议厅。每年全国两会期间，各省代表团也多会选在人民大会堂本省厅举行全体会议。

人民大会堂从设计到完工，中央领导都倾注了大量心血，多次强调“人民是主人”的设计理念。

人民大会堂在波澜壮阔的共和国发展史上，发挥着特有的政治功能和文化价值。作为天安门广场整体格局中的一个重要组成部分，它成为社会主义祖国的象征，人民民主国家的政治象征。

“人民是主人”是人民大会堂承载的核心理念，它既是我们国家的最高权力机关——全国人民代表大会的象征，也是我们国家的根本政治制度——人民代表大会制度的象征。

人民是国家的主人，人民大会堂是人民自己当家作主的政治殿堂。在这里，红色旗帜高高飘扬，红色基因代代相传。这里是党和国家领导人处理大政国事、接待外宾的地方。

如今每年全国两会时间，来自全国各地的人大代表齐聚人民大会堂，他们肩负人民重托，把人民的心声带到会上，汇民声、聚民智，代表人民行使国家权力。

这里是人民当家作主的鲜活实践场，切实体现了我们的民主是维护人民根本利益的最广泛、最真实、最管用的民主。

文 / 袁昕

星斗紫禁城

从垃圾山中拯救出来的故宫博物院

天上紫微垣，地上紫禁城。

故宫，又称紫禁城，是明清两代24位皇帝临朝为政和日常生活的地方，也是世界上现存最大、最完整的木结构宫殿建筑群。

帝王浮沉，朝代更迭。斗转星移，换了人间。

曾几何时，壮美、辉煌、神圣的故宫，对寻常百姓而言代表着皇家威严。

航拍故宫。摄/北京日报记者　饶强

历经600余年，昔日宫墙高峻、宫闱深重的故宫，已经变成了游客都可以参观游览的博物院。

走进故宫，脚下是青石铺就的地面，平整如镜。抬头望去，雕梁画栋，檐角飞扬，每一砖、每一瓦都仿佛在诉说着过去的故事，也在给新一代人带来新的记忆。

何以“紫禁”

三国魏时张揖撰《广雅·释天》记载：“天宫谓之紫宫。”

古代帝王讲究天人合一、天人感应，自比为“天子”。清人撰写的《明会要》记载：皇城内宫城外十二门。皇城居于整个内城中心，四周为八旗分区环绕，而居于最核心地带的是宫城，即紫禁城。

1402年，明太祖朱元璋第四子燕王朱棣武力夺取政权，成为明代第三位皇帝，并改年号为永乐。朱棣执政初期仍以南京为首都，但因其为燕王时长居北方，他深感北元残余势力的威胁。

“天子守国门，君王死社稷。”朱棣出于军事上的考虑及巩固政权的需要，于永乐四年（1406）下诏，“以明年五月建北京宫殿”，并派官采木、烧砖，征发各地工匠、军士、民丁，自此拉开了北京皇宫营建的序幕。

永乐十八年（1420）十一月，朱棣发布诏书，宣告北京宫殿竣工。次年正月初一日，朱棣在奉天殿（今太和殿）接受朝贺，由此开启了紫禁城自明至清的使用历史，共有明代的14个皇帝和清代的10个皇帝先后居住在这座金碧辉煌的宫殿里。

紫禁城南北长961米，东西宽753米，四面围有高10米的城墙，城外有宽52米的护城河，可谓有金城汤池之固。紫禁城有4座城门，南面为午门，北面为神武门，东面为东华门，西面为西华门。

紫禁城里，宫殿廊庑、庭园楼阁，综错相连。在城墙的四角上，各有一座风姿绰约的角楼，民间有“九梁十八柱七十二条脊”之说，形容其结构的复杂。

紫禁城内的建筑分为外朝和内廷两部分。外朝的中心为太和殿、中和殿、

蓝天白云和故宫角楼组合成一幅美丽图画。摄 / 北京日报记者　邓伟

保和殿，统称三大殿，是国家举行大型典礼的地方。三大殿左右两翼辅以文华殿、武英殿两组建筑。内廷的中心是乾清宫、交泰殿、坤宁宫，统称后三宫，是皇帝和皇后居住的正宫。其后为御花园。

1644年10月，清朝定都北京。康熙十八年（1679）十二月，太和殿再度焚毁。清廷欲依照八年成例在原址上重修，但因康熙皇帝重一统之策而缓宫殿之建，遂于平定三藩、反击沙俄、征战噶尔丹后，才起大修之事。

良材难求，取木艰辛。此次工程备料十三载，康熙三十四年（1695）兴工，两年后告竣，方成今日之形制。

这座世界文化遗产，占地逾72万平方米。从明永乐皇帝朱棣到清末代皇帝溥仪，明清两代，这座恢宏的宫殿里，前后居住过24位主人。在长达几百年的时间里，这里一直是中国政治中心。

故宫开门

参与故宫博物院初建的吴瀛曾说：“夫由一故宫蜕化而为博物院，此为国体变更应有之结果，若法、若俄、若德，何莫不然，则故宫之为博物院，一刹那顷之事耳……而不知吾国之有故宫博物院，自非有其相当之曲折而以演成若干年艰难缔造之经过，且耗费若干人之心血不可矣。”

中国资产阶级民主革命的曲折，使得故宫之为博物院的道路异常维艰。

曾任南京临时政府教育总长的蔡元培，倡言学习西方列强注重实物的博物馆教育法，陈列展出故宫的文物。他的倡议得到众多有识之士的支持与拥护。

朱启钤建议将接收的清廷在河北、辽宁两处行宫藏品运回北京，并利用这批文物开设一个古物陈列所，为故宫博物院的建立打下基础。

1924 年 11 月 5 日，时任国民军京畿警备司令的鹿钟麟受冯玉祥之命，限内务府大臣绍英两小时内促使溥仪接受，废去帝号，迁出故宫。

旧时王谢堂前燕，飞入寻常百姓家。曾经的紫禁城，送走了最后一位皇帝，变成博物院，见证着时代的巨变。

1925 年 9 月，由清室善后委员会拟定了《故宫博物院开院启事》公告：遵照本会条例第四条，并民国十三年十一月七日政府令，组织故宫博物院，筹备经年，已就绪。兹定于双十节午后二时在乾清门内举行开幕典礼。

1925 年 10 月 10 日，故宫博物院成立。李石曾手书的“故宫博物院”匾额，高悬在神武门城楼上方。

开院典礼毕，来宾与市民出入博物院各宫，观览宫殿建筑及陈列的古物，皇宫禁地及国宝尽现眼前。那一天的北京万人空巷，百姓都想一窥千年神秘之宫廷宝藏。

故宫博物院的开幕可谓轰动一时。当时有许多报纸就此发表评论，其中一篇《故宫博物院中东两路参观记》描述了民众踊跃参观的场景：“惟因宫殿穿门别户，曲折重重，人多道窄，汹涌而来，拥挤至不能转侧，殿上几无隙地，万头攒动，游客不由自主矣。”

1949 年 2 月，故宫博物院被人民解放军接管。新中国的诞生使故宫博物院迎来了新生。

北平解放前夕，明珠蒙尘。故宫到处是断壁残垣，在占地 72 万平方米的空间里，到处都是肮脏的垃圾，有些地方的垃圾堆得竟与紫禁城一般高，宫内的文物由外国人任意掠夺。

故宫博物院。图源：北京日报

时任故宫博物院副院长的单士元直言，从 1952 年到 1958 年，从故宫里清除的垃圾土多达近 30 万立方米，可谓是从垃圾山中拯救出来的故宫。

新中国成立以前，故宫的藏品大量失散在外。三希堂所藏的三件稀世之宝，载在故宫文物点查报告中的原来只有“一希”（王羲之的《快雪时晴帖》），现存于台北故宫博物院；另外“二希”（王献之的《中秋帖》和王珣的《伯远帖》）散佚到香港，后经周总理指示，设法购回，这“二希”才回到三希堂里。

此后，故宫博物院开展文物收购工作，收集了一批书画精品，如顾恺之《洛神赋图》，展子虔《游春图》，阎立本《步辇图》，韩滉《五牛图》，张择端《清明上河图》等共500余件，约占已散佚书画目录中所列总数的一半，以精品而论，几乎是全部。

1954 年，故宫博物院拉开了保管工作第一阶段——全面整理工作的序幕，在清理过程中，保管部工作人员共发现文物 1200 余件，其中珍品文物达 500 余件。这在当时曾被喻称为“地上的考古发掘”。

此外，还新收散佚文物 20 多万件，使故宫的文物藏品总数达到 100 万件之多。

“网红”之路

故宫久零落，一洒增余晖。

新中国成立后，党和政府还组织人力对故宫进行清理，又不断拨专款对故宫进行大规模修缮，对宫内所存的大量文物进行研究整理。据统计，从新中国成立初期到20世纪80年代初，国家共拨款2000多万元对故宫建筑进行整修。

1997年8月12日的《北京日报》上，刊登了侯仁之、单士元、吴良镛、罗哲文、张镈、张开济、李准7位老先生呼吁整治故宫及筒子河的文章。

文章说道，从故宫的围墙到筒子河之间，数百家单位和居民在这里搭起了许多违章建筑，严重影响了景观，也给修缮和防火带来诸多的不便；筒子河，这条环绕故宫的玉带，被大大小小480多条排污管排出的污水和倾倒的生活垃圾弄得面目全非，不堪入目。

于是，针对故宫和筒子河的治理工程次第展开。这颗人类璀璨明珠上的尘埃被轻轻拂去，交给了21世纪。

2012年，故宫博物院迎来了新的“掌门人”单霁翔。为了更好地为观众服务，故宫博物院调整办公科研用房。故宫红墙内十余个办公和科研单位在2016年前全部搬出，使红墙内夜间形成封闭的安保区域，白天能有更多观众可以参观。

故宫的开放面积也越来越大，2002年修缮前开放的面积只有30%左右，2012年已经增加到了45.79%。

从2012年起，故宫几乎每年都有新开放的区域。

2012年4月25日，皇极殿重新向公众开放。

2013年4月29日，文华殿区域文渊阁以原状陈列方式对公众开放。

2016年9月29日，故宫正式新开放西部断虹桥至慈宁宫区域，并将二者的南北通道打开。

2019年元宵节前夕，故宫宣布节日期间开放夜场。

2002年到2018年，故宫的开放比例从30%提高到了80%。2018年，故宫以年接待游客超过1750万人次稳居当今全球所有博物馆和世界文化遗产之首。

随着开放面积的不断扩大，紫禁城的人气越来越旺，走上了“网红”之路。

2019年元宵节，故宫一场万众瞩目的灯光“大秀”首次面向公众开放。摄 / 北京日报记者 邓伟

朝珠当耳机、顶戴花翎成了防晒伞、“雍正御批”胶带等一系列“萌系”文创类产品迅速蹿红，成为年轻人喜欢的“潮物”。

六百多岁的故宫“卖萌”，也带来巨大的收益。截至2015年，故宫博物院研发的文创产品已经超过8700种，各种渠道的销售收入总额突破了10亿元。

从封闭的皇家禁地到一座向公众开放的博物馆，如今的故宫吸引了无数国内外游客前来参观游览，也吸引了无数专家学者前来研究探索。

那些古老的宫殿，见证了无数帝王的兴衰荣辱；那些精美的文物，诉说着中华文化的博大精深。站在故宫的广场上，仿佛能听到历史的回声，感受到岁月的流转。

故宫不仅是历史的见证者，更是未来的引领者。它将不断创新展示方式，让更多人领略到中华文明的永恒魅力和不竭活力。

文 / 夏骅

坛庙生新景

北京第一个城市公园中山公园 110 岁了

2024 年是北京中山公园对公众开放的第 110 年。

这是一座充满传奇意味的公园，它只有 23.8 公顷，与紫禁城一墙之隔。1914 年，这座明清皇家庙坛被辟为北京第一座城市公园，从此拉开了近现代公园建设的序幕。

庙坛巍巍，百余年来游客不绝、名流往来。循着初建者的初心，一代代园林人在这里写下了传承和创新的故事。

在 110 岁生日之际，借北京中轴线申遗的契机，中山公园腾退拆除了社稷坛内部分非文物建筑，为广大市民和游客提供了更多休憩空间。有着 600 年历史的社稷坛，2024 年 7 月 27 日正式拥有了“世界遗产”身份，正在焕发新的生机。

历史机缘　时代需求

从繁华的长安街步入中山公园，似乎蓦地闯入了一个清幽之地。庙坛、古树、水塘、叠石、花房，无不透着大气和雅致。

盖建中是中山公园遗产办主任，已经在这里工作了 30 多个年头，他佩戴的工牌序号却排到了好几百号之后。“我原本是 96 号。”他解释道，前不久去拜访朱启钤先生唯一在世的曾孙，对方提出一个请求，希望能留一枚工牌做纪念，于是便将陪伴自己多年的工牌摘下赠给了老先生。

在中国近代史上，朱启钤是个赫赫有名的人物。民国初年，他曾任北洋政府内务总长兼京都市政督办，对北京城展开一系列的改造工程。中山公园的开放是他一手推动的，公园的营建也成为他一生的牵系。

根据《周礼》“左祖右社”的营国定制，明朝的社稷坛建于紫禁城阙右门外的西南处。那里是皇帝祭祀社（土地神）稷（五谷之神）的地方，坛中所铺五色土由各地纳贡而来，象征“普天之下，莫非王土”。可以想见，寻常人要想踏足社稷坛，当时无异于天方夜谭。

民国初年，社会环境正发生深刻变化，西方休假制度被引入，可除了庙会、集市之外，京城鲜有休闲娱乐场所。“历史的机缘与时代的需求相碰撞，才促使第一座城市公园诞生。”盖建中说，政客和贤达的推动是其中的重要因素，“他们抓住了时机，尽己所能推动公园开放。”

朱启钤曾游历欧美，思想开放，见识过作为公共空间的现代公园。1913年前后，他前往社稷坛踏勘时见到森森古树、恢宏殿宇，却因荒废多年而污秽不堪，遂萌生了将其辟为公园的想法。很快，名流们在报章上就此事达成一致，并得到了政府的赞同。

1914年10月10日，在对社稷坛进行了简单的除草、清洁后便开放了，那时称为中央公园。头一天就迎来了上万人。以当时的物价水平来衡量，一张门票大约能买六七个鸡蛋。民国时的普通人家大多日子艰难，鸡蛋是偶尔给老幼改善伙食的，用这些钱来逛公园自然是一件略显奢侈的事。即便如此，皇家园林的开放仍令市民感到欣喜万分，从某种意义上来说，普通老百姓借此感受到了现代国家的自由平等。

中央公园边开放、边营建，1915年之后，陆续增葺了不少山水、亭榭和花木。哪怕以今天的眼光来看，其造景营园理念也堪称先进。比如在文物保护方面，社稷坛作为公园开放其实是“开放式保护”的实践，所有工程一律要报市政工所，并遵循“依坛造景”的理念。也就是在外坛引水叠山、构筑亭榭，建设了梅园、桃园等开放式小园林；在内坛不做大的营建，保留建筑和祭祀氛围，只是新栽了些牡丹、芍药。百余年来，“依坛造景”是公园一以贯之的理念。

1915年5月，朱会长与治副会长、孟副主席、董董事来园视务后在西檀门外土山旁合影。（自左起：董翔周董事、孟玉双副主席、治虑清副会长、朱杜辛会长）供图/中山公园

中央公园的资金来源和管理方式也很先进。当年，公园营建的一草一木都需要银两，政府拿不出富余的钱，就由仕商阶层组建了董事会，有点类似于现在的管理处。仅半年时间，就募款4万余元。

1928年，为纪念革命先行者孙中山先生，中央公园正式更名为北京中山公园，先生停灵的拜殿更名为中山堂。

清严偕乐　不谬风雅

中山公园内坛的东南角，有一家老字号饭庄——来今雨轩。去那里吃冬菜包子，是一桩烟火气浓浓的文雅事。

来今雨轩有歇山式屋顶，红砖墙，黑筒瓦。大厅挑高很高，摆十余张榆木方桌，铺乌木地板，镶嵌八瓣梅图案的老花砖，屏幕上播放着《觉醒年代》。记者踏访时是工作日，11时刚过就几近客满，食客们的交谈大多轻声细语，并不嘈杂。

这间饭庄几乎和公园同龄，是1915年营建的，名取自杜甫的诗，寓意“朋友欢聚一堂之所”，建成后作为饭庄和茶社经营。“当年，公园里的茶社不止这一家，还有春明馆、长美轩、四宜轩等，定位不太一样，属来今雨轩最高档风雅。”盖建中说。

20世纪二三十年代，来今雨轩成为各界名流雅集之地，鲁迅、老舍、梁实秋、张恨水等文人墨客都是老主顾。

后来，来今雨轩闭馆多年，总有市民游客过来询问何时开放。2019年，古建启动修缮，2021年6月重新开放，内设少年中国学会和文学研究会专题展，并还原茶社经营服务，让参观者能够沉浸式感受历史氛围。在31处中国共产党早期北京革命活动旧址中，以“展用一体”为思路的唯此一处。

重张之初，大厅只有9张方桌，后来在参观者的强烈要求下，又增加了几张。来今雨轩做茶水、点心，着实费了许多心思。

经营者请来了大师傅，按文献复刻来今雨轩的冬菜包子。以瘦肉末和四川冬菜入馅儿，面皮松软雪白有嚼头，总体是甜咸口的。包子的外形也很有特点，个头大，状如鸟笼，手工捏褶26个。如今，8元一个的冬菜包子几乎每桌必点，此外还有小菜拼盘、豌豆黄、西点，菜品少而精致。

中山公园建园之初，一条重要的园规就是“清严偕乐，不谬于风雅”，用

来今雨轩茶社（外景）。供图 / 中山公园

今天的话来说，就是要有文化底蕴，不搞吹拉弹唱。来今雨轩自是谈笑有鸿儒，其他殿堂亭榭也清雅秀丽，一场又一场文化艺术展密集举办着。张大千、齐白石、金北楼、徐燕孙、徐悲鸿等大师都曾将作品送到公园展览。

董事会食堂、中山堂、来今雨轩、水榭等地都是办展的好地方，展览类型也很多样，包括西洋画、版画、摄影、书法等。据记载，从 1915 年到 1938 年，共有 191 个团体、300 多名个人在中山公园办展，场次不少于 1500 场，一周办好几次展也是常有的。

传承百年，风雅长存。如今的中山公园也是艺术家们向往的布展空间，2024 年春夏之交记者踏访时，南七间房正举办一场名为“郁郁春华　芳风咏时”的花卉名家书画展。展区不大，作品统共才 66 件，多来自中央美术学院等知名院校的老师，水墨华彩，各臻其妙。

煻花手艺　传承出新

中山公园的花展一年四季不断档，是京城有名的看花地。秋天，“春华秋实”展总会如期而至，顾名思义，春花和秋果同室展出，亘古不变的自然节律在花果香气中被消解了，这是源于精准花期调控。

现在，能做花期调控的公园不在少数，中山公园仍是其中翘楚。这里的温室花房——唐花坞也有上百年历史了，“唐”与“煻”通，是用火烘焙的意思，煻花就是在暖房里培育的花，园艺队队长赵海红更习惯称之为“烤货”。

18 岁那年，赵海红来到中山公园花圃，跟着老师傅学做“烤货”，一干就是 30 多年。煻花的原理不难理解，功夫全在于分寸的拿捏：升温太迟，花朵不能提前开放；升温太急，则容易花量不足。师傅倾囊相授，赵海红有悟性又勤快，不出三年就学精了煻花手艺。

为了让花按照设定的日子开放，园艺队得提前好几个月准备，平时把枝条养得壮实，花儿才有力气，花期才长。“坐上骨朵儿之后，我们一天得去看好几趟。”赵海红说。如果花苞老不动，那一准儿有问题，不但要调整温度，还得静心控制土壤、水分、肥料和风力，牵肠挂肚得很。

20 世纪 30 年代的唐花坞。供图 / 中山公园

园艺队使的都是最朴素的手艺，自个儿晾水、沤肥，亲力亲为。就拿浇水来说，拿一个个大瓷盆盛着水，在太阳下暴晒，晾透了才能用。师傅们手拿一根竹竿，当当敲花盆听声儿，土干透了才浇水。

起初，中山公园的花期调控技术主要针对的是梅花、碧桃、榆叶梅、西府海棠、小迎春、贴梗海棠等。经过园艺队的精心打理，很多 3 月开花的植物，可以提前到元旦开放，因此有了“梅兰同展”的传统。

赵海红不满足，仍在不断尝试和创新，“不能躺在功劳簿上吃老本，得体现我们这一代人的价值”。初夏的花儿不好调控，就拿紫藤来说，赵海红反复试验了 5 年，才让 5 月开花的紫藤提前到春节开放，“去年，一棵紫藤开了 60 朵花，今年足足开了 120 朵，给大伙儿高兴坏了”。这几年，园艺队成功试验了紫荆、锦带、连翘、结香等花卉的花期调控技术。

中山公园以养兰见长，内坛西北角的蕙芳园是专门赏兰花的地方，也是我国最大的兰圃。门前有茂林修竹，通幽曲径，展室之内，春兰、蕙兰、建兰、墨兰渐次登场。

兰花多生长在南方山间，在北方不好养活，容易干尖儿。20 世纪 60 年代，中山公园开始了“南兰北养”的尝试，如今，它们都在兰花师傅的精心呵护下开枝散叶了。

中山公园花圃专门辟出了兰圃，顶上搭着竹帘挡阳光，地面还得洒水，保持湿润。花圃里足有上千盆兰花，第四代养兰人叶长利从早忙到晚，不敢怠慢每一株。“我们的兰花都是原生种。跟组培苗相比，原生种的性状更好，花形不会变。”他自豪地说。

文 / 朱松梅

宝盒奏八音

震撼一个时代的北京音乐厅，游说三任部长才建成

川流不息的长安街上，一幢蓝灰色玻璃幕墙的建筑矗立在北新华街路口。夜幕降临，璀璨灯光将这座巨大的音乐盒点亮，飞扬的乐声与热烈的喝彩声交汇，共谱一曲属于城市和时代的艺术交响曲。

北京音乐厅。摄/北京日报记者　方非

北京音乐厅于 1986 年投入使用，是我国第一座现代模式的、专为演奏音乐而设计建造的演出场所，也是改革开放初期首都声效最好的音乐场馆之一。38 年来，这方舞台上，中外音乐家来往不息、交流不断，他们共同托举起一段段难忘的艺术记忆，也见证了北京这座古典音乐“重镇”的发展繁荣。

几番游说

西长安街南侧，北与府右街相对，东眺天安门广场，北京音乐厅所在的这片区域，几十年前是老中央电影院。

1961 年，改造后的电影院变身为北京音乐厅，被划归中央乐团（中国交响乐团前身）使用。为了适应音乐会演出的特点，音乐厅加宽加大了影院原有的舞台，并增加了演员化妆室、休息室，同时增加了隔音设备——那些年间，半封闭式的中山公园音乐堂已称得上北京最好的剧场，音乐厅的改建开业实属北京文化生活的一大喜事。

步入 20 世纪 70 年代，随着国内外文化交流活动的密切，外国乐团、指挥家来华演出越来越多。1973 年，美国费城交响乐团访华，登台民族文化宫，轰动一时；1976 年到 1979 年，小泽征尔几次到访……中国交响乐团指挥李德伦渐渐觉得，首都北京该有个专门为交响乐而建的音乐厅。

李德伦于是向当时的文化部打了报告。盖一座专业的音乐厅不是一笔小花销，李德伦很清楚，一口气要下来这笔钱不太可能。“没钱没关系，我们又不是盖剧场，剧场花钱多，因为它需要有舞台设备，而盖音乐厅省钱。”李德伦这么向时任文化部部长的黄镇汇报。黄镇问，一百万够不够？“够了。”李德伦话音未落，旁边的人冲他直摆手，小声说一百万肯定不够，但李德伦一口咬定:“够了!”

就这样，北京音乐厅有了第一笔启动资金，并于 1983 年在原址破土重建。钱用完了，李德伦就再向文化部申请。音乐厅建造期间，文化部部长换了三任，他就游说了三任。

震撼时代

1986 年 1 月，设观众座席 1182 个的北京音乐厅开幕试用。此时的北京音乐厅是以黑色大理石为基座的白色矩形建筑，雪白的外墙上镶嵌着象征音乐节律变化的紫黑相间的金属板条，典雅端庄，门厅正面巨大的茶色玻璃一通到底，爽朗开阔。厅内则采用了一系列现代化的建筑声学措施，实现了良好的音质、频率、特性和适度的混响时间以及均匀的声场分布。

开业之初，李德伦指挥中央乐团上演了系列音乐会，曾任中国交响乐团演出部主任的田振林一直记得大家的那股兴奋劲儿，虽然此前不乏演出场地，但北京音乐厅是"咱自家的地儿，音乐厅声效好，在这里演出又踏实，效果又好"。

老乐迷们都记得，中央乐团有一个响当当的普及品牌"星期音乐会"。有了北京音乐厅之后，"星期音乐会"每周都有演出，李德伦、严良堃等著名指挥家亲自上阵，演出票 10 元一张，观众熙熙攘攘。知名乐评人、中国音乐家协会音乐评论学会理事陈志音非常敬佩老一代音乐家的远见卓识："高雅音乐的大众化普及当时可能不太看得出效果，但几十年之后再看，那些资深交响乐观众，当年都受过'星期音乐会'的影响。"

外国音乐家也在这里的舞台上频频亮相，享誉世界的男高音歌唱家多明戈，小提琴大师帕尔曼、梅纽因，指挥大师小泽征尔，"鬼才"钢琴家伊沃·波格莱里奇……"那种感觉像艺术家们突然从唱片里走出来，变成大活人'咣'一下来到了你的眼前，那样的冲击力是现在的观众想象不到的。"陈志音说。她还记得帕尔曼的音乐会带给自己的震撼与感动，大师腿脚不便，但他坚持靠自己走上台，"这就是艺术家的尊严，绝不让别人扶着上舞台。他的琴声一起，那么动听，那么感人，我一直在流泪"。

时光荏苒，旋律不老，音乐连接中国与世界的故事仍在这里延续。2024 年 6 月，中国交响乐团、委内瑞拉胡安·何塞·兰达埃塔交响乐团由指挥家景焕、克里斯蒂安·巴斯克斯带领，携手登台，庆祝中国和委内瑞拉建交 50 周年。中国作品《瑶族舞曲》《金蛇狂舞》《茉莉花》动静相宜、多姿多彩，委内瑞拉作品《玛格丽塔女人》《森塞马亚》《平原我的心》充满浓郁跃动的拉美风

胡安·何塞·兰达埃塔交响乐团首席指挥克里斯蒂安·巴斯克斯，2024 年 6 月在北京音乐厅登台。图源：北京日报

情，两国音乐穿插上演，一次次把中委友谊之夜推向新的高峰。

多个第一

38 年来，北京音乐厅的足迹中有许多个“第一”：中国大陆首家安装管风琴的专业音乐厅、首创大学生领位员制、在全国演出场所中首个开通电脑售票系统……20 世纪 90 年代，北京市全年的演出场次不过几百场，音乐厅一年能演出 400 多场，是当之无愧的演艺高地。

进入 21 世纪，与时俱进的北京音乐厅再次改建，北立面被改造成晶莹剔透的玻璃形体，观众座席调整为 1024 个，每个软椅都进行了消音处理，加宽到 13 米的舞台可同时容纳百人交响乐团及合唱团。2005 年春节，北京音乐厅重张开业，一系列新春音乐会接连上演，精彩纷呈。

但在如今的“演艺之都”，如雨后春笋般涌现的剧场星罗棋布，国家大剧院、天桥艺术中心、北京艺术中心等地标性综合演艺场所相继落成，北京的演艺“版图”一再扩展，北京音乐厅如何找到定位？“‘北京音乐厅，北京听音乐’，我们想把最好的音乐献给首都观众。”北京音乐厅总经理张艺林说。

现在，除了作为中国交响乐团的主场，北京音乐厅的演出策划充分结合了自身特点和优势，比如“乐见古典”系列演出依托音乐厅的上佳声场、贴近观众的观演距离，邀众多名家打造极致纯粹的古典音乐体验，著名小提琴家吕思清、备受乐迷追捧的琥珀四重奏等名家名团悉数登台；面向青少年观众的“打开音乐之门”系列演出发轫于 1994 年，正式得名于 1998 年，至今，它仍在以平易的姿态、优惠的票价陪伴一代代小朋友踏上艺术启蒙的道路……

传统文化风头正盛的当下，北京音乐厅亦是弄潮儿。

2024 年，北京音乐厅整合在京艺术院团资源，活用演出排期，邀请中国歌剧舞剧院民族乐团、中国煤矿文工团、中国广播民族乐团、中央音乐学院民

2024 年 5 月 24 日晚，北京音乐厅里名家齐聚，为“打开音乐之门”系列演出添上了一抹名副其实的“华光溢彩”。图中为箫笛演奏家王华。图源：北京日报

族室内乐团、中国音乐学院民族乐团、北京民族乐团 6 支院团，推出全新演出品牌“国乐初心”，每周日上午，音乐家们以小型室内乐的形式进行 70 分钟无间断表演，讲演结合。推动高雅音乐大众化，是北京音乐厅几十年来不变的初心。

如今，在差异化经营道路上深耕前行的北京音乐厅，仍在为北京的文化金名片增添新的光彩。

文 / 高倩　韩轩

水上生明珠

国家大剧院，如何担得起“大”字

2007年12月22日，坐落在长安街南侧的国家大剧院开幕运营。近17年来，在一次次喝彩、一阵阵掌声里，世界艺术的版图被悄然撬动。

国家大剧院，“大”字何解？秉承着“人民性、艺术性、国际性”的办院宗旨，这座地标性的辉煌建筑早已在探索中超越了“演出场地”的单纯定义。立足首善之区，国家大剧院见证了太多值得铭记的文化记忆。

艺术为桥，连接北京与世界，沟通当下与未来。

2024年3月，长安街边的国家大剧院前，玉兰花开放，银束亭亭，玉瓣片片。图源：北京日报

“蛋壳”成为城市风景

剔透晶莹的“蛋壳”浮现在一片水波之上，是国家大剧院最为人熟知的标志性外形，也是著名建筑师保罗·安德鲁毕生的得意之作。2018 年，保罗·安德鲁离世，这位建筑大师一生留下了包括戴高乐机场、上海浦东国际机场在内的数十个作品，但在他心中，中国的国家大剧院永远地位特殊。

2007 年 9 月 25 日，酝酿近半个世纪、施工近 6 年的中国国家大剧院首度亮相，便惊艳了全世界。这座位于天安门广场西侧的中国国家表演艺术中心占地 11.89 万平方米，内含 4 个剧场，总建筑面积约 22 万平方米，外部主体为钢结构壳体的半椭球形造型，东西向长轴跨度 212.2 米，是世界上最大的穹顶建筑，与壳体外的人工湖形成了和谐的呼应。

安德鲁以“城市中的剧院，剧院中的城市”为理念，设计了这座被誉为“水上明珠”的国家大剧院。从长安街望去，碧波之上的大剧院，透明玻璃仿佛打开的剧场帷幕，是为“城市中的剧院”；而在剧院里，透过帷幕便可看到川流

2005 年，建设中的国家大剧院。摄 / 北京日报记者　孙戊

不息的长安街，是为“剧院中的城市”。

安德鲁的设计方案经历了相当“残酷”的竞争。69 个国际竞标方案来自 10 个国家的 36 家设计单位，每一位建筑师都倾注了无限心血。

安德鲁中选并非一帆风顺。20 世纪 90 年代末，参与国家大剧院建筑方案招标时，他一度陷入困境，直到一次在法国南部的自驾途中看到猴面包树时，安德鲁灵光一闪，联想到它硕大的椭圆形种子，才有了第三轮投标中这个全新的设计方案。“我想在中国的传统中做一些突破，中国国家大剧院应该像一颗能孕育生命的种子，并最终生发为一块梦想之地。同时，它也将成为每一个走进剧院的人的艺术沃土。”安德鲁这样形容他的作品，“大剧院要表达的是内在的活力，是在外部宁静笼罩下的内部生机。人们也可以把它比喻成一个‘蛋壳’，永远孕育着生命，永远有精彩破壳而出。这就是我的设计灵魂——外壳，生命和开放。”

大师名团纷至沓来

2007 年 12 月 22 日，国家大剧院正式“开张”。当晚，开幕音乐会的震撼和精彩，依旧令人难忘：陈佐湟、谭利华、吕思清、吴碧霞等著名音乐家与中国交响乐团、北京交响乐团共同登台，《火把节之夜》《狂欢节序曲》的旋律奔放恣意，那样的热闹与辉煌，至今从未落幕。

截至 2023 年底，国家大剧院共上演 12700 余场商业演出，五月音乐节、歌剧节、八月合唱节、“醇·萃古典”等各具特色的演出品牌深耕推进，名家名团纷至沓来。除了国内众多艺术机构，国外大师也把这里作为访华演出的首选之地。阿巴多、小泽征尔、祖宾·梅塔、巴伦博伊姆、捷杰耶夫、蒂勒曼、郑明勋等指挥大师，柏林爱乐乐团、维也纳爱乐乐团、德累斯顿国家管弦乐团、圣彼得堡爱乐乐团、马林斯基交响乐团等一线“天团”……数不清的名字在国家大剧院的舞台上交汇出闪耀星光，珍藏在城市的文化记忆之中。

2023 年 3 月，国家大剧院率先恢复涉外演出，大提琴家扬·沃格勒以及捷杰耶夫执棒的马林斯基交响乐团到访北京，为沉寂 3 年之久的国内演艺市场掀开了崭新一页。此后，这方舞台精彩不断——2023 年 11 月，1973 年首支访华的美国乐团费城交响乐团先后与中国交响乐团、国家大剧院管弦乐团合作，两场音乐会上，半个世纪未曾中断的友谊流淌生辉；2024 年 6 月，88 岁高龄的祖宾·梅塔率“亲兵”佛罗伦萨五月音乐节管弦乐团归来，用 3 场音乐会完成许以北京观众的约定。

2023 年，国家大剧院版威尔第歌剧《阿依达》复排上演，曾在 2015 年参与这一版本制作的祖宾·梅塔因病缺席，为此，他特地用一封手写信和一段视频表达歉意：“等到我身体恢复，我承诺无论明年工作安排有多么忙碌，我都会努力在第一时间重返国家大剧院！”祖宾·梅塔的诚意是一个例证、一道缩影，十几年来，大师们与国家大剧院的情谊绵延深远，深厚不移。

2023 年底，北京艺术中心正式对公众开放，国家大剧院“一院三址”的发展新格局全面开启。而在更早的 10 月，捷杰耶夫与马林斯基交响乐团便提前登台，为这处演艺新地标的声场和运营测试留下了及时而珍贵的参考。这份诚挚的感情续写了 16 年，2007 年 12 月，国家大剧院开幕运营时迎来的首支

2023 年，国家大剧院版威尔第歌剧《阿依达》复排上演。图源：北京日报

国际艺术院团便是捷杰耶夫带领的马林斯基剧院，16年后，他们再次应邀而来，奏响了北京艺术中心2023年国际文化交流演出的第一声。

北京艺术中心投入运营后，凭借本部剧院、北京艺术中心、台湖舞美艺术中心达40万平方米的总建筑面积，国家大剧院成为全球规模最大的同一城市、同一运营主体的剧院综合体。在如此广阔的舞台上，优质演艺资源持续深入一座城市的肌理，谱写着“演艺之都”的无限华章。

“生产能力”领先业内

2024年7月，作为2024年国家大剧院国际戏剧季开幕大戏之一，国家大剧院制作的话剧《哈姆雷特》在北京艺术中心上演，执导这部作品的是86岁的著名导演陈薪伊。这一版《哈姆雷特》是国家大剧院戏剧演员队的保留剧目，几度复排，呈现越发圆熟，但陈薪伊始终记得，当年为国家大剧院排演第一部歌剧《图兰朵》的情形：“我们只能借用上海歌剧院的班底，整部歌剧的排练也是在上海完成的。参加制作的几个年轻人刚刚从学校毕业，对实际的舞台运作几乎一无所知，简直把我气疯了。”

这样的窘迫早已成为过去式。国家大剧院管弦乐团、合唱团、BDA青年舞团、戏剧演员队、歌剧演员队“三团两队”成立发展，“自有”艺术家力量不断壮大。同时，至2024年6月首演的哥尔多尼喜剧《一仆二主》，国家大剧院制作剧目已达105部，仅在2023年和2024年，便有歌剧《青春之歌》《映山红》，话剧《邓世昌》接连问世。创排过程中，许多国际合作由此牵手，从祖宾·梅塔心心念念的《阿依达》，到2023年国家大剧院、马斯喀特皇家歌剧院、维罗纳露天剧场基金会、洛杉矶歌剧院联合制作的德利布歌剧《拉克美》，再到2024年德国指挥家马库斯·波什执棒复排的瓦格纳巨作《漂泊的荷兰人》，中外艺术家携手留下的高光熠熠闪烁。

在剧目的全链条制作演出上，国家大剧院积累了极为丰富的经验。2018年，台湖舞美艺术中心投入使用，总面积近6万平方米的“舞美城堡”集舞美设计制作研发、国际舞美艺术交流、布景服装道具仓储、演出排练合成、演出艺术活动、艺术普及教育等功能于一体，既是一片让艺术灵感、最新科技落地的试验田，也是引领全国行业发展的制高点。

艺术普及春风化雨

坐落在通州区台湖演艺小镇的台湖舞美艺术中心，如今已经成为助推艺术普及融入城市生活的典型“支点”。开业之初，台湖剧场的演出与“拓荒”无异，一位工作人员回忆，演出 19 时 30 分开始，半个小时后就有大爷大妈要求退场，“因为到睡觉的时间了”。几年下来，随着台湖爵士音乐节、台湖星期音乐会等品牌的落地运营，一场场精品演出伴着低廉票价来到副中心市民的家门口，大力拉动了台湖演艺小镇与通州区演艺事业的发展。2021 年，著名钢琴家郎朗的工作室在台湖舞美艺术中心成立，2022 年、2023 年，郎朗两次举办大师课，面对面为小琴童“把脉问诊”，他对演奏技巧、音乐内涵的讲解生动细致，对成年观众来说，这亦是一次精彩的艺术普及之旅。

2024“运河有戏”演出季在国家大剧院台湖舞美艺术中心开幕。摄 / 北京日报记者　白继开

艺术的种子如春风化雨，浸润着“演艺之都”的建设发展。在秉承“国际性、艺术性”建院宗旨的同时，国家大剧院更是一座属于人民的剧院，“人民性”是立足的根基。2023 年，国家大剧院“百场公益演出”等艺术普及项目推出，2 月的寒风里，典雅悠扬的弦乐四重奏在密云区鼓楼街道奏响，此后，“百场公益演出”陆续走进火箭研究院、北京市残疾人服务示范中心、北京环卫集团……2023 年全年，“百场公益演出”的全部场次达到了近 120 场。在剧院内，票价仅有几十元的周末音乐会、在特定节点邀请各界代表现场观演的“公益座”等活动持续带动更多观众“走进来”，在这座宏大辉煌的殿堂里亲身探索、感受艺术给予人的无限启迪。至 2023 年底，国家大剧院累计开展各类艺术普及教育演出活动 1.4 万场，惠及观众 540 余万人次。

数字技术让艺术普及飞得更远。2020 年 4 月 11 日，在那个寂静的春天里，贝多芬振奋鼓舞的乐曲在国家大剧院的穹顶下奏响，继而沿着网络飞入千家万户。至今，“春天在线”“声如夏花”“华彩秋韵”“冬日之约”四季循环，每个周六晚上，线上演出都坚持与观众准时相见，音乐会、歌剧、舞蹈、话剧、戏曲、舞台艺术电影等类别轮番上演，300 余位艺术家、主持人、专家学者受邀在演前导赏环节详解作品内涵。至 2023 年底，200 余场线上系列演出全网点击量超过 55 亿次。对一场演出至多容纳几千名观众的演艺行业来说，这是堪称壮举的数字。

“作为表演艺术中心平台、主题原创艺术平台、艺术普及教育平台、综合艺术展示平台、文化交流合作平台、数字文化传播平台的国家大剧院，能年复一年保持高水准和引领性，是最让业内人士和广大观众赞叹之处。”中国艺术研究院音乐研究所学者王纪宴说。

从长安街到运河畔，艺术改变生活的城市奇迹仍在延续传承。

文 / 高倩

戏韵漫时光

近百年历史，见证中国戏曲艺术的繁荣与复兴

在北京，看一出高水平的戏曲该去哪儿？

长安大戏院会成为许多戏迷下意识的第一选择。这座戏院以自身近百年的历史见证了戏曲艺术的繁荣与复兴。它连接了戏韵历史，将传统与现代融为一体，它也搭建了文化桥梁，将中国与世界相互联结。

长安大戏院前，有一座京剧脸谱雕塑。图源：北京日报

名声大振

如今，西单路口车水马龙。漫漫时光掩盖了曾经的梨园盛景，昔年，誉满京华的长安大戏院曾坐落在路口东南侧。长安大戏院始建于 1937 年，由仓库改建而来。

那时，“长安大戏院”5 个大字需要从右往左念，大门口常常用一块小黑板写着每天上演的戏码。许多大家曾在这里登台献艺，以 1943 年 8 月的一次晚场演出为例，当晚便有李多奎的《钓金龟》，萧长华、叶盛兰的《连升三级》，孙毓鲲、侯喜瑞等的《连环套》，尚小云、萧啸伯、姜妙香等合演的《御碑亭》中的折子戏，大轴是谭富英、金少山、张君秋合演的《二进宫》，喝彩盈天。

博大精深的京昆艺术，在长安大戏院大放光彩。

20 世纪五六十年代，一进戏院，便能看见东西墙上各有 5 幅艺术家大照片，西墙上挂着北京京剧团的马连良、谭富英、张君秋、裘盛戎、赵燕侠的照片，东墙上则是北方昆曲剧院的韩世昌、白云生、侯永奎、李淑君、丛兆桓的照片。

你方唱罢我登场的盛况，曾影响了几代观众，他们当中有不少人后来成为我国文艺创作的中流砥柱。

比如，写下《长江之歌》的中央歌剧院原院长王世光便深受传统戏曲的浸润。他回忆，当年在中央音乐学院读书时，学校所在的鲍家街紧邻西单，这里有长安大戏院，再向南，又有前门的广和剧场、中和戏院。每逢大师们登场亮相，台下总少不了王世光的身影，名家的风采、戏曲的韵律大大开阔了他的眼界，是滋养他日后创作的一大源泉。

著名京剧表演艺术家、教育家孙毓敏也与长安大戏院结缘深厚。她曾在《北京日报》撰文回忆，当年在北京戏校学戏时，她每周末都去看戏，穷学生没有钱，只能“蹭戏”。有一次，查票的李大爷死活不同意放她进去，僵持时，两位老人来了，只冲李大爷点头一笑，说了声：“李师傅，辛苦！”李大爷还非常客气地回道：“您来了，请！请！”孙毓敏追问，李大爷只好回答，刚才进去的两人是名角马连良和谭富英。孙毓敏力争：“我学好了，将来不也是名角吗？您不让我学习，我将来怎么成名呢？”李大爷终于被这个执着的小姑娘感动了。

此后，戏曲艺术一度陷入低谷，长安大戏院门庭冷落，设施陈旧。20 世纪 90 年代初，为配合西单地铁工程建设，长安大戏院被拆除。1996 年 9 月，迁址到东城区建国门内大街 7 号的长安大戏院重张开业，声声戏韵再次响彻长安街。

迁址重张

新落成的长安大戏院融合了古典民族建筑风格与现代科学技术。

剧场大厅宽敞明亮，墙壁全部采用意大利天然大理石镶嵌，乘自动扶梯可直接进入二层观众厅。设有 850 个座位的剧场观众厅古朴典雅，采用仿明清风格的装饰，一层前区有 26 张红木条案、156 把红木梳背椅；二层前区还设有 40 个座位的贵宾包座。

剧场舞台设计先进，天幕高 13 米，宽 24 米，舞台由可升降乐池、车台及升降、旋转舞台组成，后台还有可容纳 100 人同时化妆的化妆间，灯光、音响设备效果俱佳。

1996 年 9 月 27 日，中秋之夜，长安大戏院内鼓声跌宕，“中华长安戏剧文化周”开幕式暨长安大戏院新建开业仪式启动，北京的戏曲演出再次迎来了一方专属天地。

那一晚，赵葆秀、康万生合演《赤桑镇》，于魁智、王树芳相继演出《上天台》《沙桥饯别》，77 岁武生泰斗王金璐率徒弟演《挑滑车》，尚长荣、杨淑蕊、谭元寿、叶少兰、张学津、刘长瑜等名角携好戏竞相上场。梅葆玖的《贵妃醉酒》唱罢，演出的气氛被推向高潮，舞台上下花瓣飘洒，诉说着对戏院与民族艺术的无限祝福……

从西单到东单，从破门脸儿到新剧院，“老长安”的灵魂还在吗？

曾任长安大戏院经理的赵洪涛借着请吴祖光先生为开台新戏《白蛇传奇》题写戏名的机会，向吴祖光、新凤霞夫妇请教。

“首先行市不能低。”新凤霞说。在她心里，“我始终知道长安（大戏院）不是谁都能去的。长安的观众厉害，场务员都有很高的素质。有一天我演出，观众掌声不断，我很是得意。演出后有位场务员大姐跟我说，‘新老板您辛苦啦！’我一听她话里有话，就向她征求意见，她告诉我，您的疙瘩腔确实好，但是越好越不能多给，一多就贫了，艺尽人缘散……这句话让我恍然大悟且受益终身，对‘长安’自然敬畏三分”。

留住温情

正如新凤霞所言，长安大戏院的“行市”从来不低。深耕戏曲，尤其是京剧，始终是戏院数十年来的立身之本。

重张开业之初，驻场大戏《白蛇传奇》《梅花香韵》《铸剑情仇记》《碧波金鳞》等接连上演，唱暖了场子，聚拢了人气。

后来，长安大戏院与全国优秀京剧演员研究生班共同推出“研究生班演出专场”，一时间连演连满，一票难求，长安大戏院从此成为许多新生代名角发

1998 年 9 月，长安大戏院上演《碧波金鳞》。图源：北京日报

迹的宝地。

至 2016 年重张开业 20 周年时，长安大戏院已演出 7000 余场，接待观众 435 万人次，共有 45 个剧种、10 万多名演员尽展风采。

太多难忘的瞬间被这座戏院见证，有笑亦有泪。2004 年，长安大戏院参与制作出品的大型京剧交响剧诗《梅兰芳》首演，那时还很年轻的北京京剧院领衔主演胡文阁饰演“戏中戏”的梅兰芳，即剧中杨玉环等戏曲角色，正是凭借这出戏，他进入了北京京剧院，成为梅兰芳京剧团的一员。

2016 年，梅葆玖大师溘然长逝，出殡前一天，胡文阁在长安大戏院演出《红鬃烈马》。“那一场，我真的是咬着牙、用浑身的力气演完的。拉开幕布谢幕的时候，我已经泣不成声，我们所有的演员和观众面朝协和医院的方向，向师父三鞠躬。”胡文阁说。

北京戏曲艺术职业学院原创京剧历史剧《南海子》在长安大戏院上演。图源：北京日报

2016 年，胡文阁在长安大戏院演出《红鬃烈马》。图源：北京日报

由于梅葆玖与父亲梅兰芳都多次在长安大戏院演出，第二天，梅葆玖的灵车缓缓从协和医院出发，特地绕行长安大戏院门前，等候在那里的工作人员手持白菊，目送先生灵车通过。

在纷繁变化的时代与市场环境中，长安大戏院留住的关怀、温情常常令人感动。多年来，长安大戏院举办了谭鑫培、四大名旦、四大须生以及王少楼、孟小冬等艺术大师的纪念活动。2024 年 3 月，纪念梅兰芳先生诞辰 130 周年、梅葆玖先生诞辰 90 周年系列活动亦在这里盛大启幕。

此外，长安大戏院也为式微的言（菊朋）派、奚（啸伯）派、黄（桂秋）派、徐（碧云）派、麒（周信芳）派艺术传人以及男旦演员、武戏演员给予了特别关照。对老艺术家的关注，更是形成了备受赞誉的演出品牌“霜叶红于二月花”。

“霜叶红于二月花”九九重阳节京剧老艺术家演唱会创立于 2007 年，是长安节节令戏演出的典范，每年登高望远的时刻，老艺术家们从全国各地会集而来，多年间，除去疫情的影响，“霜叶红于二月花”演出从未中断。

受邀的老艺术家们都曾是各行当、各流派、各院团的中流砥柱，身负顶尖的艺术水平和舞台经验，迄今，登台献艺的人数已有百余位。

2023 年，“霜叶红于二月花”再度启动，18 位名家齐齐亮相，行当齐全，流派纷呈。舞台上，他们各显神通，休息室里，许久不见的老朋友紧紧握手，彼此拥抱，有时泪水沾湿了眼角。

81 岁的范玉媛携《凤还巢》选段上场，这是她第 8 次登上这个舞台。“我平时就一直在不断地练习，唱完今年的就开始准备明年的。”范玉媛常居盐城，每次都要专程赶到北京，“北京观众喜欢京剧，也特别懂京剧，所以我选的唱段不重复，但一定都是梅派戏。”作为梅兰芳先生的入室弟子，范玉媛把弘扬梅派艺术视作毕生的追求，“在这个年纪还拥有这样的展示空间，我觉得非常幸运”。

做一个决定很容易，但坚守一份承诺很难，延续十几年的“霜叶红于二月花”是一个缩影，里面藏着长安大戏院坚守传统、弘扬民族艺术的一份初心。不忘过往，心向未来，长安大戏院与中国戏曲的故事还在续写……

文 / 高倩

光影承记忆

首都电影院，新中国第一家国营电影院

中国电影史从北京开始：前门大栅栏的大观楼影院记录了中国电影的萌芽，一部《定军山》让中国有了自己的电影。而新中国的第一家国营电影院也诞生在北京，长安街上肇始于1937年的首都电影院，经历过更名、改制、拆除、重建等风风雨雨，见证了中国电影的沉浮发展，更承载了一代代观众的光影记忆。

涅槃重生

20世纪二三十年代，长安街东西两侧商业繁盛，游人增多，形成热闹街市，影剧院等娱乐场所纷纷在街头、市场里兴办起来，仅长安街东西两侧就有10余家。

1937年3月7日晚，由著名京剧老生马连良与友人集资兴建的新新大戏院开幕首演，马连良、张君秋、叶盛兰、马富禄等名角献上各自绝活。新新大戏院就是首都电影院的前身。

新新大戏院坐落在西长安街西单与六部口之间的路南。整栋建筑设计仿照天津的中国大戏院，两层钟楼造型，楼下为池座，能容纳1000人，楼上有包厢和散座，能容纳400人。戏院设有暗灯光、隔音层。台前有黑绒大幕；台后为黄缎子大幕，上绣蓝色古代车、马、人，醒目美观。民国时期，京剧空前

1937 年，马连良投资的新新大戏院开张，这是首都电影院的前身。供图 / 马龙

鼎盛，尚小云、程砚秋、言菊朋、孟小冬等梨园名家都曾在新新大戏院登台表演，大师风采，令人追忆。

1946 年，新新大戏院先改名为“北京大戏院”，年底更名为“国民大戏院”。

新中国成立后，为丰富人民群众的文化生活，政府有关部门对旧有的剧场、影院加以改建修缮。1950 年，国民大戏院更名“首都电影院”，自此，这家饱经战乱的影院成为新中国第一家国营电影院。郭沫若为影院亲笔题名，这块招牌一直沿用至今。

“首都电影院之所以地位重要，是因为它有一定的历史厚重感，也有一定的政治影响力。”首都电影院第六任总经理官志斌说，“新中国成立初期，许多老一辈党和国家领导人，都来首都电影院看过电影、戏剧。”

火爆清晨

改革开放前，观众在国内影院看到的影片并不多，除了八个样板戏，就是“三战”——《地道战》《地雷战》《南征北战》。有时也放点儿纪录片，其中最为广大观众熟悉的“明星”是柬埔寨的西哈努克亲王，因为电影院里时常会放映毛主席接见他的纪录片。进口片则多是来自朝鲜、越南、阿尔巴尼亚等社会主义国家的电影。

改革开放之初，新老影片齐出，电影院迎来了第一个爆点。首都电影院在长安街上，又是“老字号”，自然成为不少北京人看电影的首选。

“多少年了，没见过那么多片子一起上的场面！旧片子一大堆，许多大家都没看过，照样当新片看，再加上还有新片不断上映……以前电影院中午才开门，一天演五场，这一下不得不提前到早上八九点就开门。”首都电影院第五任总经理刘洪鹏至今清晰地记得，当时王晓棠主演的《海鹰》《英雄虎胆》《野火春风斗古城》，票卖得很好。

1993 年 12 月 4 日，北京市西城区力学小学组织学生到首都电影院观看《闪闪的红星》。图源：北京日报

1982 年李连杰主演的《少林寺》风靡全国，为了满足观众的观影需求，首都电影院居然早上 5 点多就开始放映该片，但依旧场场爆满。

1994 年，哈里森·福特主演的《亡命天涯》第一次让中国观众见识到好莱坞大片，4000 多万元的总票房正式开启了进口大片在中国内地的“掘金之路”。同年上映《真实的谎言》时，首都电影院 30 元的票被炒到了 100 多元。

片方搞首映式、见面会活动，首都电影院是首选。官志斌回忆，当时首都电影院基本每星期都有活动，电影界的大导演、大明星几乎都曾光临首都电影院，也让首都电影院人气爆棚。

1999 年，为庆祝新中国成立 50 周年，首都电影院进行改造，关闭了原有的售票窗口，在前厅设置开放式售票台，让观众与售票员可以直接交流，服务质量也不断提高。

老馆搬迁

进入 20 世纪 90 年代，人们的文化生活越来越丰富多彩，各种文体娱乐活动兴起，电视、KTV、迪厅、台球、保龄球各领风骚，分流了大量观众。

从 1993 年开始，中国电影市场进入长达 10 多年的低迷期。电影产量萎缩，高质量商业片稀缺，观影人数持续低迷。来影院的观众数量锐减，首都电影院开始撤场，早场时间越来越晚，以至于又恢复到中午 12 点后才开业的状态，员工的心气儿也比较低落。即使这样，首都电影院在同行中仍然算日子好过的，尚能维持收支平衡，有的电影院扛不住，就关门了。

随着北京城市发展，2003 年，经营了 66 年的首都电影院到了搬迁的关口。

当时，由于首都电影院等单位的存在，长安街六部口路段南侧有一条明显的道路曲线，这一路段一下由 6 车道变成了 4 车道，成为市中心的一个老“堵点”。为了给长安街“疏通血管”，首都电影院进行了搬迁。

老影院最后的日子里，不少观众带着相机到影院门前留影，纪念这座曾为无数人留下难忘时光的老建筑。影院在前厅拉开一张大大的白布让观众留言，不到两天，白布上写满了影迷们深情的祝福。许多老观众还寄来极为感人的信

2003 年 6 月，首都电影院举行迁建告别仪式。摄 / 北京日报记者　孙戉摄

件。官志斌记得，一位名叫宋钧的影迷在信中说自己出生于 1939 年，从记事起就随父亲来“首都”看电影，“首都电影院经历了历史沧桑，见证了不同时期的影片”。

2003 年 6 月 17 日，首都电影院举行迁建告别仪式。在全体工作人员的注目下，被一块红布盖着的影院院徽从正门墙面上缓缓卸下。一位老影迷手持影院 20 世纪 60 年代的票根，深情回忆起年少时来这儿看电影的时光：“那时在首都电影院花几毛钱看场电影，就已经是特别好的享受了，现在它要搬走了，我真舍不得。”

重新开业

2008 年 2 月，阔别 5 年的首都电影院在西单大悦城 10 层与观众重逢。新首都电影院有 14 个厅，2008 个座位，是当时北京厅数最多的影院，放映设备也都是最先进的。

2018 年夏天，首都电影院人头攒动，十分火爆。摄 / 北京日报记者　和冠欣

新首都电影院选址考虑过阜成门、西直门，最后还是定在西单大悦城的 10 层。影院第七任总经理邓永红说，经过前期的市场调研，大家认为影院能为商场引流——“先把人都拔上来，然后再让他们一层一层往下走，给商场带来客流。”果不其然，凭电影票吃饭就能打 8 折的活动，让大悦城里的餐饮企业首先获利。影院和大悦城也助力了西单商圈的火爆。

新首都电影院的装修找了好几家设计公司，最后请来国家广电总局设计院的设计师操刀，清华美院的专家帮忙参谋。电影院的基本色调定为中国红搭配灰色，既高端大气，又有文化底蕴。大厅天花板营造出隐隐闪烁的满天星效果，借鉴了好莱坞影院的装修风格。

重张开业第二年，电影院年票房便突破6000万元，位列全国单体影院第一。这些年来，其排名一直没跌出过全国影院的前五名，是京城最火的影院之一。在线购票出现之前，只要碰上“五一”“十一”等节假日，都会出现人山人海排队的盛况。

从新中国第一家宽银幕影院到北京第一家光学立体声影院，再到北京第一家票房超百万、千万元影院……87 年来，首都电影院始终走在中国放映行业的前列。如今，连锁化道路将“首都电影院”这块金字招牌越擦越亮。

继金融街店、昌平店、中华店等陆续开张营业后，2024 年 1 月 3 日，位于通州北运河畔的首都电影院城市副中心店正式启用，成为北京率先进行复合型创新的影院。这个 7243 平方米的空间集观影、艺术、手作、科技于一体，既是电影院，又是美术馆、绘本馆，还能看演出、体验手作工艺，首都电影院现任总经理石锐说，希望将其打造成文化娱乐消费综合空间的标杆，为国内影院行业的创新经营做出尝试。

从核心区到副中心，首都电影院一直是首都市民文化生活的重要组成部分，成为长安街上不可磨灭的记忆。

文 / 袁云儿

短纸慰平生

王府井书店何以成为“共和国第一店”

无论寒暑，位于长安街畔的王府井书店总有全国各地的读者前来。对于拥有“共和国第一店”美誉的王府井书店而言，它承载的历史，拥有的故事，是其他书店无法比拟的。

2024 年 2 月 10 日，王府井书店迎来了建店 75 周年。75 年来，这家书店始终坚守在传播先进文化、传承思想智慧、繁荣出版发行、服务大众阅读的主阵地，成为广大读者的精神家园。

“为读者找书”

王府井书店的故事要从 75 年前开始说起。

1949 年 1 月 31 日，历经沧桑的北平和平解放。7 天后，徐迈进、万启盈、卢鸣谷、王钊以军管会代表身份，受命率东北书店、华北新华书店总店派出的专员，接管国民党的正中书局北平分局、独立出版社、中国文化服务社北平分社及其所属印刷厂。随后，卢鸣谷等人带领东北书店小分队工作人员，经三昼夜奋战，于 2 月 10 日成立了北平新华书店第一门市部，这正是王府井书店的前身。也是从成立那天起，这座书店便承载了读者对图书和知识的渴求。

尹世昌是王府井书店最早一批店员之一，他回忆，1949 年 2 月中旬新华书店登报招收办事员（店员），一下子吸引上千人报名应试。“当年我 18 岁，正在读高中，恰好有同学举着报纸对我讲‘咱们去考新华书店吧，不会出北平的’，就这样，我们一起于 2 月 18 日去报考。”3 天后，共有 70 余人被录用，其中就有尹世昌。

尹世昌的珍贵回忆特别动人。1949 年 5 月，为迎接五四运动 30 周年，书店特别开辟青年读物专柜并张贴公告：青年人购书 9 折优惠。书店还在此期间向全体工作人员提出“为读者找书”和“为书找读者”的活动，在此基础上组织评选优秀青年营业员活动，最终选出 8 名优秀营业员，其中就有尹世昌。

很快，尹世昌和他的同事就迎来了重大任务。1949 年 9 月，第一批由莫斯科出版的《联共（布）党史简明教程》《列宁主义问题》《斯大林传》等中文版图书沿着铁路来到北京，赶在开国大典前与读者见面。在尹世昌的回忆里，这批图书用道林纸印刷，分量很重。一个麻袋大约有 80 本书，扛起来特别沉，装满一辆卡车后，大家都筋疲力尽。最终，这批中文精装本及时于国庆日前如期上架，与读者见面。

在王府井书店成立之初，书店就要求每个工作人员必须像爱护自己的眼睛那样保护书、珍惜书，不得污损丢弃，也不能坐书、踩书、扔书等。尹世昌回忆，有个营业员蹬着梯子从书架最高层取书，顺手从上面扔下，险些砸在读者头上。此事发生后，营业员被严肃批评。

三次扩建

建店 75 年来，王府井书店先后经历了三次扩建。

1950 年，王府井书店由简陋的门市部迁入一栋四层楼房，经营面积进一步扩大，以品种最多、贮存量最丰富成为当时全国乃至亚洲规模最大的书店。

1970 年 4 月，王府井书店第二次扩建后的图书大楼正式营业。总建筑面积 6300 平方米，营业面积 3600 平方米，是亚洲最大的书城。

改革开放带来科学和文化的春天，“书店一开门，读者排长队”也成为王府井大街一景。国家动用储备纸紧急重印《子夜》《家》《悲惨世界》《哈姆雷特》等 35 种中外文学名著，供不应求。许多文化名人、著名学者都曾加入

1970 年扩建后的王府井书店。图源：王府井书店

20 世纪六七十年代，求知的读者步入王府井书店一层店堂。图源：王府井书店

过购书大军。

曾任王府井书店楼层经理的艾康明回忆了 1979 年读者来书店购书的火爆景象。他说，那时的人们对知识极度渴求，王府井书店常常是每天一开店，读者就里三层外三层地向内涌，还出现过柜台玻璃都被人流挤碎的情况。当时售书的方式还是营业员从玻璃柜台里取书，因为读者太多，书店工作人员索性改成开架售书，有的书甚至来不及上架，刚运到大门口就被读者买走了。

在许多员工和读者的记忆里，1994 年 11 月 13 日是王府井书店的一个难忘日子，当时为配合首都建设发展，王府井书店闭店搬迁，在搬迁前最后一个营业日里，全店职工在门前列队，向读者告别。初冬的寒风凛冽，数以万计的读者闻讯赶来，大家齐声高唱《友谊地久天长》，感谢书店在过去 45 年间向公众奉献了 20 亿册图书。“王府井书店，我们心中的圣地。”“我们的好朋友，希望早日和你再见！”送走最后一位读者，已是晚上 10 点多。

1983 年 10 月，《北京日报》《工人日报》举办“振兴中华读书竞赛”，吸引了广大读者。
图源：王府井书店

2000 年，王府井书店重张开业。
图源：王府井书店

6 年后，王府井书店以崭新的面貌再与读者见面。2000 年 9 月 26 日，王府井书店重新开张。翻建后的王府井书店比原来的营业面积扩大了 3 倍，现代化的设施使其成为京城又一处文化亮点。

老店创新

王府井书店始终致力于触摸时代的脉动，追逐着“最新、最进步”的思想，寻觅着最能代表这个时代之精神的书籍。也正因为如此，它与读者的深厚缘分一直在延续。

读者吕子渔说：“第一次去王府井书店，除了书多，里面到处都是人。”

还有一位网友回忆自己 20 世纪 90 年代与王府井书店初次谋面的瞬间，“里面陈列着各种时代前沿的书籍，尤其是小说种类繁多，看得我眼花缭乱，我把《子夜》放在手里摩挲了好长时间，最后还是放下了”。原来，这位读者当年因为囊中羞涩，未能买下那本心仪之书。

2019年，王府井书店建店70周年发展历程图片展与读者见面，近百幅珍贵历史图片全景展示书店的发展历程。活动现场，主持人还宣读了一封特别的读者来信。这是王府井书店收到的一封匿名信，写信人讲述称，自己在少年时期喜爱读书，经常去王府井书店阅读，但因为年少不懂事，他在书店犯下了错误，多次偷窃图书，最终被工作人员发现，但是当时的书店工作人员并没有报警，让他感到万分羞愧。信中附了2000元钱，他表示这是自己毕业后工作挣来的工资，希望以此来弥补自己当年犯下的过错。

这些年，王府井书店与读者的缘分，因为进取和不断创新而更加牢不可破。王府井书店与东城区图书馆携手共建的“王府井图书馆”，一举突破原有的借阅服务形式，把图书采购权交给读者，开启了读者购书、图书馆“埋单”的创新模式，王府井图书馆的创办让实体书店兼具了图书馆的部分功能，提高了王府井书店公共文化服务效能，以丰富的馆藏资源、高效的图书利用率，激发广大市民的阅读热情，营造全民阅读、终身学习的良好氛围。

王府井图书馆现有馆藏图书万余册，每月接待借阅读者上万人，是北京市首家开在书店里365天不闭馆的公共文化阅读空间。每天下午4点，校尉胡同小学的学生会结伴来还书、借书，正在上六年级的张同学说，他在图书馆借阅的青少年版《西游记》《三国演义》都看完了。在附近公司就职的李嘉木更是刚下火车就赶来还书，他说，这家图书馆一开馆他就来报到了。

王府井书店机关服务部副经理林文璐说，东城区图书馆每年拨付180万元购书经费，馆藏图书很多是读者现场从书店选来的。盘点新近入藏的图书不难发现，《海底两万里》《茶经》《哲学如何塑造了我》《四合院里的北京》《中草药图鉴》等书籍类型多样，满足了读者个性化阅读需求。借助书店新书第一时间上架的优势，这家图书馆图书更新、新书上架的频率更快、更高。

让很多读者深有同感的是，无论什么时候去王府井书店，总能目睹温馨的亲子阅读场面。自有少儿活动品牌“童阅学堂”一经推出便获得社会认可，在东城区妇联的关注和支持下，近年成功升级为东城区“儿童之家、童阅学堂”，聚拢了更为优质的活动资源，大幅提升了品牌知名度、美誉度，还为广大青少

王府井书店“品阅书单”特色展区。图源：王府井书店

王府井书店三层的少儿区。图源：王府井书店

年读者长期稳定地供给阅读文化活动。

不仅如此，伴随着移动互联网、大数据、人工智能等新技术的迅速崛起，“书店＋科技”更是书店发展的必然趋势。王府井书店按照“线上全品、线下精品”的经营思路，拓展网络发行业务，开发移动互联网服务平台，加快自营网站和第三方网站平台建设，实现以消费者为主导，以信息技术为平台支撑，集网店、微书城、自媒体于一体，融合发展的产业链模式。

文／路艳霞

书香满长街

除夕夜，很多人从北京图书大厦迈向新的一年

北京图书大厦，首都北京西长安街上的一颗文化明珠，1998 年 5 月 18 日开业至今，历经 26 载风雨，依然璀璨夺目。

26 年来，北京图书大厦已经成为长安街上的标志性文化建筑，成为首都

北京图书大厦位于繁华的西单商圈。图源：北京日报

文化产业一道亮丽的风景线，成为北京乃至全国读书人向往的地方。在双休日、在寒暑假、在 26 年来的每一天，北京图书大厦里总是书香浓郁，通过丰富多样的文化读书活动和优质的图书品种吸引着来自各地的众多读者，为他们献上丰盛的文化食粮。

全国“风向”

北京图书大厦位于北京最繁华的西单商圈，是目前全国单体经营出版物品种最全、年销售额最高、创利最好的零售书店。

其实，建设北京图书大厦要追溯到 60 多年前。1956 年，北京市新华书店前身——新华书店北京分店在制定网点规划时，提出了要在北京建设图书大厦的初步设想。这引起了北京市领导的高度重视，并将建设图书大厦列入北京市规划建设项目。

改革开放之初，建设大型超级书店的条件已经成熟。在中央、新闻出版总署、北京市等各级领导亲切关怀下，凝聚着几代首都国有图书发行人希望与梦想的北京图书大厦终于在 1993 年破土动工，1998 年 5 月 18 日正式开业。

“小时候在这儿买过故事书，现在轮到给孩子买书了。选择多了不少，环境也越来越美，越来越温馨了。”陈女士道出了很多读者的心声。

在中国图书发行史上记录着这样一组数字：北京图书大厦，北京发行集团下属企业，营业面积 1.6 万平方米，汇集全国 500 余家出版单位的 40 余万种图书、音像制品和电子出版物，自建成以来，接待中外读者突破亿人次，销售额稳步攀升，至 2023 年底，累计营业额已近 92 亿元。年销售额连续多年雄踞全国出版物零售卖场首位，成为名副其实的出版发行业“零售之王”，全国图书零售市场的“风向标”。

北京图书大厦见证了一个个重要的历史时刻。1999 年，开业之初的北京图书大厦与国内 4 家出版社联合举办的“百年文学展”引起社会极大反响；2003 年，北京图书大厦成功举办了《欧盟国家短篇小说选》首发式；近年来，北京图书大厦还针对时政热点举办多场重点主题展销活动。

2023 年 5 月 18 日，北京图书大厦 25 周年店庆活动暨二期启用仪式在北京图书大厦二期举行。图源：北京日报

时代缩影

北京图书大厦是时代变迁的缩影，多年来它一直在不断调整、不断变身、不断升级、不断改造，顺应时代变化，满足读者需求。

从 2000 年起针对不同读者的需求开创设立的特色专区，到 2017 年设立的“北京图书大厦·高级管理者书单”专区，由资深专家评审出高品质的重点类别好书，为机关、企业领导管理者提供格局与睿智兼备的最佳选择。

2023 年至今，北京图书大厦推出重点展现北京人文特色、历史文化内涵的“京华好书”推荐专区，为各界读者集中展示展销主题出版、人文社科、文学艺术、科技生活、少年儿童等多个类别的高品质、高质量优秀出版物，助力“书香京城”建设。

技术变革也体现在北京图书大厦的每个细微处。1999 年 3 月 9 日，北京图书大厦正式开通了网上书店，它依托北京图书大厦的本土、外版图书经营的品种实力，云集了全国500多家出版单位出版的40多万种图书、音像制品和电子出版物，拥有安全、快捷的网上支付方式，满足各界读者的购书需求，充分展示我国出版发行风貌。经过26年的不断发展，北京图书大厦实施的计算机管理进货、发货、盘点、开通网上书店、读者智能查询、店内智能结算和手机微商城等创新举措不断完善，正由信息化管理向“互联网+”的经营管理体系快速发展。

书香家园

阳光从窗外洒进阅读区，绿植、沙发、座椅营造出家庭书房的氛围。很多读者都发现，北京图书大厦近年来越来越温馨了，新晋“网红打卡地”接二连三为读者制造惊喜。北京图书大厦副总经理秦辉揭开谜底：“北京图书大厦通过北京市实体书店资金扶持，实现了多元转型升级。”

2021年底，北京图书大厦一层店堂就已全面升级，在显眼位置设立“红色经典献礼百年”专区，构建主题出版物的主题场景，打造红色文化沉浸式体验空间。进入二层，花园风格特装尽显恬静之风。三层少儿区也进行了大动作的升级改造。位于东侧的“主题书房”，面对青少年读者开展“阅读+”文学培养、艺术培养、诵读培养、国学培养等阅读延展活动。

除夕夜，长安街上的大红灯笼和中国结烘托出喜庆的节日气氛，夜色正浓，北京图书大厦迎来了纷至沓来的读者——从2020年开始，北京图书大厦推出年味儿主题活动，读者可以在一起看春晚、吃饺子、参与游戏，笑声阵阵，其乐融融。

2024年春节除夕夜，读者籍利平一边翻看着《红色足迹》，一边如数家珍地盘点着自己的红色之旅，“南湖、遵义、湘江、西柏坡、延安都去过，香山当然去过了，也是去得最多的地方”。他说，自己是个工程师，曾经因为测绘工作走过很多地方。还是那个夜晚，72岁的裴力用超大放大镜看着书，沉浸在阅读中。裴力是一位有着40年从医经历的老中医，尽管已退休多年，但从未放弃学习，他正在翻看焦树德所著的《医学实践录》。也有的读者每年都会在北京图书大厦过除夕。读者赵先生说，这是陪伴他 26 年的“家”，从一开业就来了，在这里迈向新的一年，心里踏实。

北京图书大厦定格过无数读者和文化名人欢聚的场面。26 年来，北京图书大厦共举办各类活动万余场。余秋雨、阎崇年、王立群、康震、蒙曼、王树增等知名学者，梁晓声、王蒙、刘心武、刘慈欣、毕淑敏、苏童、刘同、马伯庸等老中青作家都曾在这里为新书首发举办过签售活动。

那些欢声笑语，那些妙语连珠，那些欢乐互动，那些蜿蜒长队，许多都具有时代意义。

读者满堂，书香飘逸，长安街边的美好场景还会持续下去。

文 / 路艳霞

钟声破长空

与电报大楼最后的告别，是一串电码

“东方红，太阳升……”这悠扬的乐曲和电报大楼铿锵的报时钟声已经在首都上空回荡60余个春秋。

这乐曲，来源于西城区西长安街11号的电报大楼。作为新中国第一座大型综合通信枢纽，它陪伴了一代又一代北京人，记录着人间悲喜。

2017年9月的电报大楼。摄/北京日报记者　和冠欣

20 世纪七八十年代，嘀嘀嗒嗒的发报声曾经响彻一层营业厅，无论是喜悦的消息还是悲伤的通报，都通过这座电报大楼传递到千家万户。

如今，电报早已淡出人们的生活，但电报大楼仍然屹立。钟声依旧，见证着移动通信技术的日新月异，记录着北京迈向万兆时代的新征程。

“不打烊”

山高地远，鸿雁传书；江头河尾，鱼传尺素。

在书信年代，一纸家书翻山越岭而来，满载相思意。但书信效率低并且容易丢失，随着电报的出现，信息能通过电波即时发出。

电报，正如清末诗人黄遵宪在《今别离》系列诗中曾提到的那般，“一息不相闻，使我容颜悴。安得如电光，一闪至君旁！”

“一闪而至”的电报，成为当时老百姓与外界快速沟通的最重要的通信手段。新中国成立后，原处于东长安街的北京市电报局已不能满足需要。1956 年 5 月 10 日，中央电报大楼在西长安街刨槽动工。

这座钢筋混凝土结构的山字形大楼，大楼主体共 7 层，加上钟楼高达 55 米。参与大楼设计施工的副总工程师高星忠曾回忆说，在搬运装机的过程中，每架长两米、重 300 多公斤的电报机不能走电梯，全都得由大楼上班的工人肩担臂扛，硬是将 100 多台机器从楼下搬到三层。

1958 年 9 月 29 日，电报大楼提前 3 个月宣告建成，它是国内第一个国际国内通信枢纽，也曾是亚洲最大的电信业务综合营业厅。

电报大楼由建设部建筑设计院林乐义、张兆平等设计。建筑沿红线布置，目的是街景的完整性和更为悠远的视觉效果。建筑外墙与门窗均为浅黄色系，整体建筑造型稳重大方，色调明快典雅。

如果从空中俯视，大楼为“山”字形。楼上装四面塔钟，气势恢宏。

作家刘心武在《通读长安街“电报大楼”》一文中这样写道：“我们会觉得它虽然是一栋非民族传统的建筑，但是却因其线条的简洁明快，能融汇在古色古香的京城传统建筑群中，不显得突兀刺眼，反而起着增添清韵的作用，这

1962 年，电报大楼青年报务员任学增正在往郑州发报。摄 / 北京日报记者　李晞

也是很值得称道的。”

自电报大楼投入使用的那一天起，这座建筑始终彻夜灯火通明，成了老北京最早一家“24 小时不打烊”的营业场所。

经济越发达，大楼越忙碌。电报员们手指在键盘上飞快地敲击，将一封又一封的电报传递出去。大楼仍是一颗璀璨的明珠，镶嵌在城市的日渐繁华之中。

永不消逝

发一封电报能买二斤猪肉，按字收费的模式让老百姓在发电报时惜字如金。

在 20 世纪 80 年代中期，职工月工资普遍只有一两百元，发电报一个字收费一毛三分五，地址和姓名也计费，一封电报要两元左右，发一封电报对当时的百姓来说，是高消费。

老北京人都对电报有着一份特殊的情感，每一封电报都凝聚着人们的情感与期盼。

当时，时常有骑着绿皮摩托的送报员，穿梭在四九城纵横交错的胡同里，隔着老远扯着嗓子喊上一声“有电报”，惊醒一胡同的街坊。

据老报务员回忆，“母病速归”和“今晚接站”一类的急电占比最多。当送报员拿到电报，无论风霜雪雨还是白天黑夜，都要以最快速度递达收件人手中。

1976 年唐山大地震时，人们不约而同涌向了电报大楼，两三天时间内发往唐山的电报，从几十封突增到上万封，多得要用麻袋装。

电波能瞬间穿越时空情连两端，成为那个年代最便捷、最普及的通信手段。1990 年北京电报业务达到顶峰，一年超过了 4440 万封。最高峰时，这里一天收、发、转的电报总量就要超过 10 万封。

1993 年，电报大楼荣获中国建筑学会优秀建筑创作奖，成为首都建筑文化的一座丰碑。然而大楼之外，通信技术革命已悄然开始。

微澜，起于 13 年前。

刚进入 20 世纪 80 年代的第一个冬天，北京市电信局等部门联合发出通知，确定北京电话初装费为住宅 400 元，普通市民终于可以安上私家电话。

1978 年，全市 7 万部电话；1986 年，达到 16 万部；1992 年，近 50 万部；1994 年，突破百万部大关。

电话在北京市的普及速度就像火箭升空一样迅猛。越来越多的市民再也不用为快速通信发愁。

移动电话，有着更隐秘的开端。

1988 年，移动通信时代已经悄然开启，公众移动电话网开始试运行。

很快，笨重的“大哥大”等移动电话闪亮登场，但高昂的机器费用和入网费用，让不少普通市民望而却步。

1996 年，第二代的 GSM、CDMA 手机逐步飞入寻常百姓家，拿着小手机在大街上“喂喂喂”的人，明显多了。

随后，3G、4G 闪亮登场。曾经灯火辉煌的电报大楼也逐渐冷清起来。2017 年 6 月 15 日，服务了 59 年的北京电报大楼一层营业厅正式宣布停业，

20 世纪 90 年代，大街上使用手机的人越来越多。摄 / 北京日报记者　徐尚林

唯一一个电报业务窗口搬迁至北京长话大楼。

“7193 1032 1129 2869 9976 7193 1032 0086 3057 6678 4104 1906 2037 9982”，一位老电报人用一串曾经最熟悉的电码和电报大楼作别。

这组数据翻译过来，为“吾于 1982 年入职北京电报局，目睹 35 年变迁，时代变革天翻地覆，无以言表，故以此纪念”。

电报人用电报，告别电报大楼。

钟声依旧

虽然技术的更迭排山倒海，但这座建筑内部也在拥抱呼啸而来的移动互联网时代。

1994 年，我国正式加入国际互联网。次年，当我国开始建设公用互联网时，第一个核心节点就设在北京电报大楼。我国的第一个 IDC（互联网数据中心）机房也在楼内落户。

这是新的起始点。20 余年后，我国正式进入 5G 商用元年。超 11 万个 5G 基站、超 1000 个 5G-A 基站先后落地，实现了“精准覆盖”。

“全光万兆”示范城市的建设，正在路上。通信技术日新月异，不变的是回响在城市上空、永不消逝的钟声。

许多北京人记忆中的清晨，是伴随着电报大楼的钟声走出家门，开始一天的工作；夜晚 10 点，还是在这曲熟悉的《东方红》陪伴下进入梦乡。

很多人不知道的是，这首《东方红》也有过变化。

电报大楼落成前，整点报时的前奏曲是在民主德国录制好的，使用钢片琴演奏。前奏曲共准备两首，一首曲目是《赞美新中国》的前几句，另一首是《东方红》的前两句。

1966 年，北京长途电信局对报时前奏曲进行了再创作，对中央乐团施万春、中央音乐学院鲍蕙荞演奏的钢琴曲和中央广播乐团民族乐队演奏的打击式钢片琴曲进行了混声录制。

混声录制的《东方红》乐曲在每天早晨 7 点首次播报时播放前奏曲的全曲，其他时间只播放前奏曲的前几个小节。

这种播放报时曲的方式一直延续至今，和《东方红》相伴的是同样经历过变化，但仍然浑厚而肃穆的钟声。

最早的大钟，是一只从德国引进的机械钟，后来更换为石英钟。以前大钟的控制部分由美国 GPS 全球卫星定位系统校对完成，现在则连接了我国自主研发的北斗卫星。

大楼的钟声绵长悠远，记录着每一个历史瞬间。

2016 年 10 月，电报大楼开始为期 40 天的外观修缮工程。多年风雨冲刷后，大楼顶部墙面已出现严重剥落脱皮现象。为提升市容市貌，修缮工程针对大楼外立面进行清洗复原。

修旧如旧，是此次修缮的原则。

修缮工作开始前，相关专家已对大楼进行检测调研，制定了不改变大楼原有风格色彩及原有材质的施工方案。在处理好大楼墙面后，将喷涂一种具有现代工艺的“真石漆”，恢复昔日的外观风貌。

即使在大楼修缮期间，每天早上 7 点到晚上 10 点，《东方红》整点报时乐曲仍准时奏响。

当夜幕降临，华灯初上，电报大楼以其独特的魅力矗立在城市的中心。这座承载了无数信息与记忆的建筑，见证了时代的变迁与科技的发展。

它不仅是北京城市风景中的一道亮丽风景线，更是历史与现代的交汇点，讲述着过去与未来。

文 / 夏骅

第五章

开放的长安街

首钢大跳台。摄 / 北京日报记者　邓伟

国宴在厅堂

一众地标性饭店，参与京华风云变幻

五湖四海聚一堂，宾客盈门赞不暇。

长安街，也是北京城的“门面”。漫步长安街，你会发现，两侧林立着许多不同建筑风格、拥有传奇色彩的地标性饭店，它们曾作为重要舞台见证京华风云变幻，也作为时代缩影记录了新中国在政治、经济、外交等多方面取得的成就。

北京饭店

“背后是紫禁城，面对长安街，左手王府井，右手天安门。”长安街北侧、王府井南口，三座中西合璧大楼构成的建筑群格外显眼，上书“北京饭店”四个大字。

从百年前胡同口一家小酒馆，到“远东唯一豪华酒店”；从承办新中国“开国第一宴”，到接待美国总统尼克松访华……坐落在“天下十字路口”，得天独厚的地理位置似乎早已注定北京饭店不平凡的命运。

1900 年的冬天，北京崇文门大街苏州胡同，两名法国人开了个 3 间门脸的小酒馆；次年，小酒馆被一名意大利商人接手，迁到了东单菜市西侧，正式挂上了“北京饭店”的招牌。3 年后，饭店迁至东长安街王府井南口，也就是如今长安街畔的位置。后来，又被一家名叫“中法实业”的银行收购。这家银行既有北洋政府支持，又有法国人撑腰，称得上“实力不俗”。

1917 年，北京饭店再度扩充，扩建成了 7 层的法式洋楼。饭店内都是最豪华的客房，地板、地毯、席梦思床，样样俱全。不仅设有酒吧、舞池、理发室、客房、独立卫生间等设施，还配备了电话和暖气。

在近代中国早期的一批高级酒店里，北京饭店雄踞第一，被称为“远东唯一豪华酒店”，是众多外国人来京下榻的首选。很多名人曾入住北京饭店，如孙中山、宋庆龄、张学良，大文豪萧伯纳、哲学家罗素，诺贝尔文学奖得主、印度大诗人泰戈尔……

1949 年 10 月 1 日，北京饭店承办了新中国的第一次国宴。自此，从 1949 年到 1966 年，17 年间历次国宴都在北京饭店举办。北京饭店因此蜚声海内外。

2001 年 2 月 19 日，国际奥委会评估团一行入住北京饭店。在评估团结束考察临行之前，他们留下了这样的祝福：“我们在北京逗留期间，北京饭店全体员工为我们提供了热情周到的服务，祝北京申奥成功。”

2006 年 12 月 17 日，北京饭店成为奥林匹克大家庭主要成员的驻地，以及国际奥委会的总部和指挥中心。

回头看这段历史，无怪乎有人说，北京饭店“背后是辉煌的历史，面前是无限的未来”。

1917年的北京饭店西楼。
图源：北京日报

2001年，国际奥委会评估团在北京饭店举行中外记者新闻发布会。图源：北京日报

正因如此，北京有那么多饭店，而北京饭店却只此一家。

民族饭店

沿着长安街西行，紧邻民族文化宫，米黄色外立面、华贵典雅的民族饭店，一眼就能瞧见。

1959年落成的民族饭店，与人民大会堂、民族文化宫等同列为“十大建筑”，是为了迎接新中国成立10周年而建设的国庆工程。

据北京市规划管理局设计院民族饭店设计组介绍，民族饭店的设计方案前后共做了14个，1958年10月方案初步确定。由于时间紧、任务重，采用了边设计、边施工的方式，直至1959年4月间设计图纸全部完成。

时间紧张，若换别的工程，或许有所疏漏。然而民族饭店的建设，却创造了新中国建筑史上的新纪录——这是新中国高层民用建筑中第一个采用预制装配式框架结构的工程，从开始吊装到工程结束仅用了120个工作日，且成为新中国于20世纪50年代采用工业化施工方法建成的最高建筑。

1959年的《北京日报》刊发的报道提到：“民族饭店里的墙壁、楼板、走道板、大梁、阳台等800多种、6000多件的主要构件，都是按照设计要求，先在构件工厂里预制好，然后运到现场用起重机装配的。每个构件平均重2吨

民族饭店外景。图源：北京日报

半，最大的重 4 吨多，一个客房的楼板，就是一块构件。”

1959 年 9 月 5 日，民族饭店提前竣工并交付使用，48.8 米的高度，在当时成为长安街上一个显著的标志。

自建成以来，民族饭店成了对外交往的重要窗口。1972 年，时任美国总统的尼克松访华，其随行人员及记者团均住在民族饭店。除了中美“破冰之旅”外，时任日本首相的田中角荣访华代表团、墨西哥总统埃切维利亚、法国总统蓬皮杜等众多国际政要，都曾是民族饭店的客人。

建国饭店

长安街东望，永安里路北，一座高不过 9 层、拥有花园式建筑风格和园林设计的饭店，历经岁月洗礼，依然毫不落伍。这就是新中国第一家中外合资饭店——建国饭店。

说起建国饭店的建设缘由，现在很多人难以想象：就是要缓解北京的“住店难”。

改革开放后，来北京旅游的外国人数量逐年增长。建国饭店动工的 1980 年，28 万海外游客涌入北京，但全市设施较好的涉外饭店只有 11 家，客房不足 5000 间，大批客人无奈辗转到天津、河北甚至南京、上海。

据建国饭店首任董事长侯锡九回忆，实在去不了外地的，就安排客人睡在餐厅或会议室里。

为了尽快缓解“住宿难”的问题，国务院成立了利用侨资、外资建设饭店领导小组。中共中央、国务院要求，要把旅游饭店“建得快一些，建得好一些”。

引进外资建旅游饭店可谓举步维艰的时候，美籍华人陈宣远认为：“合资方案要（按）能让国内各方面都能接受的条件来办。我的目的只有一个，就是能尽快在北京办成中国第一家合资饭店。”

陈宣远设计好了建国饭店的店徽——一个“J”字代表建国，放在圆形图案中间，两边红黄两种颜色象征中外双方。双方协定：合资 2000 万美元建设建国饭店，其中中方占 51% 的股权，外方占 49% 的股权。

就这样，建国饭店作为第一批引进外资的试点项目，终于批了下来。根据经中央批准的《协议书》，建国饭店的建设资金由外方筹集，采用向境外银行贷款的方式，贷款总额的 51%作为中方的投资，49%作为外方的投资。

1982 年 4 月，建国饭店开业，开启了中国酒店业与国际接轨的新起点。

辉煌时期的建国饭店，对外是改革开放的“活样板”，对内则是中国饭店现代化经营管理的“黄埔军校”。根据中外双方 1980 年达成的建国饭店《合营合同》和《公司章程》，建国饭店自主经营、自负盈亏，引进政企分离、所有权与经营权分开的现代企业制度。这在全国来说都极为超前。

据介绍，20 世纪 80 年代，建国酒店每年接待宾客十五六万人次，85%的客源是国外客人，接待过西哈努克亲王、撒切尔夫人等上百位国家元首和高级官员。这在当时掀起了“全国学建国”的风潮，对内资饭店改革起到推动作用。

建国饭店的成功，打开了北京旅游业的大门，“饭店短缺”的困境也从此终结。

1998 年，建国国际酒店管理有限公司正式成立，后更名为北京首旅建国酒店管理有限公司。目前，建国品牌在建和在营的成员酒店已有 150 余家，

建国饭店外景。图源：北京日报

20世纪90年代初期，建国饭店办起花园式酒吧（露天餐厅），每晚营业到23点，受到中外宾客的欢迎。图源：北京日报

分布于全国近30个省份，输出了大量管理人才，并走出国门，成为改革开放的生动写照。

如今，长安街上一栋栋高楼大厦拔地而起。而当年为北京“带来必要魅力”的建国饭店，依旧保持低调与优雅，见证着时代的变迁。

文/张力

铸鼎托金阳

大国金融的时代脉搏，跳动在长安街上

长安街畔，“金”色十足。

一栋栋金融建筑林立，气势恢宏。一幅浓缩版的中国银行业历史画卷，徐徐铺开。

以长安街上的银行为窗口，便能感知大国金融的时代脉搏。

2023 年金融街夜景。摄 / 北京日报记者　方非

金起

呈半圆弧形的主楼和圆柱体中央楼，藏风聚气，前有明堂——中国人民银行总部大楼，是繁华长安街上一道独特风景。

一套套新版人民币在这里亮相，一道道维护国家金融安全的政令从这里发出，一次次在危机中力挽狂澜……作为国务院组成部门，中国人民银行拉开新中国金融舞台的序幕，行稳致远76年。

1948年12月，在解放战争即将取得全国胜利的前夕，战火硝烟中，中国人民银行在河北石家庄挂牌成立，并发行了人民币。

新中国成立之初，旧的金融体系依然存在，新中国的金融体系正在形成过程中。中国人民银行工作困难重重，肩负起支持经济恢复和国家重建等重任。

从石家庄“小灰楼”，到位于西交民巷及三里河的办公大楼，再到1990年落子西长安街，中国人民银行选址的改变，投射着中国金融管理的变迁。

历史上的中国人民银行，曾两次和财政部合并。1978年12月，党的十一届三中全会召开，我国有计划有步骤地启动金融体制改革。

1979年，中国农业银行、中国银行从中国人民银行分离出来，恢复为独

中国人民银行总部。图源：北京日报

立金融机构。中国人民建设银行（中国建设银行的前身）从财政部独立出来，恢复建制。

建立中央银行制度，是中国金融改革的一座重要里程碑，国务院决定中国人民银行专门行使中央银行的职能。

于是，“大一统”银行体系转变为“中央银行—国家专业银行二级银行”体制，中国人民银行破茧而出。

至此，中央银行制度基本框架初步确立。

在专门行使中央银行职能的初期，中国人民银行集中力量研究和实施全国金融的宏观决策，加强信贷总量的控制和金融机构的资金调节，不断改革机制，搞活金融，发展金融市场。

行进在波澜壮阔的时代长河，中国人民银行履行央行各项职责，中央银行制度和职能不断完善。

中国人民银行，是国家金融管理的中枢和大脑。

1997 年，我国破釜沉舟，借助国企改革、商业银行改革等举措，成功抵御住亚洲金融危机的冲击，展现大国风范。

新中国银行业历史中，那些最深刻、最根本的变革在长安街发生，那些最浓重、最亮丽的色彩在长安街延展。我国金融业开放方兴未艾、提速前行的盛景，自长安街决策，也在长安街上演。

如今的长安街可谓见证——从恢复中国农业银行，到工农中建四大国有商业银行分别完成上市，经历数十年的风雨历程，中国完成了对国有银行的全面改革，实现了商业银行市场化。

这一切，都是从 40 年前萌生。在国务院明确中国人民银行中央银行职能的后一年，也就是 1984 年，中国工商银行成立。中国的金融体系森林里，长出了新芽。

丛生

改革开放的春风，拂过“神州第一街”。长安街张开怀抱，迎接多家银行的到来。以中国人民银行为起点，沿长安街向东，排列着中国工商银行总行、国家开发银行、中国银行总行和中国民生银行大厦。一批其他商业银行的西长安街支行或西单支行也遵守着某种默契，穿插其中。

请看，距离中国人民银行最近的，是中国工商银行总行。位于复兴门内大街 55 号的中国工商银行总行建筑外方内圆，稳重恢宏。长安街上，因其独特的地位，中国工商银行被人昵称为“宇宙行”。

2024 年，是中国工商银行成立 40 周年。40 年来，其总资产从成立之初的 2728 亿元增长到 2022 年底的近 45 万亿元；总资产、总资本净额、存款、贷款等规模指标保持全球银行业首位；连续 11 年蝉联全球 1000 家大银行榜首，成为有史以来第一家来自新兴市场国家的“全球最佳银行”。

丛林生态中，从来不会只有一棵“独苗”。在加入 WTO（世界贸易组织）之后，我国于 2004 年再度启动国有银行股份制改革。国家开发银行顺利完成股份制改造，为长安街再增亮丽风景。

请看，西单路口西北角，北京复兴门内大街 1 号，分外通透的中国银行总行大厦自成一景。

1912 年 8 月，中国银行总行在北京西交民巷大清银行旧址成立。在动荡时期几经迁徙，新中国成立后北归，总行迁设北京至今，开启投身新中国建设和改革开放宏图伟业的新时期。

改革开放后，银行业迎来大发展。兴建于 20 世纪 90 年代的中国银行总行大厦拔地而起。它，是世界著名建筑师贝聿铭的“收山之作”。上方穹顶由 16 个玻璃金字塔组成，极具视觉通透感，中庭广场融入东方意韵的苏州园林风格。2001 年 5 月，历时 5 年，这栋建筑建成。

请看，金融大街丙 17 号，是北京银行总部。从初期在五层小楼中起步，到如今入驻现代化金融街办公大厦——作为以“北京”二字命名的银行，北京银行于 2004 年由“北京城市商业银行”正式更名为“北京银行”，2006 年 7 月正式迁入位于北京市西城区金融街的北京银行大厦。迁入第二年，北京银行成功上市。之后，北京银行紧跟国家战略和首都发展规划，加速推进转型发展。成立 28 年来，北京银行总资产规模从不到 1 万亿元增长至超 3.8 万亿元，是首家总资产突破 3 万亿元的城商行。

中国银行总行大厦。
图源：北京日报

请看，金融大街 3 号，是另一家国有银行——中国邮政储蓄银行总部。它可追溯至 1919 年开办的邮政储金业务。

请看，复兴门内大街 18 号，是曾获中国建筑工程鲁班奖的国家开发银行总部大厦。这座拥有蓝色玻璃幕墙和仿古钢架屋顶的建筑，映照着 1994 年起国家三大政策性银行之一的成立，更映照着 2008 年国家开发银行改制所标志着的我国深化银行业改革的重大成果。

请看，位于东单东北角、1963 年成立的，是中国农业银行。它是新中国设立的首家国有商业银行，也是改革开放后第一家恢复成立的国家专业银行，主要任务是统一管理国家支援农业的各项资金和各种贷款。

请看，位于金融大街 25 号的，是中国建设银行。它因“建设”而起，名称和职能在经过多次调整后，逐渐成为一家综合性商业银行，并于 2005 年率先在港上市。

时光荏苒，斗转星移。如今，我国多元化、多层次的银行业体系最终形成。长安街上的银行，见证着、推进着我国实现“金融大国”，再迈上“金融强国”之路。

开放

变革从上交所，到北交所。

2021 年，北京证券交易所在金融街开市。它是实施国家创新驱动发展战略、持续培育发展新动能的重要举措。它脚下的金融街，更是大国首都的全球开放新高地、世界金融的新坐标。

如今，翻开北京金融街建设和发展的历史，仍能感受到那个时代改革开放的鼓号齐鸣。

墨色大理石阶、四块布币形成鼎，托起金球——这就是金融街鼎。

1992 年，在毗邻中国人民银行西侧，北京市政府计划启动金融街发展战略。次年，《北京城市总体规划（1991 年—2010 年）》正式明确在西二环阜成门至复兴门一带建设国家级金融管理中心，集中安排国家级银行总行和非银行机构总部。

“正是（因为）中国人民银行在这里办公，才有了 1992 年北京市政府启动金融街的发展战略，才有了这一片区域内现代化建筑鳞次栉比，才有了差不多全国最主要的金融机构的总部都建在这里。”中国人民银行原副行长马德伦曾回忆说。

发展大幕，正式拉开。经过 5 年密集建设周期，1997 年，随着证监会进驻，金融街由开发建设阶段进入投用阶段。

机遇留给有准备的金融街。2008 年初，纽约华尔街在金融海啸的冲击下一蹶不振。金融危机令外资金融机构进入中国市场的进度放缓，但金融街的扩张步伐，并没有因此而停止。迄今为止，金融街集聚各类金融机构 1900 余家，

2021 年 11 月 15 日，北京证券交易所在金融街正式挂牌开市。摄 / 北京日报记者　樊甲山

2023 金融街论坛年会。摄 / 北京日报记者　方非

重点金融机构800余家，总部企业175家，有16家位列《财富》世界500强，区域内金融机构资产规模占中国金融资产规模超过1/3。

一平方公里，托起经济一片天。它以北京市0.02%的面积，贡献了全市近40%的金融业增加值，创造了全市70%的金融业三级税收贡献，已经成长为中国金融中枢。

每年一度的金融街论坛年会，总能吸引世界金融业的目光，见证中国参与全球金融治理程度的不断加深。

常变常新的金融街，吸引了更多金融机构集聚。最受瞩目的新“住户”，是入驻两年多的北京证券交易所（以下简称北交所）。

北交所的所在地，正是金融街破土动工的第一座高楼金龙大厦，如今改名为金阳大厦。新与老的交织，彰显着这片区域的无穷活力。

就在这片金水涌动之地，北京银行也在推进以数字化转型统领发展模式、业务结构、客户结构、营运能力、管理方式“五大转型”，提升价值创造能力，为首都高质量发展贡献更大的金融力量。

数据显示，仅过去10年，北京金融资产总量从85万亿元增长到190万亿元，实现翻倍增长，金融业增加值占地方生产总值的比重提高到20%，“首都经济的重要支柱”名副其实。

风雨兼程启新航。从长安街出发，现如今的中国金融已傲然屹立在世界版图之中。

文／潘福达　耿诺

首设使馆区

“打扫干净屋子再请客”，这里自此风云际会

一个使馆区，半部外交史。

使馆区的规划建设乃是反映首都特色的关键内容。目前，北京拥有三个已经建成的使馆区，分别是位于建国门外的第一使馆区、位于三里屯的第二使馆区、位于亮马桥的第三使馆区，还有一个正在开发建设之中、地处东坝的第四使馆区。

第一使馆区是新中国建设最早的使馆区，坐落于长安街延长线的北侧。以此为重要坐标，新中国外交走出了一条波澜壮阔的发展之路。

破旧立新

说起中国的使馆区，不得不提北京东交民巷，它记录了中国人民的耻辱，也见证了中国人民的不屈抗争。

清政府在第二次鸦片战争中战败后，英、法、美、德、意、奥、比、荷、日等国相继在东交民巷设立使馆。1900 年八国联军侵入北京，1901 年强迫清政府签订《辛丑条约》，将东交民巷划为外国“使馆界”。这里此后不受清政府的管辖制约，成为列强享有特权的“国中之国”。

1928 年，各国大使馆迁往南京后，东交民巷仍驻有各国公使馆，直到北平和平解放。1950 年 1 月 6 日，北京军管会颁发布告，庄严宣布收回北京市

内帝国主义兵营的占领地，其建筑全部征用。历经近半个世纪，东交民巷作为使馆区的历史终结了。

与此同时，新中国成立之后确立了“一边倒”“另起炉灶”“打扫干净屋子再请客”三条外交方针，在国际上赢得了广泛支持。从新中国成立到1950年11月，全世界有6个亚洲国家和12个欧洲国家与我国建立了外交关系，掀起了第一次建交高潮。

各国外交人员相继抵京，对使馆馆舍提出了极大需求。然而当时北京市的办公用房相对紧张，适宜作为使馆馆舍的房屋更是稀少。各国虽选定了自己的馆舍，但并非十分满意，有的办公室与宿舍分散于多处，有的交通不够便利，有的仍继续在东交民巷设立使馆，例如原民主德国、缅甸、匈牙利驻华使馆分别沿用了原德国、比利时、匈牙利驻华使馆的馆舍。

鉴于此，外交部经过审慎研究，于1950年12月15日首次提出“倘在不妨害我首都都市建设计划之前提下，拟制订由多驻华使馆自资新建馆舍之计划，则一方面各国使馆可以集中，便于工作，便于我方管理，同时对我都市建设亦有裨益”，并针对驻华使馆的建馆原则及建馆地点提出了一些建议。由此，拉开了新中国使馆区建设的序幕。

1956年，北京市都市规划委员会研究编制了首都使馆区建设规划草案。对于使馆区的布局，当时确定的原则为：使馆区采取既集中又分散的方式，在城近郊区，分散集团式布置；靠近绿地，环境优美，附近没有高楼遮挡，每个用地面积按1.5公顷考量；交通方便，与天安门、外交部、机场、车站联系便利；不宜靠近国家重要机关、军事单位、科研机构。

时代印记

1955年，北京市市政部门开始在建国门外筹建使馆区。1957年，第一批使馆馆舍建成，日后成为印度、哥伦比亚、斯里兰卡、越南、埃及、阿尔巴尼亚等国驻华使馆，包括后来用作美国大使馆的建筑也顺利竣工（美国、印度使馆分别于2008年、2012年搬迁至第三使馆区），总建筑面积达2.5万平方米，占地面积为 8.3 万平方米。

1958 年，该区域又陆续建起第二批馆舍，后来成为古巴、蒙古人民共和国（今蒙古国）、爱尔兰、保加利亚、英国等国驻华使馆和原民主德国商务处，总建筑面积为 1.9 万平方米。由此，便形成了现今所说的第一使馆区。

东边起始于东长安街的齐家园路口，西边抵达东二环，最远距离约为 1.22 公里；北边以日坛北路为界，南边延伸至建国门外大街，最远距离约 1.26 公里，其占地面积约 60 公顷——这是第一使馆区的四至范围。鉴于外国驻华使馆建设用地需求的持续增长，20 世纪 80 年代，中国政府把光华路西段北侧日坛地区的 6 公顷土地也纳入了第一使馆区。

之所以由我国政府统一建设，这反映出当时的时代特征——在改革开放之前，我国处于计划经济时期，建材及施工市场并未开放。若要建造房屋，必须先向国家申报建筑材料的使用规划，比如使用何种建筑材料、用量多少，获得批准后方能购买，施工单位也是依据国家计划来完成工作量。在这样的条件下，外国使团几乎无法在北京寻找到承包商，按照他们设计的建筑材料来为其建设馆舍。故而，第一使馆区主要是统建使馆，尚无自建使馆。

将使馆设置在第一使馆区的国家，在当时与我国的关系大多友好且密切，中方为其提供的馆舍占地面积颇为可观，内部通常建有大使官邸以及外交官宿舍，部分还配备了幼儿园、学校、儿童游乐场、体育活动区、花房等附属设施。

《维也纳外交关系公约》第二十一条第二款规定：“接受国遇必要时，并应协助使馆为其人员获得适当之房舍。”基于此条款，中国政府在第一使馆区周边修建了两处外交公寓，分别是始建于 20 世纪 50 年代位于建国门外大街北侧的齐家园外交公寓、始建于 20 世纪 70 年代位于建国门立交桥东北侧的建国门外外交公寓。

1959 年 12 月，齐家园外交公寓的第一栋楼建成，第一批各国驻华工作人员纷纷入住。据北京市建筑设计研究院顾问总工程师程懋堃回忆，当时中国还不能生产电梯，设计师们从上海将洋房里的老式英国电梯拆下来运到了北京。

1980 年 9 月，建国门外两座外交公寓在建设中。摄 / 北京日报记者　叶用才

2016 年 1 月，朝阳区建国门外街道外交公寓。摄 / 北京日报记者　乔健

这两处外交公寓主要用作外交官寓所，房屋宽敞，适宜居住。印度、巴基斯坦、古巴、斯里兰卡等国家驻华外交官为公寓内的主要客户。部分外国新闻媒体的驻华机构也租用外交公寓作为办公场地。

外交风云

曾任中国驻厄瓜多尔、古巴、阿根廷大使的徐贻聪，于 1963 年至 1971 年在位于第一使馆区的古巴驻华大使馆工作，担任中文翻译。他回忆，当时第一使馆区的馆舍已经基本修建完毕，都是独立的院落，此后数十年间格局变化不大。

“使馆设在第一使馆区里的国家，与我国关系都很友好，例如古巴、波兰、越南、阿尔巴尼亚等。”徐贻聪说。1960 年 9 月 28 日，中古两国正式建立外交关系。古巴是整个西半球第一个与新中国建立外交关系的国家，意义重大。

“在馆舍安排上，我国跟古巴采取了互惠的方式。古巴为我们在哈瓦那提供了使馆馆舍，我们也在北京为他们提供了使馆馆舍，地点就在建国门外的秀水南街 1 号。”徐贻聪说。当时古巴驻华大使馆一共有三栋楼——一栋办公楼、一栋大使官邸、一栋住宅楼。后来因为使馆规模扩大、工作人员增加，把住宅楼也改成了办公楼，于是很多外交官就搬到齐家园外交公寓居住了。

第一使馆区还见证了中美正式建交前一段有趣的往事。

1971 年 4 月，著名的“乒乓外交”结束后，美国在秀水北街 3 号设立了驻华联络处。1974 年至 1975 年期间，后来成为美国总统的老布什担任驻华联络处主任。由于他经常和妻子骑着自行车穿行于北京的胡同，因此被称为“骑自行车的大使”。

在北京期间，老布什受到了多位我国领导人接见。以至于到后来，老布什感慨：“我就任驻华联络处主任以来的 34 年，唯一的不变就是永远在变。”这也体现了他对中美关系的深刻理解。

1979 年 1 月 1 日，中美正式建交，美国驻华联络处升级为美利坚合众国驻华大使馆。2008 年，美国在亮马桥地区建设的驻华使馆新馆建成启用，由此从第一使馆区搬到了第三使馆区。

截至 2024 年 6 月，中国已与 183 个国家建立外交关系，其中大部分国家在华设有使馆。使馆区在为驻华外交人员的工作、生活创造良好环境的同时，也有力地推动了区域社会经济的发展。在第一使馆区周边，逐步兴起了北京最早的国际化商业、休闲区域。其中，友谊商店、国际大厦、赛特购物中心等，皆是北京过去数十年来的著名地标。

当前，北京正稳步推进国际交往中心建设。持续发挥好使馆区优势，推动经济社会发展，提升城市环境国际化水平，乃是一篇前景广阔、大有可为的文章。

文 / 周经纬

唤醒老商街

享誉中外的王府井大街，其实源自一口甜水井

始建于元，定名于清。历经700多年风雨洗礼，它满载岁月痕迹。商铺林立，游客如织。有着“中华商业第一街”美誉，它是京城商业“晴雨表”。

它是王府井。一条街上，座座商场、家家店铺串联过去与现在，历史底蕴与现代商业在这里碰撞交融。

2024年“五一”假期的王府井大街。摄/北京日报记者　邓伟

因井而“达”

王府井大街，一条古老的街道。当夜幕降临，霓虹渐熄，漫步在这条古老的街道上，仿佛能够穿越时光，聆听历史的低语。

在辽金时代，这片区域野旷人稀。

元大都建立后，小村落才热闹起来，并有了“丁字街”的称呼。

明朝永乐年间，明成祖朱棣把都城从南京迁到北京，并在皇城东墙外不远，修了“十王府”。人们把这条街称为“十王府街”。

后来，清依明制，在此街上建了8座王府，人们的叫法也改成了“王府大街”。

不过，真正为这条街命名的，是街上一口甜水井。在那个时代，北京城内的井中大多是苦水。而“王府大街”有一口优质甜水井，水质清澈透亮，甘甜可口。作为稀缺资源，甜水井远近闻名。王府与井并称，成为街道鲜明的标签。于是，在清光绪三十一年（1905）重新厘定地名时，这条街改名为“王府井”。

这口井，在《乾隆京城全图》和民国二年（1913）《实测北京内外城地图》中均有记载，但20世纪20年代，老井在街上消失了踪影。

幸运的是，在1998年王府井大街整改时，这口井被重新发现。如今的王府井大街上，依旧保留着用铁链子圈起的井盖，记录着王府井得名的缘由。

王府井商业的繁盛，则始于老东安市场。这里原本是明代一座王府，清初时期封给了吴三桂，称为“平西王府”。

“三藩之乱”平息后，王府改为神机营操场。清中叶后，八旗兵训练稀松，这里又成了一片空地。

1900年，清政府开始在京师地区推进近代市政。王府井所处的东安门外区域成为北京最早进行道路建设的地区之一。

在整修道路过程中，王府井大街北侧的原八旗神机营操场逐渐形成一处每日营业的固定商业场所，命名为东安市场。

东安市场是北京城最早由官方设立的综合性定期集市，虽然起初只是一个摆地摊、搭布棚、早晨出摊、过午收摊的简易市场，但有了它，王府井大街有了商业活动。

20 世纪 90 年代，王府井大街进行改造工程。图源：北京日报

民国时期，王府井作为城市商业区的特征愈加明显，一些地标式建筑开始出现，并呈现高端西化的特点。

1915 年，美国石油大王洛克菲勒在豫王府旧址上建起协和医院。1917 年，中法实业银行在王府井南口建成 7 层楼高的北京饭店。1924 年之后，王府井地区开始设立有轨电车车站，并修建柏油马路。

交通条件的改善，使得正阳门外一批店铺纷纷迁入王府井大街。到 20 世纪 30 年代初期，历经数次重建和扩建的东安市场，摊商已达 350 余家，以社会中上层为主要服务对象。

1932 年，北平市社会局组织编写的《北平市工商业概况》称，东安市场在全市所有官办及商办商城中“规模最大，商业亦最为发达”。

顺时而丰

旧日的商街，云集豪商巨贾；新中国的商街，由百姓托起欣欣向荣。

北京市档案馆发布的信息显示，新中国成立后，中央政府对王府井的商业定位提出明确要求：既要满足原有的商业需求，还要开辟面向人民大众的商业模式。

王府井大街立刻做出改变。1955 年 9 月 25 日，距离国庆节还有 5 天时间，北京市百货大楼在王府井大街亮相。这是新中国第一家真正意义上的商场。

《北京日报》记录了当时的开业盛况："一天来，十六万四千多顾客在这里满意地参观和选购了自己所喜爱的商品，整个大楼的销货额为二十五万多元，约等于北京市百货公司第一和第四门市部五个商场上一个星期天销货总额的两倍多。"

在计划经济年代，百货大楼是唯一一家享有全国采购权的零售企业。它不仅能从上海、广州等大城市进货，甚至还能销售国外的进口商品。当时北京人有句话："百货大楼买不到的东西，您哪儿也别去了。"

但一家，可撑不起来一条街。

1956 年，响应"繁荣北京服务业"号召，中国照相馆、四联美发馆、普兰德洗衣店等一批服务业企业从上海迁到北京，陆续在王府井、西单、东单三大区域落户，撑起了王府井大街的门面。

市民的反应，显示出北京市场对丰富业态的渴求。

王府井东安市场北门金鱼胡同里，四联美发馆每天早上都会排长队。不远的中国照相馆同样火爆，人们都以有一张印有"中国照相"字样的照片为风尚。

在那个物资供应尚不丰沛的年代，逛王府井，意味着可以买到最时髦的商品，获得最优质的服务。王府井，是当之无愧的"中华第一商街"。

当改革开放的春风吹遍神州大地，王府井大街也在与国际接轨，加速迈向世界一流商业中心。

1992 年 4 月 23 日，在王府井与长安街交会处，北京第一家麦当劳开业。当天，凤凰牌自行车、"大二八"自行车把旁边的胡同堵得水泄不通，两层用

1956 年，中国照相馆从上海落户北京王府井。图源：北京日报

餐区近 800 个座位始终满员。

1993 年，北京东安集团和香港新鸿基地产发展有限公司合资，在东安市场原址，建起新东安市场大厦。自此，简易大棚式商场，变成集零售店铺、影院、餐厅、写字楼等功能为一体的现代化大厦。

2004 年，占地面积为 10 万平方米的东方广场亮相，成为当时亚洲最大的商业建筑群，一时风光无两。

2017 年，香港置地投资 10 亿美元、历时 6 年打造的王府中环，揭开神秘面纱。

20 世纪 90 年代以来，街区先后开工建设了 10 余座商业综合大厦，逐渐从一个传统门店式商业街区，转变为高端商业集聚区。

应势而谋

千年发展，百年商街。有了如此积淀，新旧世纪交替时，王府井顺势而为，应势而谋。

1999 年 9 月 11 日，王府井商业步行街正式开街，成为全国第一条步行街。

王府井大街从长安街一直延伸到五四大街，全长 1818 米。其中仅从东单三条到金鱼胡同全长 548 米的步行街段，集中了大街主要的商业设施。升级为步行街后，全球各地游客来北京，王府井步行街是必逛之地。

与此同时，网购之势，势如破竹，所有实体经济都面临冲击。面对冲击，“本地人不去王府井”之说悄然兴起，王府井亟待破局。一场“整改潮”拉开序幕。

2004 年，百货大楼启动内部升级改造，不仅硬件设施全面升级，国际大牌也全面进驻，占比从以前的 5% 提高到两成以上。

1999 年，整修一新的王府井大街。摄 / 北京晚报记者　张风

赶时髦的同时，更多文旅新体验接踵而至。

2017 年，哈姆雷斯全球最大旗舰店入驻百货大楼，在中式古朴和英伦范儿融合的童话世界里，孩子们流连忘返。

两年后，首个老北京沉浸式体验街区和平菓局横空出世。蜿蜒的老胡同里渗透出地道的京味儿，小卖部里卖着北冰洋和瓷罐酸奶，副食店里还有小时候打过的酱油。这片印着时代记忆的街区，为步行街增添了文化气息，一跃成为“网红打卡地”。

王府井大街上的北京特产，也不再只有烤鸭、点心、老布鞋，糖葫芦造型的手电筒、萨其马造型的充电宝等京味儿文创，成为“北京礼物”新选择。街上的全聚德，换装为北京首家“宫喜龙凤呈祥”主题餐厅；金街购物广场变身王府井喜悦购物中心，带来国潮新体验。

在街区改造中一度离开的老店，也陆续回归。

2021 年，100 多岁的吉祥大戏院以崭新的身姿在王府井亮相，重现了百年前戏院的布局，雕彩绘匾，抱柱楹联，一派古色古香。

2021 年，吉祥大戏院重新开张。图源：北京日报

经历了数次迁址的萃华楼饭庄重新开门迎客，店里做的还是原汁原味的老味道，吸引老主顾登门。

2019年12月20日，王府井步行街顺利北延，从金鱼胡同延至灯市口大街，长度增至892米。

随着步行街延长，王府井大街北侧的嘉德艺术中心、商务印书馆、首都剧场等文化场所可以更方便地触达。至此，全长1818米的王府井大街基本实现商业、文旅业态的融合贯通。

如今，王府井的商业空间正从一条主街拓展到整个街区，形成集商务、艺术、文旅等元素为一体的融合发展格局。

繁华背后，王府井依旧保留着厚重的历史底蕴。漫步街区，人们会邂逅一座座栩栩如生，或庄重肃穆或生动活泼的铜像，静静讲述属于这座城市的故事。

文 / 马婧

重绣上河图

访华政要夫人来京的“首选目的地”

虽然在很多老版京城地图中鲜有标注，但在外文版的北京旅游地图上，一定有它的身影。

爬长城，看故宫，逛秀水，吃烤鸭——从改革开放起，许多外国人来京有个“四件套”。秀水，就是购物第一目的地。

40 多年前，这座明星市场刚刚诞生时，还只是建国门外大街的一片地摊，摊主用蹩脚的外语和手势与外国人做生意。

如今的秀水街，已经是一座现代化商厦，一家家店铺展示着精致生活，主理人与外国顾客打交道时，个个外语流利。

与改革开放同龄的秀水街，像一扇小窗口，展现着北京商业的变迁，记录着改革开放的印记。

40 多年来，无数人在此用生活描绘出一幅当代“清明上河图”。

始于地摊

秀水街的名字，来源于秀水河。

20 世纪 50 年代，永安里附近有条秀水河，秀水东街因此得名。虽然河道被填平，但这一路名被保留下来。

1978 年，改革开放大幕刚拉开一角，一些有头脑的生意人沿繁华的建国门外大街两侧摆起地摊。因毗邻使馆区和外交公寓，这些地摊上销售的大多是水果、土特产，还有外国人喜爱的手工艺品。

随着时间推移，外国人的认可度越来越高，地摊的生意越来越好，更多人加入摆摊行列。他们销售的商品范围也越来越广，从日常杂货扩展到服装鞋帽。然而，这些自发形成的摊点不仅严重堵塞交通，也给市容卫生、社会治安带来很多问题。朝阳区建外街道决定把沿街摆摊商贩引到秀水东街内经营，既为顾客购物提供方便，也便于对商贩统一管理。

1985年8月15日，秀水集贸市场正式开业。一块印有“文明经商、保持卫生、保质保量、收费合理”的白布，成为市场经营者身份合法的标志。

初步成型的秀水集贸市场，是条南北长200多米、中间通道3米多宽的窄小商街，密密麻麻排列着250多个店铺。

后来，邻近的国有商店、集体企业也纷纷办起服装业，秀水东街逐渐形成以秀水集贸市场为主、南北长400多米的服装街。

既能买到国内厂家生产的名牌产品，也能买到出口转内销的各色新款式服装，特别是具有中国特色的丝绸服饰和工艺品……这里俨然成为时尚风向标，国外顾客言谈中只要透出一丝口风，商户就立即推出应时应需的款式。

凭着物美价廉和热情服务，秀水集贸市场在海外声名鹊起，被称为北京的“小香港”“小巴黎”。无论三九寒冬，还是酷暑三伏，这里总是人流如潮，熙熙攘攘，堪称京城一景。

“每次我到了秀水街，像是在曼谷逛集市似的，勾起了我的乡思。”20世纪80年代在北京工作的泰国教师思怡在文章中写道，“它像一个小小的窗口，从那里可以望到今天北京商业的兴旺繁荣，它帮助我多少了解一点中国是如何搞活经济的。”

就是这条窄小的街区，见证了改革开放后的中国如何一步步融入世界经济。一位经济学家曾形容说，秀水街是“用改革开放的剪刀裁剪出的当代盛世的清明上河图”。

撤市入楼

秀水集贸市场繁荣的背后，隐患逐渐凸显：店铺密集，通道太挤；消防不过关，下水道年久失修，存在安全隐患；无停车场、卫生间等服务设施，售假问题严重，影响城市形象。

20 世纪 90 年代，北京市政府规划市容市貌，开始对露天市场进行整顿，要求“退路进厅，还路于民”。

于是，秀水集贸市场迎来新生。

2003 年，在朝阳区政府、建外街道的支持下，秀水集贸市场拆迁改造，在原址建起秀水大厦。

2005 年 3 月 19 日，新“秀水街”正式开业。大厦里拥有 1800 多个摊位，是老秀水的近 10 倍，营业时间从上午九点半到晚上九点，白天人流穿梭，夜间灯火通明。

告别风吹日晒，商户们不用再摇着蒲扇介绍商品，顾客也不用再顶着大风跺着脚淘货砍价。带着全新的形象，秀水街在2008年北京奥运会期间大放异彩，共接待顾客 193 万人次，其中外宾 164 万人次，美国前总统老布什、时任国际奥委会主席罗格的夫人等 35 个国家的政要及贵宾莅临秀水街。

老布什和女儿一起挑选手绣睡袍，买到称心礼物的他一边看一边赞叹：“商品很好，很漂亮！”

罗格夫人安妮·罗格则带着事先准备好的照片直奔“面人杨”摊位，为她的孙子和孙女制作彩塑面人。临行之际，她在秀水街的嘉宾签到簿上写下“在秀水街逛街，特别是参观种类丰富的摊位和工艺品，总是让人感到很有乐趣”。

当时，几乎所有国家和地区的代表团都曾到秀水街购物，仅在嘉宾留言簿上留言的代表团就多达 154 个。秀水街也因此被称作奥运的“第二主场”和“商业鸟巢”。

展示给各国的国家政要和代表团的，也有秀水街的自有品牌商品。

2008 年年初，秀水街推出自有品牌商品，包括领带、衬衫、桌布桌旗、成衣制作、丝巾 5 个品类。北京奥运会开幕式上，瑙鲁代表团和委内瑞拉代表

随着秀水集贸市场拆迁日期临近，许多商户开始挂牌打折甩卖。摄 / 北京日报特约摄影　刘新华

团的官员就身穿秀水街自有品牌西装入场，为秀水街品牌“代言”。

世界重新认识了秀水街。2017 年“一带一路”国际合作高峰论坛期间，政要夫人们抵京后第一时间便前往秀水街，“中国特色”的商品、毫无语言障碍的购物体验、定制类服装专业细致的做工，让不少外宾都成了秀水街的忠实粉丝。

伴随撤市入楼，秀水街大厦每年上缴给国家的税收从以前的数百万元发展到上亿元，就业人员也从以前的上千人发展到上万人，年客流量达千万人次，成为北京对外开放的重要窗口。

全新变革

在很长时间里，许多人将秀水街定义为旅游市场，给它贴上“专接旅行团”“低端”的标签。殊不知，秀水街一直在酝酿一场大变革。

2009年，面对美国次贷危机引发的全球范围内的经济困局，国外消费者的购买力随着经济危机急剧下降，与之形成鲜明对比的，是中国消费者的购买力随着生活水平的提高而不断提升。

经过全面市场调研，秀水街看到了成熟的CBD商圈蕴含的消费潜力，以及北京对周边省市消费者强大的吸引力，更看到作为“世界工厂”的中国代工厂做好货的经验和能力。

“放眼世界，更要立足中国。”为更好服务中国消费者，帮助中国厂商和品牌发展，秀水街迎来全新变革。

先从“养市”开始。

为应对经济危机，秀水街出台了一系列“扶商惠客”措施，对市场重点扶持的业态商户返还租金。针对国内消费者的喜好，市场引进品牌专卖店、厂家直销店，设立“时尚精品街”，营造起精品店的购物氛围，吸引周边白领。

依托市场，一批厂商和个体经营者纷纷建立自主品牌，仅在2011年，秀水街商户就新注册自主商标近50件，平均每周1件；与此同时，秀水街市场提交秀水街中英文标识等45类商标申请，并取得商标注册证书，秀水街品牌的魅力开始展现。2009年5月27日，“秀水”商标为北京市著名商标；2011年11月29日，“秀水”商标获评全国驰名商标。

初步营造精品店的购物氛围后，秀水街找到自己的商品定位——高性价比的高端商品，而要实现高端，不但商品品质要求高，硬件要求同样高。

2012年，秀水街市场启动全年改造升级计划，内部业态重新布局改造，变档口为精品店铺，大厦外立面、电梯、卫生间等配套服务设施迎来全新升级。

3年后，秀水街决定闭市换血，全新选商，以适应疏解非首都功能发展要求。

此后，在营的460余家店铺全部完成个体户注销工作，所有店铺实现企业化经营。

疏解带来了商业业态的转型提升，秀水街商业属性从“秀水集贸市场”升级为“秀水街商业管理公司”，为连锁化、平台化、国际化发展奠定了基础。

革新从未止步。

2019 年 4 月 23 日晚，秀水街大厦外立面改造后首次点亮夜景。摄 / 北京日报记者　邓伟

顺应“双循环”新发展格局，秀水街 2020 年 8 月启动全新调改，联手专业战略咨询公司和设计机构，重新进行商业定位和内外空间规划，开启“秀水街 3.0”时代。

2023 年，投资过亿的“秀水街 3.0”改造项目完成，商厦内外全面焕新。更多国际和国内高端品牌专柜，满足了不同层次消费者的需求；更多原创设计和本土品牌，吸引着追求个性化和高品质的消费者。

从改革开放初期的探索，到新世纪市场经济的腾飞，秀水街见证了改革开放的波澜壮阔，也承载着无数人的奋斗与梦想。如今，它依旧以开放的姿态迎接五湖四海的朋友，继续书写属于自己的传奇故事。

文 / 马婧

群英归故土

他们不顾一切归来，报效祖国

1/3 的中国科学院院士、60%—70% 的国内各大学校长、90 % 的各大医院院长及科室主任，还有一些更为人所熟知的名字，吴冠中、吴祖强、潘建伟、施一公……他们都有一个共同的身份——欧美同学会会员。

南河沿大街 111 号，又称石达子庙，清顺治八年（1651）敕建。民国时，

位于东长安街北侧、南河沿大街 111 号的欧美同学会。摄 / 北京日报记者　丁文捷

这里成为欧美同学会的驻地。

成立百余年来，欧美同学会践行着“留学报国”的理念，为民族复兴作出了巨大贡献，它历经风雨，依然生机勃勃。

它究竟是一个怎样的组织。“平台”“归国人员之家”“学长文化”，几乎每个青年会员都提到这几个关键词。欧美同学会编织起了一张致密的网络，每个人都是其中的一个节点，交汇于此，又由此发散出去，人与人的联结，激发了更大的创造力，新的可能性也就此产生。

前人栽树

南河沿大街 111 号大门坐西朝东，硬山式屋顶，黄琉璃瓦绿剪边，大门的牌匾上书“欧美同学会”。一进门，左右两侧是树龄百年以上的古黄金树，枝繁叶茂，亭亭如盖。据传，栽树者是詹天佑、周诒春、丁文江等留美学者。

鸦片战争后，中国人开始了以学习西方科学文化知识为主的近代留学。在进步思想和革命浪潮的影响下，归国留学生们希望建立一个成规模的组织，商讨报国之计。

1913 年，欧美同学会应运而生，由顾维钧、周诒春、詹天佑、蔡元培等欧美留学先贤发起创立。

“必须说明，联合起来的新团体丝毫没有政治目的。”顾维钧在回忆录里提到，成立组织的初衷是“通过举办演讲会、慈善事业和社会福利事业，使公众受益”。很快，以“修学、游艺、敦谊、励行”为宗旨，这一团体开始逐渐壮大。

273 人，是 1914 年编写的《欧美同学会会员录》中记录的数字，这也是现存最早的会员录。

那是一个风起云涌的革命年代，“没有政治目的”并非不问政治。

据悉，1919 年召开的巴黎和会上，中国代表团首席代表陆征祥是当时欧美同学会的会长，另外四名全权代表中，有三名为欧美同学会会员。

“力争发言，勿为日人气馁，此间同人愿为后盾。”当年 4 月，欧美同

欧美同学会大门两侧的古黄金树。摄 / 北京日报记者　丁文捷

学会在清华大学召开年会，会员们群情激愤，在给陆征祥的电文中表达了对中国代表团的坚定支持。北京欧美同学会与天津欧美同学会也是已知的最早致电声援的社会团体，又在随后的五四运动中发挥了先导作用。后来，中国代表团为维护国家权益，拒绝签字。

自那时起，“高度关心国家大事”的传统已然形成。

新中国成立之初，百废待兴，亟待专才，而滞留国外的留学人员约有5600 人，因战乱而遭受劫难几近瘫痪的欧美同学会，再度活跃起来。

1952 年，欧美同学会响应“欢迎身居国外的科学家回国参加祖国建设”的号召，将“争取留学生早日回国参加社会主义建设”作为那时最主要的工作任务写入了会章。

那时，“归国”二字，意味着一路的流离颠簸，甚至还需要冲破重重政治封锁。美国政府司法局、移民局曾发布《禁止中国学生出境之命令》，违者“将被判处 5000 美元以下的罚金，或 5 年以下徒刑，或同时给予两种处罚”。但仅“百废待兴”四个字，就足以让留学生们立刻做出抉择。

后人接棒

1950 年 8 月底，赵忠尧、邓稼先等近一百余名留学人员踏上归国行程。也是在那一年，新中国建筑教育事业的奠基人吴良镛选择归国，他的另一个身份是欧美同学会成员。

据统计，至 1952 年底，滞留人数缩减了近一半，2400 余人顺利归国。

“50 年代留学人员的爱国情怀里，还夹杂着建设新中国的兴奋。”北京欧美同学会副会长吴晨至今都觉得，父亲吴良镛当年回国后参与的一系列规划建设，“对于世界都城的建设来说都是一个经典的历史性规划。”

在吴良镛归国的头 30 年里，新中国经历了翻天覆地的变化，他不仅是这场变化的见证者，更是参与者。归国后，他曾参与了人民英雄纪念碑的设计，以及天安门广场、长安街的规划建设。

20 世纪 90 年代，吴晨沿着父亲当年的人生轨迹，前往英国深造。10 年后，他成为当时国际知名大型设计公司中职位最高的华人建筑师。

位于长安街附近的欧美同学会。摄 / 北京日报记者　丁文捷

“中国城市的发展建设与进步，更应该由中国人主导。”秉持着这样的理念，怀着对建设北京这座城市的热情，他做出了和父亲当年同样的选择，回国加入了北京市建筑设计研究院。

在此后的近20年时间里，吴晨及其团队奔走在老城复兴一线，保护传承北京传统文化，与长安街和中轴线密切相关。

“不仅是继承传统，还要实现新的功能需求，发扬新的时代精神。”多年在国外工作生活，对于世界城市发展的规律，吴晨有自己的观察与理解。回国几十年来，结合自己在一线的实践经验，以及通过调研了解到的群众诉求，他提出“整体保护、积极创造、全面复兴”的理念，北京坊项目就是这一理念落地生根的最好例子。

以整体保护为原则，创新技术方法，吴晨及其团队在充分尊重大栅栏片区的历史文化、街区肌理和传统商业活动的基础上，引入了创意文化产业，打造出中国式生活体验街区。

老城复兴是一项时间跨度极大的工作，通常以5年为最小单位来计算周期，他们至今还在持续追踪北京坊项目。用吴晨的话来说，团队甚至需要“用别的项目所得来平衡这些项目的成本”。

但这并未让吴晨放慢脚步，此前他提出的北京皇城景山东片区城市复兴计划，正在有序推进。

“城市是百姓生活的场所，这么多人到城市来追求幸福生活，而我们作为建筑师去营造城市是一项伟大的工作。”建筑师吴晨接过了父亲的接力棒，而作为北京欧美同学会副会长的吴晨同样也在为传承这一组织的精神“做实事”。

2024年3月26日，北京欧美同学会与北京人民艺术剧院共建的留学报国教育基地正式揭牌，成为第四家北京欧美同学会留学报国教育基地。

吴晨参与推动了这一项目的落地。在当日的揭牌仪式现场，他代表首都留学人员发起倡议：“我们要弘扬光荣传统，厚植留学报国情怀，积极投身首都高质量发展，展现留学人员担当作为，自信自立自强，争做讲好中国故事表率。”

开枝散叶

“留学报国的人才库、建言献策的智囊团、开展民间外交的生力军”，这是 2013 年习近平总书记在欧美同学会成立 100 周年庆祝大会上提出的明确要求。10 年后，在致欧美同学会成立 110 周年的贺信中，总书记予以再次强调。

如今，这业已成为欧美同学会发展的新方向。

中法文化论坛、中德科技论坛、中美经贸论坛、国际智库论坛、“21 世纪中国”论坛……依托这些活动，欧美同学会正在不断扩大海外“朋友圈”。打造海归小镇、海创中心、“双创”大赛等工作品牌，助力留学人员创新创业，服务国家和地方高质量发展。同时，举办国际智库论坛、编报《留学人员建言》，围绕“国之大者”咨政建言。

而在更年轻的会员眼中，“归国人员之家”“平等”是欧美同学会的标签。

“在欧美同学会有一个传统，会员之间互称学长，不论年龄、性别、级别、职位，体现了成员间的互动与亲切感。”欧美同学会留英分会副秘书长崔琳认为，这不仅是一个称呼，还承载了欧美同学会百年来传承的精神。

这种“学长文化”也是留英分会入会仪式的第一课。“‘你可以叫学长’，就因为这一句话，立刻拉近了人和人之间的距离。”欧美同学会留英分会会员部主任李慧婷是 90 后，她记得刚入会时受到了不少学长的照顾，除了生活上的帮助，还包括一些好的工作机会和经验，这一句称呼从未停留于表面。

“留学归国人员的一个家 ”则是崔琳眼中的欧美同学会，因为在这里获得了归属感，她还想把这种体验传递给更多人。“哪怕分会副秘书长仅是一个社会职务，没有收入，相反还会占据大量的业余时间，但只要能为学长们搭建一个交流互动的平台，便是我们存在的意义。”

崔琳形容自己现在的工作状态像“条件反射”，在国外遇到中国留学生就会想上去介绍几句。 次出国度假，她遇到了一位打工的留学生，“我就问她快毕业了吗，如果毕业回国，欢迎你加入欧美同学会”。

现在，入会人数逐年递增，分会中最年轻的会员已经是 00 后了。“原来递交纸质材料入会的时候，一年最多有 100 位新会员，现在每年至少有 200 人。”

据李慧婷初步统计，截至目前已有200多人申请入会，入会人数还在不断增加。“正式加入留英分会并接手入会工作之后，我会回忆最初认识这个平台时带给我什么，然后再反向思考能为新会员们做些什么。”作为欧美同学会中最活跃的国别分会之一，留英分会已有超过4000名会员。

眼下，留英分会还在探索如何能让这个平台发挥其更大的价值，做好民间外交工作，他们计划未来会分行业领域，组织更有针对性的专题沙龙，让同行的学长们之间能碰撞出更多火花。

从273人到突破30万人，欧美同学会走过了111年。沿着老学长们艰辛求学、报效祖国的奋斗足迹，一个更为年轻的人才库正在搭建。

文 / 丁文捷

彩凤聚梧桐

中国的对外开放，从此破冰

在复兴门立交桥西侧，一排梧桐树掩映着一幢白色大楼。在这条大街众多的标志性建筑中，它并不出奇。但每当华灯初上，大楼顶上的金色 CCPIT 标志熠熠生辉，放射出它与长安街气质相投的一种独特历史光芒。许多人不知道，这幢大楼与新中国外经贸事业发展休戚与共——它就是中国国际贸易促进委员会（简称中国贸促会），是书写长安街故事必不可少的一个篇章。

中国国际贸易促进委员会大楼。供图 / 中国贸促会

中国贸促会成立于 1952 年 5 月。在新中国诞生的最初日子里，面对西方的重重经济封锁，它是中国通向世界几乎唯一的一扇窗口。而到了改革开放的奔腾年代，它又是中国实施高水平对外开放的重要部门之一。从 1951 年首次参加印度孟买国际工业博览会，到 2023 年举办首届中国国际供应链促进博览会（简称链博会），72 年间，围绕贸易投资促进、参与全球经济治理、商事法律服务、应用型智库建设四条业务主线，中国贸促会始终是中国最大、最具影响力的国家级贸易投资产业促进机构，并担当着民间经贸、外交的重要使命。

许多中央国家机关都曾在发展过程中更名调整，但是中国贸促会的名称从未换过。这是历史的偶然，又是必然。

贸促破冰者

新中国成立后不久，直面西方的封锁，中国贸促会应运而生，使新中国有了一条通往世界，特别是与未建交国家的民间交往渠道，为后来中外政府间交往打下了一定基础。

“如果有更多载满货物的车皮往来两边，那么铁幕也好，‘竹幕’也好，就都不再那么可怕。”多年后，杰克·佩里一直记得英国贸促会主席波以德·奥尔勋爵的名言。

1953 年夏天，应中国贸促会邀请，英国贸促会组织工商界代表团访华并签订贸易协议，年轻的杰克·佩里和其他 15 名英国企业家在“禁运”背景下实现了访华，被誉为“破冰者”，为英国乃至整个西方贸易界凿开了妨碍与中国进行贸易的“冰层”。

在中美正式建交之前，中国贸促会一直是维持两国贸易通畅的重要窗口。1975 年 9 月，应美国美中贸易全国委员会邀请，中国贸促会代表团首次访美，是 1972 年中美签订《上海联合公报》后，中国派出的第一个具有半官方性质的贸易代表团。美国总统福特在白宫会见代表团，时任国务卿的基辛格等陪同。这次访问，为中美两国民间贸易交流此后几十年发展打下了良好基础。

1975 年 9 月，中国贸促会代表团首次访美，美国总统福特会见中国贸促会副主任李川（右 2）率领的中国贸促会代表团。供图 / 中国贸促会

历史惊人地相似。时隔近 50 年，在波谲云诡的国际形势下，2024 年 7 月应美国商会和美中贸委会邀请，中国贸促会会长任鸿斌率中国企业家代表团访美，与美国政商各界广泛交流，共同发出了“要交流不要对抗、要合作不要脱钩”的最强音。

润物细无声。随着中国进入高水平对外开放的新时代，在共建“一带一路”的繁荣之路上，在元首外交、主场外交的隆重场合下，在中国连续 7 年取得货物贸易第一大国地位的成绩单上，在广大外资企业投资中国、扎根中国的滚滚热潮中，在中国参与全球经济治理的世界舞台中央，中国贸促会的身影无处不在。

展览领军者

在开展贸易投资促进的广阔历史舞台上，中国贸促会有着一张“王牌”——展览。

从首次接待外国来华展览、首次赴海外举办经贸展览会，到首次在中国举办出口商品展览会——也就是后来的“广交会”，首次在中国举办世博会、世园会，再到 2023 年首次在中国举办链博会，中国贸促会通过展览这一平台，让更多海外企业看到“中国机遇”，搭上中国发展的快车，也让中国企业更加了解世界，勇敢地走向世界舞台。

在展览界，曾经最引人注目的无疑是世博会。1982 年，中国贸促会代表中国政府组织中国国家馆首次参加世界博览会——美国田纳西州诺克斯维尔世界博览会。自那以后，中国贸促会组织了 16 次中国馆在海外参加世博会。

2010 年 5 月 1 日至 10 月 31 日，中国成功举办 2010 年上海世博会，这是中国首次举办综合性世界博览会，也是新中国成立以来举办规模最大、持续时间最长的国际活动。此外，在中国贸促会牵头下，中国还成功举办 1999 年昆明世园会和 2019 年北京世园会。

2023 年无疑是“丰收”的一年。中国贸促会筹办了“两展四会”，其中尤其值得一提的是首届链博会。作为全球首个以供应链为主题的国家级展会，

1982 年，美国田纳西州诺克斯维尔世界博览会。供图 / 中国贸促会

这届链博会共邀请 515 家中外企业和机构参展。据不完全统计，共签署合作协议、意向协议 200 多项，涉及金额 1500 多亿元人民币。

值得一提的是，前来参展的美国企业占境外参展商总数的 20%。在美国政界鼓噪“脱钩断链”的背景下，美国工商界显然发出了不一样的声音。

可以说，从广交会到链博会，展览会不再是展示单一产品，而是展示链条生态。链博会既是展览形态迭代的标志，也是高水平开放的体现。

商法服务者

新中国成立后遇到的一个难题，就是如何解决外贸中经常发生的合同纠纷。

1956 年，中国国际经济贸易仲裁委员会（简称贸仲委）正式成立。到 2023 年时，新受理案件 5237 件，争议金额人民币 1510.23 亿元，连续 6 年破千亿元大关。

1959 年，中国国际贸易促进委员会海事仲裁委员会（简称海仲会）设立，它是中国唯一以解决海事海商、交通物流争议为特色并涵盖其他商事争议的国家级、国际化仲裁机构。2023 年，海仲会全年受理案件 1124 件，争议金额增长 259.1%。

新中国成立后，为保护中国品牌商标不被国外其他企业抢先注册，也为了保护中国境内的外国商标，中国贸促会最早从事商标代理工作，最早将“Intellectual Property” 译为“知识产权”，最早提出建立专利制度的意见。

如今，中国贸促会专利代理部和商标代理部合并后的专商所被誉为中国知识产权代理界“排头兵”“国家队”，是中国规模最大的综合性知识产权事务所之一，2023 年代理中国企业在国外提交专利申请量同比增长 19.11%，商标申请量同比增长 25.2%。

此外，中国贸促会还积极派代表出席各种有关的国际会议，推荐专家担任工商界代表、国际组织的委员。近期，国际商会中国国家委员会（ICC China）商法与惯例委员会、仲裁和替代性争议解决委员会开展委员换届工作。30 名中方专家成功当选该委员会新一届委员，参与机构决策。

智库建设者

为服务国家外经贸战略的需要，2016年1月，中国贸促会研究院揭牌成立。新的智库具备内外贸兼修的国内知名专家，同时还拥有一支以国际贸易、对外投资、电子商务、市场流通为主攻方向的高水平科研队伍。

多年来，中国贸促会积极扩展信息服务体系。2023年，中国贸促会高质量完成并发布《全球供应链促进报告》。欧盟、东盟、日本、韩国、英国、澳大利亚等地区（国别）营商环境调研报告的知名度不断扩大，全球经贸摩擦指数、全球知识产权保护指数月度观察报告关注度持续提升。

中国贸促会相关负责人表示，面向未来，中国贸促会将全力筹备办好第二届链博会，做好大阪世博会参展工作，办好中外领导人出席的重大经贸活动。还将面向重要经贸伙伴组织全国贸促系统开展“千团出海”，用好393个多双边工商合作机制，组织中外企业对接洽谈。加强与在华外国商协会和跨国公司常态化沟通交流，及时收集、推动解决外资企业合理诉求，推动更多外资项目落地。

此外，中国贸促会还将加强涉外法治工作，完善商事法律服务体系，并进一步发挥在G20（二十国集团）、APEC（亚太经济合作组织）、金砖国家等多边机制下工商界活动登台发声的引领作用，提出更多中国倡议、中国方案，客观、公正、理性地发出中国工商界声音。

长安街车流如梭，如同历史的洪流奔涌向前。

立足中国、面向世界。中国贸促会70多年的历程，是中国不断扩大对外开放的重要体现，也是各国企业共享发展机遇、实现互利共赢的重要见证。

文／刘晓琰

第六章

立体的长安街

红日从长安街最远端地平线冉冉升起。摄 / 北京日报特约摄影　孙山

字字藏春秋

煌煌都城纲维有序，北京的地名个个有来头

“各处街道，均有定名。惟自天安门至中华门一段，又东西长安门之一段，及长安门外之东西两段，迄无一定之名称。”

“今拟将……自东长安门至东单牌楼，统名为东长安街；自西长安门至西单牌楼，统名为西长安街。如蒙採择，即请饬下公安局，遵照办理。”

在北京市档案馆里，一份编号为“001”的档案显示，1928 年，时任工务局局长的华南圭向北平市长呈递建议书，为东西长安街定名。

东长安街，西长安街，历时近 100 年，它们带着呼啸而过的历史车轮印迹，融入人们的日常生活里。

地名，不同于表现时间凝止的文物古迹，只要有人一代代传承，它就会如空气和水一样，活在这座城市中。

纲维有序

长安街已有 600 多年历史，寄寓着“长治久安”的愿望，是政治中枢的象征。

中轴之纵，长安一横。一座拥有坐标轴的四方城，对称的地名，分列南北西东。

崇文，宣武；安定，德胜；东单，西单；东华门，西华门……

在北京市规划和自然资源委员会的书面文件上，包括中轴线、长安街一段

在内的首都功能核心区传统地名，存在大量东西、左右等对称命名的方式，“它们不仅是都城严谨方正布局的重要体现，也烘托着煌煌都城、纲维有序的庄重氛围”。

这种规制，已延续成百上千年。

嘉靖三十二年(1553)后，京城轮廓虽然由“口”字形变成了“凸”字形，但整座城仍旧以“永定门”至“正阳门”所在的中轴线为基准，“左安门”与“右安门”，“广渠门”与“广宁门”（清道光年间改为“广安门”），“东便门”与“西便门”，分别构成东西对称的格局。由此衍生出广安门内外大街，广渠门内外大街，左安门内、右安门内等对称命名的街巷名称。

北京地名的来源有很多种。衙署，曾作为这座王朝都城的命名来源。

其中，有专门服务于皇室的机构，如与北河沿大街垂直的织染局胡同，附近南北走向的钟鼓司胡同（现钟鼓胡同），与西安门大街垂直的惜薪司胡同（现惜薪胡同）等。也有以中央行政机构定名的，如与府右街垂直的太仆寺街、和丰盛胡同平行的兵马司胡同等。

还有一些地名来自顺天府地方行政机构，如京畿道、与复兴门北大街垂直的学院胡同等。另外，一些地名曾以公侯官员命名，体现了北京公侯汇聚的都城特色。

这些古老的地名，对如今的生活有什么影响，东单和西单，就是最好的例证。

为了彰显帝都辉煌，明朝时期，崇文门大街、宣武门大街与长安街相交的地方，各立起一座四柱三间冲天式独栋牌楼。

东面崇文门大街与长安街相交的牌楼额曰“就日”，宣武门大街与长安街相交独栋牌楼额曰“瞻云”，同样取自帝尧的传说。

两处匾额，意在颂扬君主德行，如日之照临，百姓欣然趋就；如云雨滋润，人人仰望恩泽。但对于普通百姓来说，“就日”“瞻云”似乎过于深奥。为了称呼方便，人们按位置将这两座牌楼称为“东单牌楼”“西单牌楼”。日久天长之后干脆简称为“东单”和“西单”。

新中国成立以后，东单、西单牌楼，东四、西四牌楼陆续被拆除，但东四、西四、东单和西单的地名还是保留了下来。

“这也是地名的一大魅力。实物的文化遗存难以保留，传统地名则具有更强的稳定性与延续性。当实物遗存消失后，地名就成为区域悠久历史的最后见证。”北京市规划和自然资源委员会（简称市规自委）相关负责人说。

大俗大雅

有人说，北京的地名，雅。确实。百花深处、灵境胡同、金台夕照、杨梅竹斜街等流芳百年，至今为人称颂。

北京的地名，是中国悠久城市建设历史的伟大实证。作为中国传统营城理念和建造手法的集大成者，北京地名带有浓厚的历史人文色彩，也是中华优秀传统文化的重要体现。

例如在明迁都到北京之时，为了制造和存储城市与宫殿建设需要的木材、砖瓦、琉璃等建设材料，北京曾设置琉璃厂、台基厂等“大五厂”。

如今，和东长安街垂直的台基厂，和距离西长安街约 1 公里的琉璃厂各有耐人寻味的景色，它们不仅为北京城的营建提供了骨肉和筋脉，也刻印京城发展的历史沧桑。我们仍旧可以看出，明北京城的街巷胡同在东、西长安街以北者，大多数继承了元大都时的格局。

“大街二十四步阔，小街十二步阔，三百八十四火巷，二十九衖（弄）通。”据元末《析津志》所载，火巷与衖通就是既起防火作用又有通行功能的胡同。

无论是《丽春堂》中的“似锦胡同”，还是《玉壶春》里的“花胡同”，元曲中的胡同，都牢牢标记着这些地名的起点。如今在北京城内，已确认源自元大都的胡同地名，有两处。它们传承 700 余年，见证了历史风云变幻，被誉为“北京胡同之根”。

其一，是西长安街道的砖塔胡同。元杂剧《沙门岛张生煮海》第一折中，有“你去兀那羊角市头砖塔儿胡同总铺门前来寻我”这样一句戏词。

砖塔和砖塔儿有何区别？其实，它承载着北京话里的儿化音。

明代《京师五城坊巷胡同集》中，记载了井儿胡同、安儿胡同、杨刀儿胡同、帽儿胡同、盆儿胡同等众多带有儿化音的地名。专家称，儿化音也是促成

史家胡同。摄 / 北京日报记者　乔健

北京地名出现一大地域特色的要素之一。

其二，则是东城区的史家胡同。元曲《岳飞精忠》：“胜的着他帅府里就挂元帅印，输了的都罚去史家胡同吃把把。”

有人说，北京的地名俗。确实。饽饽房、麻花胡同、羊肉胡同、绒线胡同等源自明清时北京城里的大量地名，主要是居民根据地物、名人而起的街巷胡同名字，后流传开来。

还有一些地名，是以胡同形态特点和所处环境特征命名的。在大栅栏杨梅竹斜街西段，原有一条胡同因长度太短，被昵称为“一尺大街”；与之类似，崇文门外原有一条“一跑胡同”，当地人回忆说是因为胡同较短，“一跑就到”，由此得名。

“这类地名看起来很俗，但充满了生活气息。说起来上口，听起来顺耳，记起来牢靠，用起来方便。”市规自委相关负责人说。

赓续传承

大国都城，海纳百川。从时间轴上看，时代的烙印在地名上也有诸多反映。

清末民初，在长安街附近，执政机关将勾栏胡同改名为“内务部街”，石大人胡同改名为“外交部街”，灰厂街因在总统府右侧而更名为“府右街”。

民国时期，还产生了新华、建国、复兴等地名。

抗战胜利后，为纪念抗战英烈，北京将铁狮子胡同改为张自忠路，南沟沿改为佟麟阁路，北沟沿改为赵登禹路，成为抗战精神的重要象征。

细说起来，地名演变的历史，有不少故事。

1928 年 7 月 13 日《顺天时报》载：“北平市地名，多有含蓄帝制作用者，如王府大街、内官监、司礼监、学院、按院等巷，以及大高殿、帝王庙、宗人府等，亟应从新更改地名。至于帝王时代之各种仪典，亦一律不准再用，以期根本铲除帝制之风云云”。

辛亥革命后，尤其是 1928 年前后，民国政府将地名作为教化工具，充分发挥命名权，对街巷地名进行了一系列更改，如“牛蹄胡同”改为“留题胡同”等。

据多田贞一在 1944 年出版的《北京地名志》统计：“北京从民国以来，地名的改订大约达到三百以上。”

但更改还需要继续。

1956 年 9 月，市民李宗泽、刘志方致信《北京日报》，提出“给重名的胡同换名字”的建议:“据我所知，扁担胡同有十个，椿树胡同有七个，口袋胡同、四眼井、后坑也都在五个以上。北京有四个冰窖胡同，我家住在地外冰窖胡同。我常收到迟到的信，信上贴着试投的条子，有时贴着两三张，就是说到别的冰窖胡同投过好几次了。”

更替，伴随着为新中国成立的新街道命名而发生。

1958 年 11 月，北京市人民委员会发出通告，公布 97 条道路名称。其中就包括由天安门广场东口往东至建国门的东长安街，由天安门广场西口往西至复兴门的西长安街，由日坛东侧往南至秀水南街的日坛东路，由日坛路往东至使馆区东端的秀水北街和秀水南街等。

自 1964 年起，北京市又用一年多时间，进行街道名称整顿活动。对各条街巷逐一考评，对带有封建迷信、庸俗及重名的街道更改了约 40%，意在清除旧思想、旧风俗、旧习惯。

消除重名的同时，一批具有时代特色的街巷名称出现，如北京站街、美术馆东街、红岩胡同、红星胡同等，“展现了昂扬向上的革命精神面貌”。

下一个问题是，我们应该如何保护地名。

2004 年，中国行政区划与地名学会会长、联合国地名专家组中国分部主席刘保全说，地名是历史的产物，是一种特殊的文化现象，是人类文化的活化石。

时代洪流中，有些地名消失过，也重现过。20 世纪 80 年代的第一次地名普查工作中，北京市对全市地名资源进行了收集和整理，形成了地名志、地名图、地名录。

有些地名，在城市建设的过程中进入被保护之列，《北京城市总体规划（2016 年—2035 年）》就明确要求，“保护 1000 余条街巷及胡同名称”。《首

老北京胡同古朴美观。摄 / 北京日报记者　和冠欣

都功能核心区控制性详细规划（街区层面）（2018 年—2035 年）》也提出，要保护“传统胡同、历史街巷和传统地名”。

于是，核心区首批 598 处地名被纳入保护范围，第二批也已经初步筛选出 513 处传统地名列入首都功能核心区传统地名保护名录。

联合国第五届地名标准化会议第 6 号决议提出：“地名是民族文化遗产”，制定地名保护名录和申遗是有效的保护方式。在北京，凡列入保护名录的地名禁止随意更改。而尚未纳入保护名录且初步确认具有保护价值的，应当确定为预先保护对象，并按规定流程将预先保护对象纳入保护名录。

绳其祖武，垂裕后昆。千年之后，行走在长安街上的人们仍能通过西单、东单，享受这份赓续传承的文化遗产。

文 / 耿诺

巷陌不寻常

古老北京和现代都市在这里交相辉映

北京的东西城被称为首都功能核心区，而长安街，恰恰就是一条连接东西城的城市主干路。

由东向西，长安街依次经过东城区建国门街道、东华门街道和西城区西长安街街道、金融街街道和月坛街道。其间，既有宏伟壮阔的天安门，也有西交民巷、西总布胡同这样的社区、胡同。

每天，胡同老居民及工作、求学的人们在此会聚、交融。为了让核心城区人居环境更美，生活质量更高，市、区、街道、社区的干部们用一个个基层治理妙计想民之所想，解民之所忧，勾勒出一幅幅生动的生活图景。

安宁交通

2020年8月30日，《首都功能核心区控制性详细规划（街区层面）（2018年—2035年）》（以下简称《核心区控规》）正式发布，其中强调“让核心区静下来”，并创新性地提出“安宁交通”，即改变以车为主的交通理念，让胡同逐渐回归清净、舒适的公共空间。

从2018年开始，东城区西总布胡同、王府井街区、东四九条，西城区达智桥胡同、鼓楼西大街、槐柏树街等40余条核心城区胡同陆续实现不停车。曾经，本是居住区的胡同因车辆随意穿行、乱停而拥挤喧嚣，如今，一条条不停车胡同、一片片交通安宁的无车街区亮相，渐渐绘成宜居之都的生动画卷。

长安街往北、金宝街往南，一条东西走向的胡同就是西总布胡同。老住户秦芳敏回忆，尽管地处黄金地段，但在2018年以前，架空线如蜘蛛网、开墙打洞、违建密集、机动车乱停乱放，“真是闹哄哄一片”。

2017年4月，建国门街道和城管等部门联手，从这些顽疾着手，对西总布胡同启动了疏解整治促提升工作。

很快，架空线入地了，头顶的蓝天亮出来了；开墙打洞封了、密集违建拆了，眼前的乱象消失了；可横七竖八的车往何处去，一时困住了治理者的脚步：胡同寸土寸金，现有空间已十分逼仄，新的停车位如何“无中生有”？

经过一番调研，街道干部们瞄准了驻街单位、胡同南侧的中国妇女儿童博物馆。博物馆旁现有停车场停车不规范、不饱和，经过重新施划，挖潜70个停车位，刚好与西总布胡同居民停车需求吻合。

“天蓝了、地净了，眼前豁亮了，静美的胡同又回来了！”2018年4月12日，

不停车的西总布胡同。摄/北京日报记者　邓伟

西总布开始实行不停车，秦芳敏和街坊们争相在社交网络上晒起了胡同美景。可没想到好景不长，没过两天，15 日便出现了反弹，此后一周共计 80 多辆车停在了胡同里。

“咱胡同好不容易清静了，可不能这么快就被打回原形！”享受到胡同治理成果的居民们自觉行动起来，66 岁的居民王凤如牵头成立停车自管会，宣传胡同不停车、制作并张贴“不停车温馨提示卡”，与辖区交通部门合作，对于劝说无效且屡教不改的车主，通报给交通支队，给予处罚。

通过居民自治、建立机制，渐渐地，到 2018 年 6 月，西总布胡同真正实现了不停车。

西总布胡同的成功给了核心区长安街沿线的胡同启示。然而，这么多胡同，不能搞“一刀切”，从 2018 年开始，核心区近 40 条胡同的停车难题一一找到破解之道，一批不停车胡同陆续亮相。

最美院落

交通便利、安宁让百姓称道，而自家曾经居住的杂院经过整治提升，变身为最美小院则让居民们感叹，“生活在长安街旁的胡同里，竟如此美好”。

金融街街道东铁匠胡同甲 15 号院在改造前是出了名的“违建小院”。居民崔先生说，当时，最大的违建位于院子正中，四周过道宽度仅一米有余，院内的小违建见缝插针，空隙处堆满了居民的杂物。居住体验不佳，崔先生干脆找到社区党委书记孙冬梅：“我想把房子委托给居委会。每月给我点租金，我别处住去，眼不见为净。”

眼瞧着小院糟糕的环境让住户“退避三舍”，街道下决心还居民一个舒适的生活环境。从 2021 年底开始，围绕小院拆违、提升的居民议事会就没断过。最终，院内的十几户住户、租户统一意见：拆！2022 年 7 月，工程告一段落。看着腾出来的 50 多平方米院内空间，东西厢房 4 户居民发愁了：“违建原是厨房、厕所，现在我们的正常生活都受影响了。”

既要满足生活所需，又要提高全院环境品质，街道和居民们一起确定了浅

东铁匠胡同甲 15 号院变身“最美院落”。摄 / 北京日报记者　方非

下挖的改造方案，增加的空间配备独立卫浴和厨房。

在房屋改造的同时，院内公共空间的提升也悄然动工。街道在入院砖雕、公共地砖和屋侧夹道处嵌入“社会主义核心价值观”，在院落入口处设计展示墙，在院落中间绘制“跳房子”供孩子们活动。

2022 年 11 月，所有的改造终于完成，听说院里大变样了，“躲”在外面的崔先生带着家人又搬回来了。

“现在叫我走都不走了，推开窗户就是景，比公园不差。”

小院“颜值”提升，改造成果怎么维护、日常卫生如何保持，成为需要解决的新问题。为此，社区组织了多次议事协商会，居民针对各类问题，共同制定了“温情小院自管公约”。

公约对环境卫生、消防安全、邻里礼仪等方面均进行了规定。“屋顶落叶众筹资，一年一次专业清理。”“院内卫生勤打扫，一周一户坚持好。”“共享单车不进院，电车充电不进屋。”……有约在先，居民维护小院环境的积极性提高了，主人翁意识渐渐深入人心。

“每周该轮到谁打扫了，大家都会在群里相互提醒。有时候谁有空，也会主动打扫。”租户孙桂英说。

2023年1月，东铁匠胡同甲15号院被评选为西城区“最美院落”。看着自家小院挂上“最美院落”的牌子，居民拉着社区党委书记孙冬梅和社工们在院里花样拍照。大伙儿都说，要把“最美”的称号保持下去。

《核心区控规》强调，“切实改善人居环境，让老胡同的居民过上现代生活”。东铁匠胡同甲15号院由“丑”变“美”，恰恰体现了基层治理之功，和谐宜居之效。

老城更暖

老城胡同里生活着很多老人。要想建设人居环境一流的首善之区，提升老街坊、老居民的获得感、幸福感，衣食住行哪个都不能少。而对于“银发族”来讲，吃饱、吃好同样重要。

“没有‘父母食堂’之前，吃饭真是大问题，自己做做不动，外面餐馆质量参差不齐，又舍不得顿顿点外卖。”回忆起曾经饥一顿饱一顿的日子，家住西长安街街道太仆寺街社区的居民乔女士这样说。

她口中的“父母食堂”，就是西城区为了解决老年人吃饭问题，由西长安街、金融街、月坛等街道开始试点，进而向全区推广的民生工程。

从2021年上半年开始，西城选取4个街道、1个配餐中心、6家社区养老服务驿站开展试点，推出“父母食堂”。如今，3年多过去了，“父母食堂”已达到305家，服务量突破每周6万单，月坛、金融街、西长安街的几个“父母食堂”，更是成为其中的标杆。

雅致的餐桌、柔和的灯光……位于月坛街道的长安商场地下一层的“父母食堂”现在已经是周边几个社区老人最喜欢的餐厅之一。回忆起这里刚开张时的场景，居民张大爷概括了俩字——惊喜。

第一次就餐，张大爷发现这里的菜品、主食、副食超过15种，排队等待付款时，他向服务员打听：“这儿怎么算钱啊？”

现场负责人刘喆的一番话打消了老人的疑虑：“大爷，咱们是按两收费。

年轻人 3 块 2 毛 9 一两，60 岁以上老人持老年卡或身份证 2 块 9 毛 8 一两，菜品种类不限。”

一听这话，张大爷连连称赞：“岁数大了，饭量小，可是又想吃得丰富点，这办法太好了。”

红烧肉、宫保鸡丁、西红柿炒鸡蛋、清炒笋……荤素搭配，张大爷挑了好几种菜。看着餐盘里“五颜六色”的菜，张大爷边排队边琢磨，他想看看这样一顿饭多少钱。不一会儿，轮到张大爷了。只见电子秤上显示出数字，总重 5 两多，算下来还不到 20 元。“真好，以后我就是这儿的常客了，还得拉着左邻右舍的老哥们一起来。”张大爷说。

钱没多花，品种不少，来就餐的老人们都很满意。从开业至今，每天中午，这里的 27 张餐桌前都坐满了人。老人们都说这样的结算方式更适合老年人。

“每天中午来就餐和取餐带走的老人稳定在 150 人次至 200 人次，我们策划着进一步扩大可选菜品的种类，让老人的选择更多一些。”刘喆说。

值得一提的是，“父母食堂”除了提供堂食外，还可以为老年人提供网上预订、电话预订、送餐上门等订餐方式，并为老年人提供小碗餐、自助餐、称重餐等多种选择。支付方式上，除了支持刷老年助残卡，“父母食堂”还支持银行卡、手机支付，并尝试人脸支付试点工作，方便老年人支付。

“希望让住在胡同里、大杂院里的老人都能吃上可口的饭菜，享受高质量的幸福生活。未来，西城区将按每千名老人建设一家养老助餐点的标准，累计建成不少于 320 家‘父母食堂’。”西城区民政局相关负责人说。

文 / 张骜

通道有乾坤

长安街25座地下通道别有洞天

樱花红花岗岩墙壁，汉白玉牌匾、金色金属浮雕上刻着长安街上的标志性建筑……这些细节，共同指向了如今街上的25座地下通道。

长安街上的人行过街地下通道始建于20世纪80年代。改革开放后，首

长安街上的地下通道。摄/北京日报记者　赵雅丹

都城市建设按下了加速键。1985 年，《关于天安门广场和长安街规划方案的报告》中明确了长安街作为政治性、文化性大街的规划原则，长安街的建设迈入快车道。

也是在那一时期，天安门前东、西两侧率先破土动工，建设地下人行通道。20 世纪 90 年代，又沿长安街修建了地下通道和人行过街天桥。

不过有一点常被人忽视，30 余年前建设的初衷包括“尽量减轻行人走过长距离地下通道的枯燥、疲劳感”。

行色匆匆穿越其中的过客，或许很少注意到长安街复兴门至建国门沿线的 25 座通道内饰有不同地标性建筑物的浮雕。这是在 2017 年大规模维修后呈现出的新面貌。

夜幕降临，顺着台阶向下，地下通道内暖黄色的光从入口处涌出，明亮、温暖，给人以安全感。悄无声息间，它们托举起了行人的日常需求。

人文

2016 年，长安街上经历了一次景观提升。

为落实北京“四个中心”的战略定位，北京市政府印发《长安街及其延长线市容环境景观提升工作方案》，沿线 52 栋建筑 90 万平方米的外立面被清洗粉饰，邮筒也更换成了圆柱式墨绿色邮筒。

景观提升始于路面，延伸至地下，25 座地下通道正是在那时候“旧貌换新颜”。

“长安街两侧城市景观面貌日新月异，而通道的装饰风格一直停留在 20 世纪 90 年代，与长安街两侧现代化的城市景观不协调。”北京市城市道路养护管理中心（以下简称市城养中心）工程师刘涛介绍说。

当年，他负责地下通道的全面维修改造。由于运行多年，通道内部出现了不同程度的结构裂缝、漏水病害，原施工建设采用的装饰材料也已被市场淘汰，不便于日常养护。

“物物皆景观，处处是精品”是此次整治的目标。

东单地下通道内，市民经过装饰着“长安街”字样的浮雕。摄/北京日报记者 武亦彬

顺着楼梯，一步步走进东单路口东通道，脚下是灰色花岗岩，眼前悬挂着写有通道名称的汉白玉牌匾，出入口的墙面是樱花红花岗岩。进入通道，正中央一侧的墙面上镶嵌着写有“长安街”的金镶玉牌匾，金属框条上还绘有祥云纹饰。与之相对应，另一侧墙面还装饰有东单体育中心的铜板浮雕。

抬头可以看到，顶部沿通道横向做了圆弧拱形，并辅以灯带照明，在视觉上，颇有苍穹的广阔感。

从材质到颜色，再到细节设计，通道内几乎每一处，都能与长安街的地面景观相呼应，使得地上地下自然衔接。

“暖色装修风格使通道内部更为明亮、温暖，提升安全感。”北京建工市政路桥所属北京市市政专业设计院也参与了当年地下通道的维修整治项目，设计院党委副书记、总经理刘勇表示通道照明均采用节能灯具，照度高、寿命长。

在整体风格上，25 条通道一脉相承，不过“共性”之中也不乏“个性”。通道内的铜板浮雕会因所处环境不同而发生变化，靠近东单公园的通道浮雕是东单公园大门，而在王府井西的浮雕就变为了王府井百货大楼。

它们像是藏进通道里的"彩蛋"，等待着行人的发现。据刘涛描述，这样的设计方便通行者辨认位置和方向，增加对通道的辨识度。

在看不见的地方，一些"沉疴顽疾"也得到了治愈。

"治理裂缝的时候，我们首先测量裂缝的宽度并判断裂缝的发展方向，根据不同的裂缝宽度采用不同的处理方法。"刘勇指出，在对裂缝进行修补的基础上，还增设不锈钢导水槽，将雨水最终接入通道排水系统。

无障碍设施精细设计，也是这场大修的重点。过去，边坡位置都位于进出口两侧栏杆下，给腿脚不便的老人造成困扰。此次升级改造中，对宽度大于4米的梯道，取消边坡道，改为中间坡道，还在每段通道的顶部、底部及出入口设置了盲道。

同时发生变化的还有扶手，在栏杆扶手端多了一些凸起的小点，这是为了更好地服务盲人出行而增设的盲文铭牌。

畅通

每小时两万余人，这是1985年媒体报道中，从天安门到广场之间穿过长安街的行人数量。

那时候，人行地下通道的建设还未开始。过往的行人与东西向车辆形成交叉堵塞，给行人带来很大不便，修建地下过街通道的计划自此开始。

正式动工之前，北京市市政专业设计院根据市政府有关指示，曾在1985年举行了"天安门广场地下人行通道设计方案竞赛"。

除了确保行人来往通畅这一最基本的功能之外，当年的获奖方案还有一些共同特点：尽量减轻行人走过长距离地下通道的枯燥、疲劳感，让地下通道的建筑艺术风格与天安门广场地面建筑相协调。

地下通道具有工具属性的特点，自那时起就已奠定，壁画、浮雕甚至雕塑都在那些获奖方案中出现了。

1987年1月3日夜间，两条呈"L"形、各长170米的地下人行通道，

1987 年 1 月 9 日，两条呈“L”形、各长 170 米的天安门地下通道正在施工。摄 / 北京日报记者　王振民

在天安门前东、西两侧破土动工，是彼时北京建筑面积最大、距离最长的地下通道。

施工地段车流量大，工期紧张，加之地下许多管线需在短期内拆改挪移，同时为确保重型车辆通过，工程现浇混凝土方量大，又正值冬季施工，更增加了作业难度。

近 4 个月后，地下通道正式对行人开放。为了和天安门的红墙黄瓦相契合，地下通道的侧壁是用五彩霞天然大理石铺贴的。

畅通长安街的工作仍在继续。1994 年 3 月，从建国门到复兴门之间修建多条地下通道的工程拉开了序幕。

在如此重要的交通大动脉的地下作业，是一种怎样的体验？

由于不能断路“大开膛”，当年的建设者们采用了超浅埋暗挖法，在距地面 0.8 米的地下开挖土方。

长安街下暖气管道、雨污水管线、自来水、通信电缆等有 20 多种。每日 50 多万辆车在他们头顶的路面上往来，地下开挖后，地质自稳能力差，稍有不慎，路面就会下塌。

那还是一个多雨的夏季。7 月一场暴雨后，水流涌向电报大楼地下通道，污水从 2 米多高的管口汹涌喷出，将整条通道淹没。工人们搬来水泥和沙袋试图抢险，挡住水流，他们顶着刺鼻的恶臭，把脚下淤泥一锹一锹铲出来，整整装了 2000 多个编织袋。

施工过程中，工期还被缩短了一个月，种种因素都在不断加大这一工程的难度。

当年夏秋之交，一座座人行过街地下通道，如期出现在了长安街，整齐划一，平均每隔 200 多米就有一条。路面上，横卧长街的斑马线全部取消，东西向主干道通行能力得以提高。

养护

距离近年来规模最大的一次维修改造已过去了 7 年，但围绕地下通道的养护工作从未停止。

每日途经地下通道的行人无数，使用损耗加上部分设施暴露在日光之下，

1994 年拍摄的天安门广场地下通道。摄 / 北京日报记者　李士炘

出现零星的问题在所难免。

2022 年，北京市城养中心又对东单路口东、西通道及东方广场等 3 座通道组织开展了规模性养护工程。

“在长期使用的情况下，灯罩出现了破损、变形等问题，同时，灯罩变色也会导致透光度减弱，影响通道内照明效果，也破坏长安街沿线交通设施美观。”市城养中心高级工程师杨扬介绍，该工程对通道内的亚克力灯罩进行了整体更换，以改善照明条件，并提升景观效果。

此外，针对出入口栏杆扶手漆膜脱落等问题，226.2 米的栏杆更换，与 53.65 米的钢结构除锈工作也在同一时间完成，以保证与长安街色彩的一致性。

除了规模性的养护工程，市城养中心组织建立了长安街及其延长线专巡专养机制，还特别成立长安街专巡专养工作组，共计百余人，全面负责长安街道路桥梁及附属设施养护、零星病害处置以及应急抢险备勤。

落到具体的工作中则更为细致。班组人员 24 小时待命，每日一巡，采用机动车、非机动车、步行巡查三层巡查工作体系。为了提高工作效率，对巡查巡检时发现的病害问题也进行了分类管理。

“维修工人会随身携带手扶吸石机和便携式小工具，如发现地砖松动缺失、灯具破损不亮等问题做到即发现即维修，保障设施处于经常性完好状态。”杨扬表示，对于路面坑槽等影响通行安全的病害，则做到 24 小时内完成修复。

为了减小施工对市民通行的影响，人流量最低之际正是组织维修的最佳时机。0 时至 5 时的地下通道，通常属于正在开展大规模作业的班组人员。

待到迎来日出，班组人员退场，日常通勤的市民再度入场，地下通道又如初生般，开始了一天的运作，而个中变化却少有人察觉。

有人说，天安门广场上的地下通道像“时空隧道”，串联起的远不止长安街的两侧，还有古与今、历史记忆与未来图景。

25 座地下通道早已成为长安街另一种意义上的延伸，延伸至地下，延伸到几乎每一个人的日常生活中。

文 / 丁文捷

国门第一路

1路公交，随着长安街的脚步不断延伸

自八宝山至四惠枢纽，会经过多少个路口，又有多少个红绿灯？

答案是：大小55个路口，设置了28个红绿灯。这个数字，已有20多年驾龄的常洪霞最清楚。作为北京1路公交车驾驶员，最多的时候，她每天要从天安门前经过6次。

新中国成立后，北京市最先开行的公交线路、北京市首条24小时全天候运营服务的公交线路、全线行驶在长安街上的公交线路……这些标签共同指向了一条独特线路——北京1路公交。

1961年7月5日，1路公交自公主坟驶出，正式承担起了长安街上的运营任务。自那时起，它便途经天安门、王府井等首都政治要地和繁华地区，成了人们口中的“国门第一路”，也是国人得以一窥祖国心脏的窗口。

从14.82公里，成长到如今的27.1公里，1路公交走过了几十年，历经多次调整。在某种程度上，长安街延伸的方向，就是1路公交前进的方向。

如果说道路是城市的动脉，那公交就像其中流淌的血液，两者共同托起了一座城市的正常运作。几十年来，车内车外的变化，不仅是1路公交的成长轨迹，更是北京公交与城市发展的一个切面。

铛铛车

铛铛铛——1924年，伴随着一阵清脆的铃声，北京首辆有轨电车从正阳门驶出。

有轨电车内部由纯实木打造，在车的前部悬挂了一枚铜铃铛，司机在行驶途中，轻踩踏板，就会发出铛铛的响声，因这一特殊而极具辨识度的声音，它被百姓亲切地称为“铛铛车”。

“车上乘客异常拥挤，沿途观者，亦人山人海，秩序甚好。”这是当年《晨报》所描述的通车仪式，足以窥见人们对于新型交通工具的热情。

“1924年以前，老百姓出行主要靠两条腿，人力车那是有钱人的特权。”据北京公交集团战略和改革发展部部长徐正祥介绍，“铛铛车”的票价仅为人力车的三分之一，自开通起就备受欢迎，还出现了卖“挂票”的现象，“有的乘客直接挂在了电车车尾”。

直至1935年，有着“大鼻子”的道奇牌公交车投入使用，人们基本的出

1924年，北京第一辆有轨电车。图源：北京公交集团

行需求才逐渐得以满足。当年，自朝阳门至阜成门开通了1路公交线路，全长8.6公里。不到两年，就因战乱而被迫停运。

新中国成立后，随着北京城市发展变迁，公交线路走向几经变化，直至1961年7月5日，1路公交才正式驶上长安街，由公主坟经西单、中山公园、东单行至八王坟，全长14.82千米。

漏风、抖动、噪声，是出生于1978年的常洪霞印象里幼时的乘车体验。冬天的时候，印证了那句老话——“针鼻的窟窿斗大的风”。

但小时候，她还是喜欢坐公交。那时候，公共交通匮乏，坐公交总和出远门联系在一起。驾驶座后面是常洪霞最喜欢站的地方。那个年代，公交司机需要频繁手动挂挡，推挡的动作在她眼中“特别威风”，驾驶“庞然大物”的念头就在一次次坐公交的路上种下了。

驾驶1路

毕业后，常洪霞进入北京公交集团，成为一名乘务员。2001年，她考取了A1驾驶证（大型客车驾驶证）。

驾驶“庞然大物”终究并非易事。刚开始载客实习时，常洪霞总是觉得刹车和油门配合得不好，把方向盘也很吃力。老师傅便传授给她一个“半盆水”训练法，下班后，她就在家中端着半盆水，右脚悬空，模拟真实的驾驶操作。

后来，为了练平稳驾驶，她每天开车前都在驾驶舱放一杯水，看看杯子里的水什么时候能够几乎不洒。

而真正坐上1路公交的驾驶座，她又花了13年。2014年建党日那天，她成了1路公交驾驶员，用常洪霞的话说，这是一个“双向奔赴”的过程。

驾驶“国门第一路”是一种怎样的体验?

哪怕已有这么多年的驾龄，但新的车型、新的路线以及更为多元化的乘客，都成了常洪霞这个“老司机”的新挑战。

历经4次较大的调整后，2014年5月26日，1路公交形成了现在自老山公交场站至四惠枢纽站的线路，区间内共计29站，长约27.1公里，平均一趟

常洪霞工作照。供图 / 常洪霞

开下来要 72 分钟。

“每个站都长得差不多”是常洪霞的第一感受，站旁的电线杆、垃圾箱都很像，加之每站可能有四五条线路的公交停靠，增加了记准站点的难度，这意味着她需要花费更多的时间在找准进站位置上。

不同于其他线路，长安街上客流与车流的增加都是爆发式的。据统计，1 路公交平均每天承载 3.5 万名乘客的出行，是一条名副其实的“民生路线”，若无法快速进站就会造成乘客上下车的不便，甚至发生危险。

“当时我就用笨办法，拿个本子，下班了坐在别的师傅车上记。”常洪霞的笔记本上会精确地记下每一站停靠时，前门对着哪个垃圾桶，从哪里开始打方向盘。

肌肉记忆终于在半年后形成了，但新的问题又冒了出来。

“移动讲堂”

“国门第一路”的特殊之处还在于途经大量著名景点，车上游客的比例很高，落到常洪霞的工作中，意味着她需要更加熟悉换乘信息和周边景点。

“很多外地乘客坐 1 路，是想通过沿途长安街的风光来感受北京的变化，以及首都的城市氛围。”为了有直观的认识，常洪霞和同事还会在沿线实地踏勘。近几年，“如何把沿线的旅游资源运用好，创新车厢服务”成了她和整个车队努力的方向。

中华世纪坛的建筑造型有何特殊之处，中国人民革命军事博物馆藏有多少兵器，天安门广场有多大，这些问题，都能在 1 路公交上的“导游式服务”中找到答案。讲解词不仅涉及沿线景点背后的小细节，还会不断升级迭代。

自2021年以来，一些红色故事又被囊括其中。从五四运动讲到“进京赶考”，从开国大典再讲到人民英雄纪念碑，常洪霞作为驾驶员虽不直接参与讲解，但会在非高峰时期行经天安门广场时，放慢速度，与乘务员的讲解相配合，同时减少颠簸感，让乘客得以全身心沉浸在游览的状态中。

阵阵掌声时常伴随着讲解告一段落，“我虽然看不到那个场景，但听到乘客的声音，对于我来说也是一份认可”。一位北京大妈当场就打了表扬电话：“没想到一个这么普通的公交车厢，能够把红色故事融合进去，你们就跟一个流动课堂一样，不仅满足了市民的出行需求，还宣传了民族精神与文化。”

眼下，“导游式服务”的触角还在延伸。

“寻找 1 路和长安街上的元素，乘客撰写一个自己心目中最喜欢的点位，然后再反馈给我们，如果最终被采纳的话，就能在车厢里听到自己写的讲解词。”2024 年 5 月，以常洪霞为领头人的“洪霞创新工作室”发起“北京公交 1 路车厢讲解词征集活动”，她把这个看作自己和整个车队与年轻人相联结的一种探索，希望能通过互动，触达更多的潜在乘客。

车内车外

“一到冬天就冻手尖、脚尖、鼻尖，俗称‘冻三尖’。”这是 1995 年刚工作时，常洪霞在黄河通道车上的体验。

到了夏天又是另一种光景，一圈跑下来，“发动机上烫得可以烙饼”。

但与改革开放同龄的她又是幸运的，包括她在内的一代北京公交驾驶员，见证了北京公交飞速发展的每一个关键节点。

用徐正祥的话说，每个年代的“新技术”，都会最先在1路投入使用，“因为它是北京城市文明的一张移动‘名片’，代表了首都的门面”。

1999年，CNG天然气车在1路上投入运行，标志着新能源车辆的使用推广。2012年，又升级为LNG液化天然气的空调通道车，“夏天有空调，冬天有暖风”，大幅度提升了乘客的乘车体验。

最新的“中国红”形象公交，始于2017年10月22日。纯电动车辆、流线型设计、低地板、大容量，还有各类智能化配置，能一键报警、一键联系到区域调动中心。“安静”是乘客们最直观的感受，也为特殊人群乘车提供了更多便利。

变化远不止是车内。

“看着长安街上的建筑一点点进入视线，就能感受到城市的发展蒸蒸日

1路公交车驶过天安门广场。摄/北京日报记者　邓伟

上。”常洪霞看着街道两边栽上了更多的绿化，护栏变成了金色，越来越多的细节装点在“神州第一街”上。

此外，还有更为完善的道路规划。1997 年，全国首条公交专用道在长安街启用，如今专用道早已连成网，托起了这座城市对出行的庞大需求。

“早晚高峰在长安街上乘坐我们的 1 路公交行驶在公交专用道上，能够感受到我们的‘公交速度’。”常洪霞粗略估算过，“一分钟能够超一二百辆的小轿车。”

2296 条，是如今北京公交集团负责运营的公共交通线路数量。北至丰宁客运站，南抵霸州火车站，西达涿鹿，东至兴隆县汽车客运站，近年来北京公交的“触角”早已突破了城市的边界，这张由公交线路编织起来的网正越来越密、越来越大。

“每天运送往返北京和河北的乘客达数十万人。”徐正祥表示，过去 10 年，北京公交集团积极融入京津冀城市群建设，跨市域公交线路已从 10 年前的 22 条增至如今的 38 条。

但与之形成鲜明对比的是，公交客流量的历史最高点已成为过去。据统计，2009 年日均客流量达 1300 万人次，约为现在的两倍。

如何看待数字上的下降？徐正祥有自己的角度，“不能脱离社会背景看数据，人数下降正是因为居民生活水平提高，出行方式多元化，大家有了更多的选择。但公交车的根本属性没有变，依旧是以人为本，将来在保障百姓通行需求的基础上，还会增加更多定制化服务”。在他眼中，行驶在长安街上的“国门第一路”更有其不可替代性。

“人们都关注沿街的高楼大厦，但建筑是静态的，1 路公交是动态的，动静相宜，才绘成了一条灵动的风景线。”面向未来，徐正祥希望 1 路公交能成为长安街上践行公交优先、绿色低碳出行的标杆，与此同时，1 路公交的车型还能再继续优化，更贴近长安街的街景，“让车与街浑然一体，成为百里长街的另一个文化符号”。

文 / 丁文捷

地铁畅京华

从 0 到 836 公里，踏响共和国前进的足音

在北京，每天都有百万人次乘坐地铁 1 号线。

这条沿长安街铺设的地下动脉，见证着我国城市轨道交通零的突破。

新中国成立之初，北京地下铁道一期工程揭开序幕。

这，便是地铁 1 号线的前身。

如今，走过半世纪风雨，地铁 1 号线上，列车依旧奔流不息。

看，西单的百年商圈面貌一新；看，CBD（中央商务区）的高楼鳞次栉比；看，新首钢迈向工业传承与复兴。繁忙的轨道交通正像树木根茎一样，悄无声息地在地下生长，乘客们的匆匆步伐，踏响了共和国前进的足音。

筹备异常艰难

地铁作为一种交通工具，已经成为现代都市的经典意象。然而，北京的第一条地铁，也是新中国的第一条地铁。

时光回溯，往事恍如走马灯一般，清晰浮现。

1953 年 9 月，一份名为《改建与扩建北京市规划草案要点》（以下简称《草案要点》）的报告，摆在中央决策层的面前。这份具有北京城市总体规划意味的《草案要点》，由国内和苏联著名城市规划建设专家共同完成。它不但对北京城市的规模、政治经济定位和今后的发展走向作了规划，

更明确提出：“为了提供城市居民以最便利、最经济的交通工具，特别是为了适应国防的需要，必须及早筹划地下铁道的建设。”

经过了多年筹备，进行了无数争论，也推翻了多个方案，直到1965年，终于确定了开工时间——7月1日。

对于地铁的设计人员来说，这是一项极其艰难的工作。

“我们谁也没有干过，甚至连地铁我们连见都没见过。我们没有经验，没有指导，关键还没有资料。所以这时候设计师压力特别大。”参与设计工作的北京城建集团原副总工程师贺长俊在接受《北京日报》记者采访时说道。

十年通车路

1965年7月1日上午9时，北京地铁一期工程开工典礼在京西玉泉路西侧两棵银杏树下举行。

经过四年零三个月的紧张施工，北京地铁一期工程建成通车了。

1969年10月1日，当第一辆地铁机车从古城站呼啸驶出，上至中央领导人，下至参与地铁建设的普通工人都百感交集。

由于在设备调试和管理调度上都缺乏经验，地铁通车后只在小范围内接受乘客参观。想乘坐或参观地铁，都需要持单位统一领取的参观券。

以今天的眼光来看，地铁一期工程的车站似乎显得有些普通，但放在40多年前的北京，乘客们个个感到惊讶、新奇。

“第一次进地铁站，觉得富丽堂皇。特别惊讶，也特别兴奋。”北京史地民俗学会的常华老师当时在崇文门外一座工厂工作，对首次乘地铁的感受记忆犹新：“这是咱们自己修建的地铁呀！”

1971年，地铁开始售票，票价只要一角钱。

“有的人甚至在地铁里来回来去地坐。第一次没经验，到了苹果园站中间过不去，只好上来再买票坐回去。”提起往事，常华呵呵直笑。地铁，俨然成了首都的一个观光项目。

地铁一期工程建成后，一直处于试运营状态。直到1981年9月15日，

1981 年 9 月 15 日，北京地铁正式运营时的车厢环境。图源：北京日报

从北京火车站至西郊苹果园的运行区段正式运营，由北京市地铁公司负责管理，全长约 23.6 千米，设 17 个车站。线路每天最多可以发 320 列车，运送乘客 19 万人次。

这意味着，北京地铁的主要功能转移到“以运营为中心、为乘客服务”上来。

从 20 世纪八九十年代开始，随着北京经济社会的发展，常住人口急剧增加，地铁建设也驶入快车道。

1992 年 6 月 24 日，北京地铁复八线（又称地铁一号线东段）工程在永安里站举行开工典礼，建国门至八王坟段正式开工；1999 年 9 月 28 日，复八线大部分站点开通试运营，列车一路风驰电掣，途经大望路站、国贸站、王府井站，到达天安门西站，全程仅用 17 分钟。

“还是走进地铁吧，我这急匆匆的脚步。——立体的北京，在唤我看他的深度。”在 1984 年 12 月 5 日的《北京日报》上，刊发了这样一篇名为《急匆匆，走进地铁》的短诗。如今读来，仍引人共鸣。

2002 年，北京地铁一线正式更名为 1 号线；

2021 年，1 号线与八通线贯通运营，线路东至通州区；

2024 年，1 号线支线工程开工建设，南延至丰台区……

地铁，改变了北京市民的日常生活。

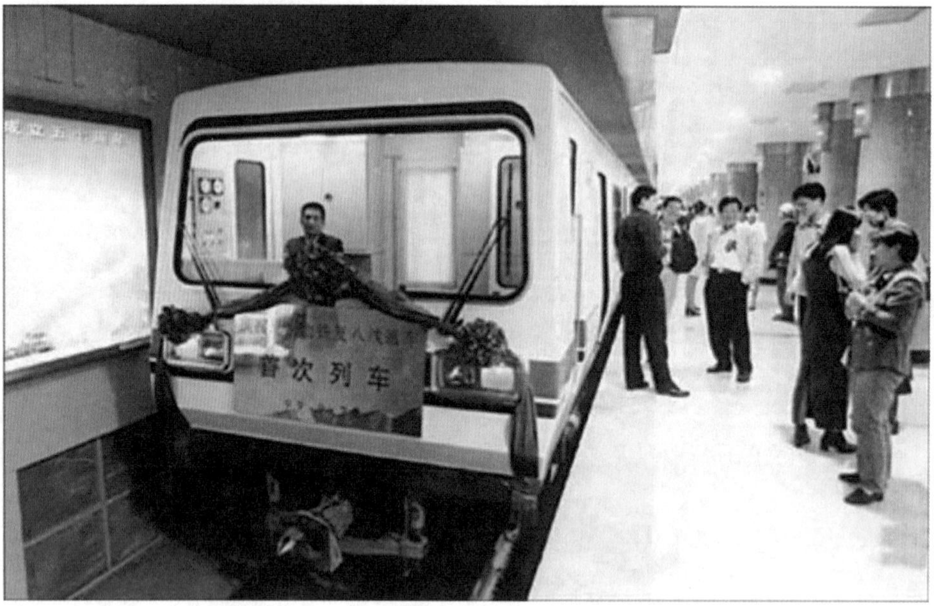

1999 年 9 月 28 日，“复八线”发出首次列车。摄 / 北京日报记者　李继辉

“复刻”旧时光

若有机会坐在 50 年前的地铁车厢里，会是什么体验。

2023 年 8 月 8 日，一趟“时光列车”在 1 号线八通线古城站首发亮相，邀请乘客开启一场穿越时光之旅。

“时光列车”不是虚有其名，它复刻了 6 种车型，代表着 20 世纪 60 年代以来北京地铁几次重要变迁——列车两端的车厢分别设置为 60 年代 DK2 型车和 70 年代 DK3 型车样式，横排绿色座椅、油棕色地面、弧形扶手等装饰细节映入眼帘，一步一景，恍若置身 60 年代；第 5 节分别设置为 80 年代 DK11 型车和 90 年代的 DKZ4 型车样式；中间的第 3 节、第 4 节车则蕴含 21 世纪两个十年的“双奥”元素，以 2008 年 8 号线奥运支线 DKZ15 型车与冬奥支线智慧冰雪列车为设计原型。

时光荏苒，每节复古车厢都诉说着几代人不同的温情故事。

刚参加工作时，北京地铁列车司机刘彦平驾驶的是 DK2 型车。“那时候我

2023 年 8 月 8 日，北京地铁“时光列车”上线运营，列车六节车厢分别还原了不同年代不同型号地铁经典列车风格。摄 / 北京日报记者　程功

北京地铁“时光列车”内的复古车厢装饰，让上车的市民游客体验到了北京地铁的历史变迁。摄 / 北京日报记者　邓伟

特别自豪，因为它是我们中国人自己生产的第一种电动列车，当时的列车制动系统是空气制动机，我们也叫‘大闸’。”

他回忆说，80年代，北京地铁全路网年客运量破亿，对运力提出了更高要求，DK11型车应运而生。它由DK2型车改造而来，且首次沿车厢纵向布置座椅。后续改造中，这一车型还增设了车载无线电台，提高了调度指挥精准度和列车运行正点率。

进入90年代，DKZ4型车开创了中国地铁列车牵引电传动控制技术的新篇章。它由长春客车厂和北京地铁车辆厂联合完成设计和生产制造，标志着中国地铁车辆进入交流调压调频电动客车时代，北京地铁车辆技术也自此跨入国际先进水平。

票价从1角到2元再到按里程计费，直流牵引电机到交流异步电动机，手动控制停车到自动驾驶，包乘制改为轮乘制……半个世纪以来，随着技术变革，北京地铁运营模式、检修方式等各个方面都发生了巨大变化，市民在新技术的应用中获得了更美好的出行体验。

2007年，地铁5号线开通试运营；2008年，10号线一期、机场线、奥运支线（8号线）开通试运营；2023年，北段（工人体育场—未来科学城北）、16号线剩余段（榆树庄—宛平城）及苏州街站、11号线西段剩余段（金安桥—模式口）开通试运营。至此，北京市城市轨道交通运营总里程达到836公里，车站490座，其中83座都是换乘站。

在距离长安街路面几十米的地下，轰鸣的机器向前一寸寸掘进，开启了北京地铁的新纪元。在幽深的隧道里，白光快速闪过，乘客步履匆匆，当再次回到地面时，已身处城市的另一端。

今朝犹可忆，明日更可期。车轮滚滚向前，奏响首都轨道交通豪迈恢宏的时代乐章。

文 / 陈雪柠

天涯若比邻

从九江到九龙，北京西站串起南北交通大动脉

在长安街沿线，坐落着北京站、北京西站两座火车站。借由车站，来自四面八方的人们踏上北京的土地，而车站的故事，与每个人的生活交织，也与国家的发展共振。

拔地而起

从天安门出发，沿着长安街向东行进大约 3 公里，向南一望，就能看到宏伟的北京站。

在相当长的一段时间里，北京站承载着人们对北京最初的记忆。

北京站始建于清光绪二十七年（1901），原址位于正阳门瓮城东侧，建成于清光绪二十九年（1903），旧称“京奉铁路正阳门东车站”（正阳门东站）。历史上曾沿用前门站、北京站、北平站、北平东站等站名。1949 年，北平和平解放，同年 9 月 30 日北平东站正式改称“北京站”，沿用至今。

新中国成立后，往来首都北京的国内外旅客与日俱增，亟须建设一个新的北京站。于是，在新中国迎来 10 周年庆典之前，北京站作为“献礼工程”之一开始建设。

北京站原站长石玉林在《北京站往事》一书中描述，“当时设计人员仅用两个月就完成了本应该一年才能完成的设计工作量”。

1959年1月20日，北京站新站开工，仅仅7个月零20天后，北京站新站就已竣工，创造了中国铁路建设史上的一个奇迹。大楼内候车面积达14000平方米，成为当时中国最大的铁路客运车站；一楼候车大厅的4架自动扶梯，是当时北京“独一份”；站内还设有电影厅、游艺厅、餐厅，甚至安装了当时国内少有的空调设备。因为规模最大、设备最先进，北京站还被誉为“中华第一站”。

1959年9月15日，北京站新站正式开通运营。几代人对北京站的记忆，从这一天正式开始了。

在20世纪60年代，作为北京最主要的火车站，人们可以从北京站出发，抵达除西藏、海南和台湾以外的所有省会、自治区首府和主要城市。随着时间推移，北京站的客流量越来越大。20世纪80年代到90年代中期，北京站的旅客发送量超过了设计能力的5倍，直到1996年北京西站开通使用后才得以缓解。

新建的北京站外景。图源：北京日报

北京站新车站。图源：北京日报

北京站中央大厅的一角。图源：北京日报

贯通南北

相较于北京站以奇迹般的速度建成投用，在长安街西延线附近的北京西站，其建设经历了几番“波折”。

北京西站的建设先后于1975年至1976年、1981年至1985年和1989年至1993年三次进行规划和研究。

1993年1月19日，北京西站正式开工建设。与此同时，全长28公里、连接京广铁路的西长联络线全面动工。

1996年1月21日，北京西站正式开通运营。

起点北京西站、终点香港九龙的京九铁路建成通车，可谓我国铁路建设史上另一座里程碑。

20世纪60年代，铁道部曾编制出北京到江西九江的铁路设计任务书，但因为种种原因，项目几度搁浅。改革开放后，增加一条南北大动脉迫在眉睫，京九铁路的建设再次被提上日程。1983年，国务院第一次公布“京九铁路”的名称，分期分段建设运营，铁路的终点也从江西九江延伸到香港九龙。

1993年5月2日，京九铁路全线开工。1995年11月16日，京九铁路

北京西站。摄/　北京日报记者　李士炘

试运行的列车徐徐开出北京西站。摄/ 北京日报记者 李士炘

提前全线铺通，这条穿越个 9 省市、辐射 2 亿人的南北大干线终于修成，缓解了我国南北运输的紧张状况。

1996 年 9 月 1 日，一列挂着“北京西—深圳”方向牌的橘红色旅客列车，缓缓驶出北京西站站台，当时中国铁路史上规模最大、投资最多、一次性建成里程最长的铁路大干线——京九铁路，在香港回归祖国怀抱前全线通车，比原计划提前了 4 个月。

2024 年 6 月，北京西站至香港的列车进行了提质升级，北京至香港的全程旅行时间由 24 小时 31 分缩短至 12 小时 34 分，京港间实现夕发朝至，香港与内地间人员往来更加便利。

触达世界

北京站和北京西站还有一个共同点——都有跨境线路运营。在北京地区只有北京站一个主要车站的时期，从北京站始发，可以抵达俄罗斯首都莫斯科、蒙古国首都乌兰巴托、朝鲜首都平壤、越南首都河内；后随着北京西站的投用，发往河内的列车改为由北京西站始发。

北京站地位重要，在很长一段时间内，它也以“首都迎宾门”的称号闻名遐迩。

北京站曾多次迎送来华访问的各国元首政要。1960 年 12 月 15 日，柬埔寨国家元首诺罗敦·西哈努克亲王乘专列访华，抵达北京站。朝鲜劳动党总书记金日成也曾多次乘专列抵达北京站，对中国进行访问。

跨境列车的存在，也为旅客走出国门提供了新的选择。

1954 年 6 月 3 日，北京至安东（今丹东）的列车正式跨过鸭绿江，开始肩负起中朝国际联运的任务。这条列车线路是连接中朝两国人民友谊的桥梁。到 2024 年，这条列车线路已运行 70 年。

1955 年 8 月 2 日晚，中越两国铁路联运通车典礼在北京车站举行。当晚 22 点 50 分，第一列从北京开往河内的联运客车开出了北京站。从北京到河内，全程 2970 多公里，旅行时间要 4 天多。中越两国铁路联运通车，不仅标志着两国人民的团结更加紧密，也标志着中越经济和文化进一步发展与扩大。

1959 年 6 月 4 日，被誉为“中华第一车”的 K3/4 次北京—乌兰巴托—莫斯科国际列车开行。初期由苏联铁路提供车辆并担负客运乘务任务，从 1960 年 5 月 24 日开始，由中国铁路提供车辆并由北京客运段担负列车乘务任务。截至 2020 年，K3/4 次列车安全运送来自 100 多个国家的旅客 200 多万人次，见证了中、蒙、俄三国人民之间的往来与友谊。

与时俱进

疏解北京非首都功能，推动京津冀协同发展，是党中央在新的历史条件下作出的重大决策部署。雄安新区和北京城市副中心的建设随之拉开帷幕，交通一体化是其中重要的一环。

2017 年底，北京站开通运营北京市郊铁路副中心线，实现北京站至城市副中心的半小时通达。2022 年底，京唐、京滨城际铁路正式开通。北京站至唐山站、天津北辰站间最快 1 小时 03 分、1 小时 32 分可达。

2020 年 12 月 27 日，京雄城际铁路实现全线贯通，雄安站同步投入使用。北京西站至雄安新区间最快旅行时间 50 分钟，北京大兴国际机场至雄安新区间最快 19 分钟可达。北京与雄安这座“未来之城”紧紧连在一起。

从蒸汽机车到内燃机车、电力机车，从绿皮车到动车组、高铁，从现场购票、电话订票到网络购票，从路遥车慢到天涯比邻……时代的发展、国家的进步，体现在老火车站的崭新活力中，体现在人们“说走就走”的旅程里。

岁月流转几十年，老车站见识过最盛大的欢迎，联通过最遥远的距离，承载过最不舍的别离，融入每个人关于北京的故事里。

列车有出发有抵达，而车站的故事，永远未完待续。

文 / 车社

第七章

厚重的长安街

中国国家博物馆。摄 / 菲利普·伯吉尔斯（法国）

胜利坊常驻

从屈辱走向胜利，石头牌坊目睹中国挺起脊梁

长安街北侧，与故宫一墙之隔的中山公园南门内，立着一座高大的石牌坊，以汉白玉为身，蓝色琉璃瓦为顶，三间四柱，上书“保卫和平”4个鎏金大字。

1903年1月18日，在东单北大街北，西总布胡同西口外初现时，它还叫“克

保卫和平坊。摄/北京日报记者　丁文捷

林德碑”。

这是清政府为德国驻华公使克林德之死而立下的牌坊，在那个积贫积弱的年代里，这是一道耻辱的伤疤。

随后的半个世纪里，同一座牌坊，经历了移位、重建，以及多次改名。从耻辱的写照，到胜利的标志，再到追求和平的象征，它的面貌一直在变。某种程度上，牌坊的流转，记录了一段中国近代史。

如今，保卫和平坊又有了一个新标签——中山公园内的一处“红色印记”。

“克林德碑”

1901 年 9 月 7 日，中国近代史上赔款数目最庞大、主权丧失最严重的《辛丑条约》在北京签订。

其中，第一款就与“克林德碑”相关：德国钦差男爵克大臣被戕害一事，前于阳历本年六月初九日即阴历四月二十三日，奉谕旨亲派醇亲王载沣为头等专使大臣，赴大德国大皇帝前，代表大清国大皇帝暨国家惋惜之意。醇亲王已遵旨于阳历本年七月十二日即阴历五月二十七日，自北京起程。大清国国家业已声明，在遇害该处所竖立铭志之碑，与克大臣品位相配，列叙大清国大皇帝惋惜凶事之旨，书以拉丁、德、汉各文。

克林德是谁？他为何被杀？而清政府又为何要派亲王远赴德国赔礼道歉，并于事发之地筑碑纪念，作为对克林德之死的了结？

1899 年 4 月起，克林德担任德意志帝国驻华公使。

1900 年 6 月 20 日上午，当克林德乘轿子经过西总布胡同西口时，被正在巡逻的神机营枪队章京恩海打死。起因是，八国联军入侵，清政府照会各国使节在 24 小时内离京，使节们提出延缓离京的要求，还未等来答复，克林德就乘轿去总理衙门讨说法。

关于他的死，一种广为流传的说法是，恩海让克林德一行停下检查，克林德却在轿子内先行开枪，出于自卫，恩海将克林德击毙。

克林德并非无辜之人，在八国联军侵华时曾多次屠杀和绑架中国平民。

中山公园管理处遗产办公室主任盖建中曾对与"克林德碑"相关的历史信息进行梳理。他表示，在当时的背景下，此事绝不是孤立的突发性事件，是多种因素综合导致的，最终却成为德国政府要挟清政府的把柄。

克林德之死带来的直接结果是，八国联军发动了更大规模的侵华战争。8月，八国联军便攻占北京，在向清政府提出的《议和大纲》中，"克林德事件"被列为第一款。

1903年1月18日，"克林德碑"建成，醇亲王载沣代表清政府前往致祭。这一幕，恰好被当时在场的美国传教士赫德兰在书中记录了下来："慈禧太后派醇亲王参加落成典礼，并由他亲自洒酒祭奠……醇亲王似乎在做自己不喜欢的事情，这是我所见到的唯一一次。"

牌坊的坊心刻有以皇帝的名义撰写的铭文，经多方考证，坊上刻着87个汉字："德国使臣男爵克林德，驻华以来，办理交涉，朕甚倚任，乃光绪二十六年五月，拳匪作乱，该使臣于是月二十四日遇害，朕甚悼焉。特于死事

"克林德碑"与街同宽，竖立在大街正中间。图源：北京日报

地方，敕建石坊，以彰令名，并表朕旌善恶恶之意。凡我臣民其各惩前毖后，无忘朕命。”

在老北京城的一众木牌楼中，这座石牌坊格外显眼，遂被百姓称为“石头牌楼”。它与街同宽，在大街正中间竖立了 16 年，经过时很难忽视它的存在。

半个世纪，三种面貌

“现在世上是有两条道路：一条是向共和的科学的无神的光明道路；一条是向专制的迷信的神权的黑暗道路。我国民若是希望义和拳不再发生，讨厌象克林德碑这样可耻纪念物不再竖立，到底是向哪条道路而行才好呢？”

1918 年，陈独秀在《新青年》杂志上发表了《克林德碑》一文，并在结尾处发问。

恰逢第一次世界大战结束，德国战败，作为协约国成员的中国是胜利一方，拆除“石头牌楼”成了当年庆祝这场胜利的特殊方式。档案资料显示，1918

第一次世界大战结束后，中国拆除“克林德碑”。图源：北京日报

年 11 月 12 日至 13 日，数十名法国士兵率先试图拆毁此碑，中国百姓还曾在石碑上涂写 “国民大耻立即铲除”的字样。

第二年，政府将堆放在东单北大街的“克林德碑”散件运至中山公园，重新组建。移建石坊工程由内务部主持，京都市政公所组织施工。开工时，北洋军阀政府还在公园组织盛会庆祝，可见政府对其重视程度。

至于为何选择迁移至中山公园，据盖建中分析，中山公园的前身是社稷坛，“把牌坊作为一个遗迹迁移过来，可能也是对祖先的一种交代”。

1920 年 5 月，重建项目竣工，石牌坊两面的碑文改刻为中英文的“公理战胜”。因此，“公理战胜”坊是它的第二个名字，作为对“公理战胜强权”的一种纪念。

与此同时，它的外形也由四柱三间七楼，变成了四柱三间三楼，一直延续至今。

“一种说法是，拆毁后零件不全，才改成了现在的样子。”盖建中认为改形制还释放了一种强烈的信号，“四柱三间七楼是清政府答应给克林德的一个

1919 年，“克林德碑”移至中央公园（今中山公园），并改名为“公理战胜”坊，形制上由七楼改成三楼。图源：北京日报

礼遇，作为战败国怎能再给他此等待遇？”

讽刺的是，一边是还在建设中的“公理战胜”坊，另一边是作为战胜国的北洋政府，在巴黎和会上被剥夺了话语权。1919 年，五四运动爆发，中华民族的奋起抗争自此掀开了新的一页。

石牌坊仍在历史的洪流中沉浮。后来的 32 年里，它几度在被更名的边缘徘徊。日本侵略者也曾认为其“有碍日德同盟之名目”，动了改建的念头，以达到思想统治的目的，但最终未能得逞。

直至 1952 年，它才变为今日守望和平的面貌。

1952 年 10 月，亚洲及太平洋区域和平会议在北京召开，为表彰中国人民在反对侵略战争、保卫世界和平中做出的丰功伟绩，会议决定将中山公园内的公理战胜坊改名为保卫和平坊，中山公园还为此举办了游园会。

传承历史信息

宽 17 米、高 10.9 米的保卫和平坊，现在是中山公园内的标志性建筑。稍加观察你会发现，从南门向里看，能一眼望到立在正北方的孙中山铜像，而这座高大的石牌坊却不会在视线上造成遮挡。据盖建中介绍，这是因为建造时，它发挥了“视觉标杆”的作用。

不仅是视觉上的标杆，如今保卫和平坊还是中山公园“红色印记”中的一个。

近年来，园方多次举办“探寻红色印记，传承红色基因”等红色主题研学活动，保卫和平坊就是其中的“收官站”。

从中山堂出发，途经其他点位，最后站在石牌坊前，少年们听着中华民族早期探索的故事，或许依旧很难想象，这座牌坊如何在半个世纪里几经流转，但一颗红色种子已然在更年轻的血液中扎下了根。

眼下，如何最大限度地保证历史信息传承，成了园方的一项重要任务。

1914 年，在朱启钤的主持下，社稷坛被辟为公园向普通民众开放，成了当时北京城内第一座公共园林。作为社稷坛的功能已退出历史舞台，但作为公园，它的生命才刚刚开始。

盖建中将中山公园的开放称为“文物保护的一种实践”，社稷坛所承载的历史信息也因此得以传承下来，如今这种文保实践仍在延续。

目前，中山公园基建科对包括保卫和平坊在内的多处古建进行日常巡视维护，定期使用仪器来检测它们的状况。

“基建科前期对保卫和平坊做过勘察，可能是因地基沉降，它出现了一些细小的裂痕。”盖建中表示，由于吊车无法进入园内，且琉璃顶为榫卯结构，拆下后复原有一定的难度，园方秉持“可逆的最小干预原则”，如果本体没有出现大的问题，就保持不动，持续监测。

近年来，园内的修建也越发慎重，更重视周边地块的历史文化，强调前置性的研究，修建之前，在古籍或是老照片中找到依据，为建设方向提供支撑。

2024 年 7 月 27 日，社稷坛作为北京中轴线的构成要素之一，列入《世界遗产名录》。我们相信，园方将恪守《世界遗产公约》及其操作指南要求，更加精心呵护好这里的历史文化遗产。

文 / 丁文捷

共和国永藏

编号 0001 的国博珍藏，中国人永远不能忘记

东长安街 16 号，屹立着国家文化客厅——中国国家博物馆（以下简称国博）。

这片位于天安门广场东侧的恢宏馆舍，不仅是世界上独一无二的中华文化展示窗口，也在百十年来见证着长安街的变迁。

走进国博，面对国史文物，我们能梦回开国大典；抚摸根根廊柱，我们可

2018 年 12 月，“伟大的变革——庆祝改革开放 40 周年大型展览”在国博举办。图源：北京晚报

赞叹巧夺天工；漫步智慧云端，我们醉心藏品活化……

与国家变革休戚相关，与长安街发展密不可分，迈入新时代，国博这颗璀璨的明珠熠熠生辉。

馆藏红色时光

后母戊鼎、红山玉龙、四羊青铜方尊、击鼓说唱陶俑、孝端皇后凤冠……国博拥有藏品 143 万余件，涵盖古代文物、近现当代文物等多种门类，其中国家一级文物 6000 余件（套），充分展现了中华 5000 多年文明的灿烂辉煌，并见证了其血脉的绵延。

无怪乎众多网友慨叹：国博是中华文化的祠堂和祖庙。并非巧合的是，国博与广场西侧的人民大会堂沿中轴线对称，延续了长安街以北太庙和社稷坛“左祖右社”的格局。

你知道国博编号为 0001 号的文物是什么吗，这是一座锈迹斑斑的绞刑架，上面似乎还残留着鲜血的痕迹。1927 年 4 月 28 日，就是在这个绞刑架上，中国共产党的主要创始人李大钊，被反动军阀张作霖下令绞杀而牺牲，时年 38 岁。

抗战时期，此绞刑架由京师看守所刑场转移到德胜门外第二监狱刑场。1950 年国家开始中国革命博物馆的筹建工作之时，主要负责人之一的王冶秋心心念念一定要找回这座绞刑架。

从东城到西城，王冶秋骑着借来的自行车不断奔走寻找，终于在德胜门外的一片草丛里找到了这座绞刑架，并将其编为 0001 号。

国博保管的包括绞刑架在内的革命文物、国史文物中，许多都与长安街有着密不可分的联系，诠释着数百年来“神州第一街”一片又一片的流光飞羽。比如“清帝退位”号外——这是 1912 年 2 月 13 日刊登在《京师公报》上的“号外”头版，刊载《清帝退位诏书》及《辞位后优待之条件》，并有“恭送大皇帝永享清福万岁，中华民国共和万岁”等内容。

开国大典，毫无疑问，是长安街上的一大盛事。如今，董希文所作的《开

李大钊就义的绞刑架，在国博编号为 0001。图源：北京日报

国大典》油画、毛主席在开国大典上使用的话筒、国玺“中华人民共和国中央人民政府之印”等，无一不令人神回 75 年前令人心潮澎湃的那一天。

国博还收藏着中华人民共和国第一面五星红旗，正是开国大典当天在天安门广场中央的旗杆上冉冉升起的那一面。

1949 年 7 月，新政治协商会议筹备会公开向全国人民征求国旗、国歌、国徽方案。在上海工作、时年 31 岁的曾联松冥思苦想，终于有一日，一阵沪剧唱腔从窗外飘来：“盼星星，盼月亮，盼来了中国共产党……”

曾联松突然找到了灵感。经过 10 多天的绘图设计，他拿出初稿：以一颗大星导引于前，几颗小星环绕于后，象征众星拱北斗，大五角星象征伟大的中国共产党，小星象征广大人民，人民紧紧地环绕在党的周围。

他还把五角星设计为黄色，这不仅与象征革命的旗面红色相协调，且也表达了中华儿女黄色人种的民族特征。

1949 年 9 月 27 日，中国人民政治协商会议第一届全体会议一致通过，中华人民共和国国旗为五星红旗。开国大典后，这面国旗又在天安门前飘扬了

2019年8月，国博“屹立东方——馆藏经典美术作品展”拉开大幕，开国大典上升起的五星红旗亮相。图源：北京日报

一年多时间。到1951年，北京市人民政府决定将它交拨，现今在中国国家博物馆永久收藏。

除了涉及开国大典的文物，国博与长安街有关的文物还有“中央人民政府”木牌、周恩来书人民英雄纪念碑碑文、中国科学院109厂群众清明节悼念周恩来的诗牌、邓小平拟定的中央工作会议讲话提纲手稿等。

国博建设简史

如果说藏品覆盖了长安街的前世今生，那么国博的位置更直观地说明，它与长安街密不可分。坐落于天安门广场东侧、东长安街南侧，与人民大会堂东西相对称的国博，本身就是长安街上璀璨的明珠。

国博多少岁了？鲜为人知的是，它的前身可追溯至1912年，以蔡元培、鲁迅先生为代表的有识之士奔走推动成立国立历史博物馆筹备处，迈出了典守

1959 年 9 月拍摄的博物馆外景。图源：新华社

文物、增进教育的第一步。

然而，在那个风雨飘摇的时代，博物馆在战乱与经费困难中惨淡经营。直到新中国成立，更名为国立北京历史博物馆，它才获得喘息与发展。

在恢复和发展国民经济的过程中，各地发现了大量的古代文化遗址和墓葬。为展示这些珍贵历史文物，国立北京历史博物馆和中国社科院考古研究所精挑细选，将最具代表性的精品汇集到一起，于 1954 年 4 月筹办了“全国基本建设工程中出土文物展览”。

1954 年 11 月 10 日出版的《北京日报》刊发《基本建设出土文物展览结束》报道称，到 10 月底为止，前往参观的已接近 17 万人次。

1958 年，为了向新中国成立 10 周年献礼，中央决定在北京建设“十大建筑”，其中就包括位于天安门广场东侧的国立北京历史博物馆和中央革命博物馆筹备处。

两馆工程自1958年10月28日开工，到1959年8月31日竣工，共293个工作日。“在施工过程中，得到全国十八个省市一千五百多名工人的支援。各地工厂还积极承担了博物馆的五百多项加工订货任务。首都的一些职工、干部、学生，在假日里也自动到工地上来参加公益劳动。”

1959年9月20日出版的《北京日报》刊发了探馆报道《革命博物馆、历史博物馆建成》：两个博物馆紧连在一起，合成一座宏伟壮丽的建筑物。这座建筑物的总入口处，是一座巍峨雄伟的十一孔大柱廊。从正门厅向南北两翼穿行，北部是中国革命博物馆，南部是中国历史博物馆。两个博物馆的建筑是对称、平衡的。

1969年9月，两馆合并，改称中国革命历史博物馆。1983年，恢复独立建制。2003年2月28日再次合并，中国国家博物馆挂牌。

鉴于老馆建筑已难以适应新的事业发展需求，中共中央、国务院决定对国

2003年2月28日，中国国家博物馆挂牌成立。图源：北京晚报

博原有建筑进行改扩建。2007 年 3 月，改扩建工程正式动工。2011 年 3 月 1 日正式竣工。2012 年 3 月 1 日正式对外开放。

经过建设，国博建筑面积增加到近 20 万平方米、拥有 48 个标准展厅，是世界上单体建筑面积最大的现代化综合性博物馆。

让文物活起来

参观长安街边的国博，能带走的除了丰富的知识与愉快的体验，还有精美的文创产品。

这些从馆藏出发、把传统美学融入现代设计中的创意产品，吸引了更多青少年成为中华优秀传统文化的传播者，也让收藏在库房、展示在玻璃罩中的文物走入寻常百姓家。

如果说文创产品是让文物“融入”生活中，那么展览则是让藏品“走出”

2023 年 11 月，“远古江南・海陆山河——河姆渡文化发现 50 周年考古成果特展”在国博开幕。图为浙江省博物馆藏河姆渡文化猪纹陶钵。图源：北京日报

库房。“不求所藏、但求所展”的国博，近年来坚持将展览作为博物馆最重要的公共文化产品，持续推出优质展览，仅 2023 年就举办各类展览 57 个。“到国博看展览”成为一道亮丽的风景线。

国博的展览大体可分为四大类型：一是大型主题展览，比如“伟大的变革——庆祝改革开放 40 周年大型展览”；二是基本陈列，包括“古代中国”、“复兴之路”以及“复兴之路·新时代部分”等；三是专题展览，如钱币展、瓷器展、玉器展等；四是各种临时展览，比如“逐梦寰宇问苍穹——中国载人航天工程 30 年成就展”等。

2023 年，国博开放 314 天，累计接待观众 6757067 人次，平均每天接待观众 2.15 万人次。35 岁以下的观众占比超过 60%，年轻人已成为国博观众的主力军。

除了“融”起来、“走”出来，国博近年来还努力让文物“动”起来、“智”起来。

在这方面，国博已取得一些建设成果。比如陆续推出虚拟数智人“艾雯雯”“仝古今”，参与到线上线下为观众提供的服务中，带领观众畅游展厅。舞台剧《盛世欢歌》《俑立千年》顺利演出，这两部剧作均从国博馆藏陶俑中寻找创作灵感，融合“科技＋影像”技术手段，带观众穿越千年，领略多个

2023 年 5 月，原创文物活化舞台剧《盛世欢歌》在国博上演。图源：北京日报

朝代的璀璨文化。

再比如，国博推出首个智慧展厅“数说犀尊”，运用高清三维扫描、超高清显示、人工智能等技术，从出土经历、功能特点、铸造和装饰工艺、造型美学等方面对某件国宝级文物进行全方位解读，让无法移动的文物活起来，与观众产生联动，带给观众全新体验。

2024 年，国博已经 112 岁。走过近两个甲子的风云，这个代表国家收藏、研究、展示、阐释中华文化代表性物证的最高历史文化艺术殿堂，矗立在被誉为“神州第一街”的长安街边，在留存民族集体记忆、传承文化基因、促进文明交流互鉴等方面，正焕发出勃勃生机。

文 / 岳三猛

青山埋忠骨

“八宝山第一墓”安葬着哪位开国元勋

天安门向西 15 公里，过了玉泉路不远，路北侧几株古柏掩映之下，就是八宝山革命公墓的高大石门。

作为全国规格建制最高、声名最著、红色教育资源最为丰富的园林式公墓，这里长眠着众多中华人民共和国的开国元勋、战功显赫的将军、成就卓著的科

八宝山革命公墓大门。图源：八宝山革命公墓

学家、国际友人和仁人志士，是全国爱国主义教育示范基地。朱德、陈云、任弼时、董必武、聂荣臻等革命伟人去世后都安葬于此。

漫步于八宝山革命公墓，如同置身于一本中国近现代革命史书。一个个如雷贯耳的名字、一座座特点鲜明的墓碑、一段段彪炳史册的事迹……庄严厚重的历史以一种具象的方式在眼前铺展开，令人心潮澎湃、肃然起敬。

“八宝山第一墓”

中国人民大学马克思主义学院教授何虎生告诉记者，八宝山革命公墓是在周总理直接关心关怀下建设起来的。

1949 年 12 月，周总理指示北京市委、市政府筹建一处公墓，以纪念为革命而牺牲的烈士。他还嘱托时任北京市副市长的吴晗，寻找 1927 年牺牲的北方局负责人王荷波等烈士的遗骨，他要亲自参加安葬仪式。

吴晗深感责任重大。他与公墓筹备组的同志们几经勘察，最终选中了京西的八宝山，此处因出产红土子、耐火土、青灰、黄浆、白土、马牙石、沙石和板石八种矿产而得名。这里方圆百余亩，古树参天、环境优美、地点适中，吴晗决定在此建设公墓。

在公墓选址紧锣密鼓进行的同时，寻找烈士遗骨的任务也有收获。北京市公安局、民政局组成一个专门小组办理此事，工作人员在浩如烟海的档案中反复查找，确定王荷波等 18 位烈士当年在安定门外箭楼的东侧就义，又经过辛苦的工作，找到了 15 具烈士遗骨。另外 3 具遗骨经调查核实，在烈士殉难后已被亲属秘密掩埋。

1949 年 12 月 11 日，王荷波等 18 位烈士遗骨的移葬典礼举行，他们成为首批安葬于八宝山革命公墓的烈士。

典礼后，烈士们的遗骨安葬在墓区，由于当时公墓建设尚未完成，就没有制作墓碑。1955 年 3 月，北京市民政局为王荷波等烈士墓修建了一座高大的纪念碑，正面刻有“王荷波等烈士之墓”八个大字，字的上方是五个五角星，墓碑前的平地上用彩色的鹅卵石砌成“永垂不朽”四个大字。

1950 年 7 月，八宝山革命公墓正式破土动工。同年 10 月 27 日，中共七届一中全会当选的中央政治局委员、书记处书记任弼时因病在北京逝世。当时革命公墓的建设刚刚开始，整体的规划安排还没确定。中央决定在任弼时墓穴未选定修建之前，先在公墓内修建一个临时墓。1951 年 7 月，任弼时的墓正式建在公墓东北角的半坡上，举办了移灵仪式。

任弼时是新中国成立后逝世的第一位党和国家领导人，也是公墓安葬的第一位中央领导人。因此，任弼时墓被称为“八宝山第一墓”。墓前立着汉白玉卧碑和立碑，立碑上镌刻着毛主席题写的“任弼时同志之墓”七个字，背面刻着任弼时生平事迹。围绕着任弼时墓，日后逐渐形成了一墓区。

建设之初，公墓叫作北京市革命公墓，1970 年定名为“北京市八宝山革命公墓”。

位于八宝山革命公墓的任弼时墓。摄 / 北京日报记者　周经纬

不再“神秘”，而是“神圣”

提到八宝山革命公墓，很多人的第一印象是“神秘”。

“我以前也是这么想的。”革命公墓讲解员李月圆记得，她原来骑车路过公墓大门时还琢磨：里面是什么样子，是谁在这里上班呢。

2018 年入职之后，她找到了答案。“这里的很多名字，我从小就是听着他们的故事长大的，现在亲手触碰到他们的墓碑，有一种很亲切的感觉，甚至可以说像老朋友一样。”神圣感取代了神秘感，历史仿佛从书本里走了出来，就站在面前。

朱德长期随身携带的藏书，陈云的书法作品和党费收据，任弼时使用过的放大镜、手表和铅笔，聂荣臻常用的拐杖，黄克诚穿了 20 多年的皮鞋……

走入党员干部政德教育基地，记者的目光立刻被这些珍贵藏品吸引了。“通过与逝者家属保持密切联系，近年来，革命公墓征集到一批珍贵的红色历史藏品，这些藏品已顺利完成编号并归档，公开展出，供公众参观学习。”讲解班主管刘芮含介绍。

2022 年 4 月，“朱德藏书捐赠活动”在八宝山革命公墓北院举行。图源：八宝山革命公墓

雪中送炭，徐海东拿出 5000 块大洋支援中央红军；坚贞不屈，帅孟奇历经折磨始终保守党的秘密；振聋发聩，“耿飚之问”道出“不忘初心”的真正内涵……

记者采访当天，正赶上一家单位来开展党纪学习教育。通过刘芮含真挚动人的讲述和大量历史照片、藏品的集中展示，大家对于明大德、守公德、严私德有了更全面的认识、更深入的理解。

刘芮含算了算，从事讲解工作 5 年来讲了有几百场，但每一次的感受都不同，每一次都是新的体验。“以前我经常追一些演艺明星，现在完全没有那个冲动了。我们革命公墓里的‘星星’可太多啦，而且都是最亮的！”

“接待咨询、业务审批、现场选位、墓碑制作、骨灰安葬、祭扫服务、葬后服务、骨灰安放证补办、增办瞻仰卡、安葬位置续费、骨灰迁出”，在公墓业务厅，记者看到一张业务流程图。杨勇说，这张图基本上涵盖了他们的工作内容。

杨勇来革命公墓工作已经有 10 年了，现在是业务班副班长。采访中他多次提到，自己对工作的定位就是服务行业。“如果要说有特殊之处，就在于服务对象比较特殊，这更要求我们用心用情做好每一个细节。”

2020 年，革命公墓推出代祭扫服务，杨勇是团队一员，最忙的时候半天就接到 6 个服务预约。整个过程大约 5 分钟，他和同事们会一丝不苟地完成——戴上白手套，先用毛刷仔细扫去墓碑上的尘土，再用毛巾认真擦拭墓碑；手捧三枝洁白的菊花，整齐摆放在墓碑前；行三鞠躬礼，表达哀悼之情。每个步骤务必庄重严肃，“我们会全程拍照发给家属，让他们感觉就在现场”。

遇到有家属提出个性化的需求，杨勇都会尽力满足：逝者生前爱喝茶，他就现场沏一杯香茶敬献在墓前；家属发来悼词或是写给亲人的信，也要认真诵读。

“殡葬是一个传统行业，越是传统的，越要下功夫去创新。”骨灰堂服务管理办公室管理组班长吕莹是革命公墓的“老人”，工作已经有 15 个年头。近年来，她率领团队成员在安葬（安放）仪式、追思仪式、墓型个性化设计、造型花艺打造上不断推陈出新，鲜花祭台、升降墓碑、水溶祭祀等新形式得到广大家属的点赞好评。

2024年，公墓又推出“时空寄语”，采用中国传统水墨书写方式，将寄语写于画卷上，两三分钟后，这些寄托着思念的字迹就慢慢淡出画卷，仿佛“穿越”时间和空间，让家属与逝者进行了一次隔空“书信”，以此倡导“文明环保、绿色生态”的祭扫新风尚。

发展至今，八宝山革命公墓共占地405亩，分为南北两个区域。南区分为四个墓区、两个骨灰堂（南院、北院）和两个办公区，是公墓传统的工作区域，包括外界熟知的一墓区、中一室（瞻仰厅）等。

北院为北山，现已开发玉岑园一期、二期，生态园一期、二期和烈士纪念园。从土葬、火葬到生态葬，八宝山革命公墓始终争做殡葬改革创新的排头兵，北山是这方面工作的集中体现地。

2015年，北京市民政局出台《关于全面推进绿色生态殡葬建设的意见》，提出在生态葬方面，各公墓经营单位要大力推广树葬、花葬、草坪葬和立体安葬等多种节地生态葬法，满足人民群众多样化的殡葬需求。

玉岑园位于八宝山西北侧，是骨灰立体安葬的集中区域。这里是一座明清建筑风格的仿古院落，正门处是一座全木质结构的牌楼，两侧有一副对联：“玉岑回廊长留浩气，灵安仙山永慰英魂。”

玉岑园立体安葬的形式是多种多样的，有骨灰亭、骨灰墙、骨灰廊、角亭等。园中种植了松柏、玉兰、海棠、五角枫等10余种花草植物，既有亭台楼榭、雕梁画栋，又有山石流水、花草树木，营造出庄严肃穆与古朴典雅共存的氛围。据公墓工作人员介绍，立体安葬是一种节地生态安葬的方式。

生态园与玉岑园相邻，按照“先建公园、后建墓园、建墓不见墓”的理念，在原有的自然山水构架基础上，坚持可持续发展的目标，科学运用各种有利条件因势利导，设计了荣耀花园、光辉花园和智慧墓园等不同主题特色的生态安葬区域，打造具有优美生态环境的殡葬空间。

在地下设施建设上，生态园以石椁为主，不使用钢筋、混凝土等传统施工办法，减少能源消耗。

在葬式葬法、墓型设计、环境渲染等方面，生态园打破传统墓葬形式，真正贯彻落实“绿色”“生态”“环保”理念，以小型化、精品化为目标，体现人文特色和自然特色，实现了“墓在景中，景在园中”的意愿，推动绿色、生态、可持续发展。

2014 年，民政部出台了《烈士公祭办法》。同年 8 月，十二届全国人大常委会第十次会议决定，将 9 月 30 日设立为烈士纪念日。烈士纪念园就是为了响应国家号召、开展好烈士公祭活动而建立的。它于 2019 年 8 月正式落成，占地 1 万余平方米，位于八宝山的山坡上，是集中安放革命烈士骨灰的重要场所，分为烈士公祭广场、烈士墓地、景观区三个部分。

沿着烈士纪念园的中轴线拾级而上，分别是“绩满丰碑”“星火相承”“光辉永铸”三大景观区。中轴线北端为烈士公祭广场，中央矗立着鲜艳的红旗雕塑，左右大型群体景观雕塑展现了革命烈士的光辉形象，寄托了民族振兴、国家富强的美好愿望。

2024 年 4 月 3 日，“忆满京城　情思华夏”2024 年北京市清明红色祭扫活动在八宝山革命公墓烈士纪念园广场举行。摄 / 北京日报记者　吴镝

中轴线两侧分别为东侧卧碑墓区和西侧枪碑墓区。枪碑上的钢盔、国旗和枪代表为祖国和人民牺牲的英雄烈士永垂不朽，鲜花代表人民对英雄的崇高敬意和无尽怀念。卧碑的碑面雕刻有橄榄枝和五角星，代表为祖国和平事业奉献牺牲的各行各业的烈士，他们的精神永驻。

文 / 周经纬

苍穹矗军魂

“红色大馆”，打开国防教育新天地

在长安街西延长线上，坐落着一个来京游客必打卡地——中国人民革命军事博物馆（以下简称军博）。自 1959 年建成以来，这座曾经的北京最高建筑已经接待社会观众 1.6 亿人次。

中国人民革命军事博物馆。摄 / 北京日报记者　饶强

有人说，军博“从无到有”是个奇迹，因为建设工期仅9个多月；有人说，多达21万件（套）的馆藏文物是个奇迹，因为承载着太多的动人故事；也有人说，它走红网络是个奇迹，因为不会有主播喊出“上链接”……

奇迹的背后，是责任，是精神，也是一代代人的努力。透过历史的烟云，我们看到了军博建设时期，四面八方送来的物资，东西南北会聚的人才；我们看到了热火朝天的“献宝”，老一辈革命家率先垂范，带头捐出珍藏多年的纪念品；我们看到了新时代军博人大胆破“壁”，拥抱新技术、新传播渠道，线上线下齐头并进。

人，至关重要。所以，我们不再按照编年史的体例详述军博建成始末，或者发展历程，而是从两个并不为大家特别熟知，但对军博有着特殊而重要意义的人——主设计师欧阳骖、首任馆长贾若瑜开始，轻轻打开这本65年的厚书，“阅读”军博。

主设计师，年仅36岁

走近军博，无不为高达94.7米的巍峨主楼，以及直径6米的中国人民解放军金色军徽而由衷赞叹。

鲜为人知的是，军博的主设计师欧阳骖当时年仅36岁。同一时间，他还设计了同为“十大建筑”的北京工人体育场。

1958年8月，中共中央决定在首都北京集中兴建一批大型建筑，并要求全部在国庆10周年庆典前完工。其中，军博雄伟壮观，建筑面积有6万多平方米，在“十大建筑”中仅次于人民大会堂。

一批年轻设计师加入“国庆工程”的设计任务中，其中就有欧阳骖。

欧阳骖，1922年生于一个普通铁路工人家庭，1941年以优异成绩同时考取了北洋大学工学院和辅仁大学物理系。由于负担不起教会学校的高额学费，他只好选择北洋大学工学院建筑系。

新中国成立后，欧阳骖进入北京市建筑设计院工作，在层层选拔后，最终成为军博的主设计师，也是“十大建筑”主设计师里最年轻的一位。

军博外景，摄于 1959 年 8 月。图源：北京日报

欧阳骖仔细研读了之前的设计方案，在落选方案中寻找原因，总结经验，并迅速调整设计思路，一个新的中西合璧的设计方向慢慢地清晰了起来——

平面呈“山”字形，展览面积达 2.9 万多平方米。

设计组在进行结构设计。（左为展览大楼设计组主持人欧阳骖）图源：军博

为了便于陈列大型的军事文物，每一层楼房的高度是一般民用建筑的两倍、三倍甚至更多。

主楼近百米的高度，更是让人们的眼睛为之一亮。

在建筑设计听证会上，许多建筑专家、教授、工人、市民积极发言。其中，大楼顶端托起一尊解放军战士持枪塑像的设计引起争议。有人觉得，这种做法太西化，在中国不接地气，并且石头沉重，大楼难以承受，甚至在发言时即兴编了一句顺口溜：“扛大枪，楼顶站，风吹雨淋不好看……”

虽然之前做过详细的力学计算，确认楼顶立塑像并没有结构隐患，欧阳骖还是经过认真反思，决定听取大家的意见，做出修改，把原来的战士雕塑修改成了“八一”军徽。

守护军博，保证真实

1958 年 8 月 12 日动工，至 1959 年 7 月 29 日竣工，新中国成立后第一个专门陈列军事史料、军事文件和武器的博物馆，仅用不到一年时间即宣告建成，堪称建筑史上的一大奇迹。

如今参观军博，观众会知道，铸造大铜门的材料来自炮击金门的前线部队；观众会看到，20 世纪 60 年代被我军击落的美国 U-2 高空侦察机；观众会发现，即便时光掠过半个多世纪，楼顶的巨大军徽依然金光熠熠……

不能忘却的，还应包括守护军博的人。比如负责组建军博且是首任馆长，1955 年获授少将军衔的贾若瑜。

贾若瑜，1915 年生，四川合江人，土地革命战争时期参加红军，会打仗，不但对中国革命的历史十分熟悉，还在中国人民抗日军政大学第一分校担任编辑主任。新中国成立后，他在军事科学院担任战史研究部副部长，为战史、军史研究付出过大量心血。

2006 年 11 月 6 日的《北京晚报》刊发了对贾若瑜将军的专访——《尊重历史，以生命的代价》。在接受记者采访时，他回忆了全军向军博踊跃献宝，以及自己坚持真理、尊重历史等方面的桩桩事件。

红军长征带到陕北的唯一一门山炮。图源：军博

作为国庆献礼工程，军博的建设堪称奇迹，其文物征集工作同样令人瞩目，亦创造了不凡的成就。在向军博献宝的活动中，全军上下热情支持，很短的时间内就征集了 100 多万件文物，其中超过 12 万件被选中。

特别是老一辈革命家率先垂范，带头捐献出自己珍藏多年的各种纪念品。贺龙元帅亲自关照要找到红军长征时仅存的一门山炮……

这门编号为 587 的山炮陈列于土地革命馆，原称"七生五（即 75 毫米口径）过山炮"，于 1927 年由上海兵工厂制造。1935 年 4 月被红六军团长萧克率部缴获后，装备在红军炮兵营，参加过多次战斗，消灭了大量敌军。

在艰苦的长征中，战士们舍弃了很多重武器，但一直都舍不得丢掉这门炮。贺龙元帅之女贺晓明讲述，战士们将炮拆分后分人来背，大件小件、两个轮……就这样，它成为红军经过长征带到陕北的唯一一门山炮。

65 岁军博，正是青春

军博落成纪念碑（1959 年 7 月 30 日所立）上书：建筑工程由北京市城市规划设计研究院设计，中国人民解放军总后方勤务部直属工程公司施工……

一个甲子过去，如今，施工企业已经脱下戎装，更名为中国新兴建设开发有限责任公司；军博展览大楼也于 2012 年 9 月迎来加固改造，2017 年 7 月竣工后，拥有 43 个陈列厅（区），陈列面积近 5.9 万平方米，馆藏文物达到 21 万件（套），一级品 1793 件（套）。

焕然一新的不只馆舍，还有军博讲故事的方式。面对短视频、移动直播等不断涌现的“风口”，被誉为“红色大馆”的军博顺应时代潮流，逐渐建立起以“讲好红色故事，赓续红色血脉”为宗旨的融媒体矩阵，涵盖门户网站、抖音、哔哩哔哩等 9 个平台。而在 2024 年 6 月，抖音、哔哩哔哩平台的粉丝数已经分别超过 1050 万、126 万，领跑文博行业。

近年来，军博邀请馆内外专家、知名艺术家、志愿讲解员等，紧密围绕文物展陈，通过短视频和线上直播等形式进行科普讲解，同时宣传展示各类展陈资讯、教育活动、体验项目等最新动态；内容上，围绕党史军史、文物故事、英模人物、军事理论等内容设置专栏，力求为军史爱好者提供一个深度阅读、学习交流的权威平台。

“各位观众，今天给大家介绍一下 95 式步枪和 95 式短步枪……现在从国家的仪仗队到我们所有部队里各个军兵种，只要有使用轻武器的单位，就有

2023 年 7 月，在抗美援朝战争胜利 70 周年之际，抗美援朝主题摄影作品展在军博开幕。图源：北京晚报

这样的枪……我作为参与这个枪研制工作的人员，用我的一些所见所闻所感，略微地给大家介绍一下关于这些枪的故事……”打开军博 B 站账号可以看到，海军某部退休干部、军事专家杨南镇讲解馆藏轻武器的视频，观看量近 340 万人次。

除此之外，“芦主任讲坦克”“晓枪老王”“萨苏讲述军事历史故事”……在军博 B 站账号主页面上，众多名牌栏目一目了然，且以其专业性、趣味性和浓浓的家国情怀深受广大网友喜爱。

2024 年 5 月 17 日，在第 48 个国际博物馆日到来之际，《2024 抖音博物馆生态数据报告》显示，军博位居“最受欢迎的博物馆”账号首位。在 2023 年的报告中，军博稳居“抖音直播观看人数最多的博物馆”排行榜首位，并入围“最受欢迎的博物馆”前 10 名。

近年来，博物馆热度持续攀升，越来越多的观众尤其是青少年观众走进博物馆，在展厅中与文物对话、触摸历史文脉。作为国内首个综合类军事博物馆、爱国主义教育基地，军博拥有丰富的红色资源，如何利用“博物馆热”的东风，更好地担负起讲好我党我军光辉历史、传承红色基因的职责使命，是军博人孜孜以求的使命。

如今，通过激发文化创新创造活力，军博运用新技术、新手段、新创意，积极发挥“红色大馆”主阵地作用，让严肃的军事文化“活”起来，在守正创新中打开爱国主义教育和国防教育新天地，使得无论线上还是线下，印象中庄严肃穆的军博既可敬又可亲。

可以说，65 岁的军博，正青春！

文 / 岳三猛

民族万灯红

“十大建筑”之一，民族文化宫有四个“最”

繁华的西长安街北侧，矗立着一座雄伟的建筑。

飞檐宝顶冠以孔雀蓝琉璃瓦，正门用彩色晶体玻璃和鎏金串枝莲花装点而

矗立在西长安街上的民族文化宫。供图 / 民族文化宫

成，隔扇上嵌着“团结、进步”四个大字；湛蓝天空映照下的碧瓦银墙，更显大气恢宏。

这就是民族文化宫，一座集展览演出、文化交流、学术研究于一体的综合性文化机构。它不仅是北京的地标之一，更是中华民族团结进步和多元一体中华文化的象征。

屹立崔嵬

新中国成立之初，百废待兴。在首都北京给各少数民族建一个“宫”，让各民族文化在这里得以绽放，让中华民族的团结在这里得到升华的提议获得认可。

由于抗美援朝战争，民族文化宫的建设暂时搁置，直到1958年4月才破土动工。周总理高度重视和关心，亲自选址并审定设计方案，给予了无微不至的关怀和指导。

1958年8月，民族文化宫被列为新中国成立10周年“十大建筑”之一。综合多次会议的意见和建议，国家民委将民族文化宫的功能设计进行了调整，明确定位：民族文化宫建成后，将成为我国各族人民和亚非国家外宾政治、文化活动的中心之一。

1959年9月23日，民族文化宫即将落成之际，时任全国人大常委会副委员长的郭沫若来民族文化宫视察和审看预展，并题词：

中华自古多弟兄，屹立崔嵬民族宫。
团结一心期进步，经营不日庆成功。
传奇丰富多文采，创业辛勤冀大同。
碧瓦银墙风格美，长安街上万灯红。

1959年9月8日，《北京晚报》第三版还发表了兰烟的一首赞美民族文化宫的诗：“你翠绿的琉璃瓦 / 反射出青天的光华 / 你雪白的瓷砖壁 / 辉映着

灿烂的彩霞 // 清晨，我爱看朝阳 / 染红你秀丽的身影 / 夜里，我爱听你塔尖上的红灯和星星讲话——/ 你们在说什么 / 是谈天空的神奇、人间的喜事？ / 还是谈高楼遍地、遍地春花？ / 说吧，说吧，我在倾听着……”

这些都充分表达了社会各界对民族文化宫的高度关注和热爱。

开路先锋

民族文化宫的设计师是我国著名建筑设计师张镈。他在民族文化宫的设计中融入了众多民族元素和创新理念，使得这座建筑成为中华民族文化的重要载体。

1959 年，在设计民族文化宫的大门时，各民族代表都十分踊跃，提出很多方案，但大家都觉得不太满意。

后来，兼任国家民委主任的国务院副总理乌兰夫提出，就用“团结、进步”四个大字——团结了，进步了，各民族就会繁荣发展，得到了大家的一致认可。

如今，经过两次装修改造的民族文化宫，“团结、进步”四个大字依然璀璨夺目。

作为新中国成立 10 周年“十大建筑”中立项最早、设计出图最早、破土动工最早、楼层最高的工程，民族文化宫不仅是其他工程的“开路先锋”，也担负着创造高速度施工经验的任务。

民族文化宫原计划用 3 年时间建成，被列为“十大建筑”后，意味着它必须在 1959 年 7 月底前投入使用。3 年缩短为 10 个月，工期非常紧张。

在时间紧、任务重、工程复杂，又很快面临冬季施工的情况下，工程处充分发动群众、敢想敢干、进行技术革新，有效保证了施工的进度。

1959 年 10 月 6 日，民族文化宫建成并对外开放，是我国各民族团结、统一、发展、繁荣的象征，也堪称建筑史上的奇迹。

建成后的民族文化宫主楼建筑面积 3.7 万平方米，主楼 13 层，高 68 米，东西翼楼环抱两侧，墙面嵌白色釉砖，中央展览大厅向北伸展，飞檐宝顶冠以孔雀蓝琉璃瓦，塔身高耸。整个建筑造型别致、富丽、宏伟、壮观，体现了中

民族文化宫大门上的“团结、进步”熠熠发光。摄 / 北京日报记者　李珅

华民族的传统美学和建筑风格。

此外，民族文化宫的室内设计也充满了民族元素，如汉白玉浮雕、彩绘壁画等，都展现了中华民族丰富多彩的文化内涵。

1994 年，民族文化宫被北京市民选为 50 座“我最喜爱的民族风格建筑”之首，并作为“新中国第一宫”载入英国出版的《世界建筑史》；1999 年国际建筑师协会第二十届大会上，被推选为 20 世纪中国建筑艺术精品之一。2019 年，被公布为第一批“北京市历史建筑”。

同一片星空

作为一座集展览演出、文化交流、学术研究于一体的综合性文化机构，民

民族文化宫大剧院舞台上巨大的金丝幕布是纯手工织成，全世界只此一件。摄/北京日报记者 和冠欣

族文化宫包括展览馆、图书馆、博物馆、大剧院、民族画院、文化交流中心等15个内设机构，素有“民族文化宫殿”“民族典籍之宫”“民族之家”之美誉，是我国收藏少数民族文物、古籍文献和少数民族美术作品数量最多、种类最丰富的专业机构。

这里不仅开展种类丰富的民族文化交流活动，还珍藏有珍贵文物近5万件，古籍文献20余万册，其中92部入选《国家珍贵古籍名录》，还有其他图书40余万册，书画艺术作品4000多幅，其中有些堪称博物馆界的孤品、绝品。

建成60多年来，民族文化宫成功举办了各类展览和民族工作成就展1700多个，全国56个民族的优秀传统文化和经济建设成就在这里均有展示；上演了民族歌舞及中外著名音乐、戏曲等节目近20000场次；接待了近100个国家和地区的外宾、侨胞，每年接待国内外游客60多万人次。

2023年8月，由国家民委主办的“铸牢中华民族共同体意识文物古籍展”在民族文化宫举办，更是为公众献上了一场酣畅淋漓的文化盛宴。

民族文化宫领导、民族文化宫博物馆馆长等专家学者，经常来到“铸牢中华民族共同体意识文物古籍展”展厅接待现场观众，给大家介绍一组组文物古籍及其背后的感人故事。

走进展厅，头顶点点繁星勾勒出一幅古星象图；脚下“天下大同”“四海一家”等字样从“集思柱”上缓缓流淌，汇入“中华文明之河”。观众置身近3000平方米的展厅，目不暇接的文物与古籍穿越千年时光，见证中华民族并

2023 年 8 月，由国家民委主办的“铸牢中华民族共同体意识文物古籍展”在北京民族文化宫对外展出。摄 / 北京日报记者 甘南

非一个“想象的共同体”，而是一个由各民族交往交流交融聚合而成的民族实体。

展览分为“大一统”“大交融”“大团结”三个单元，展出的 2100 余件文物古籍是从国家民委系统馆藏的 15 万余件文物和 51 万多册古籍中精心遴选而出，向观众展示了一幅中华民族共同体形成发展的历史长卷。

千百年来，中华大地上的人们仰望同一片星空，脚踏同一片热土，铸就中华民族这个大家庭。民族文化宫作为一座充满活力和魅力的文化殿堂，见证了中华民族团结的历史时刻，也承载着保护和传承中华文化的重任。

未来的日子，民族文化宫还将继续发挥其在文化交流和保护方面的重要作用，为中华民族的伟大复兴贡献更多的力量。

文 / 王润

劳动有其铭

昔日帝王庙，换了主人翁

在天安门东侧，高高的红墙内，有一片树龄600年的古柏树林，郁郁葱葱的古柏环抱着一片覆盖黄色琉璃瓦的巍峨建筑群，它就是北京市劳动人民文化宫。

这座以“劳动人民”命名的文化宫跨越600年变迁，历经70余载春华秋实，由昔日帝王庙转变为新时代劳动人民的学校和乐园。

时至今日，古老文明与现代文化在这里交相辉映，愈发生机盎然。它的历史文化价值获得越来越广泛的认同。2024年7月27日，太庙作为北京中轴

北京市劳动人民文化宫鸟瞰图。图源：北京市劳动人民文化宫

线的构成要素之一，列入《世界遗产名录》。这座600多年的建筑群，又拥有了一个新身份：世界遗产。

换了主人翁

北京市劳动人民文化宫原为明清两代皇帝祭祀祖先的太庙，始建于明永乐十八年（1420）。作为明清两代皇家祖庙，太庙是重要的国家礼制建筑，也是中国现存最完整、规模最大的皇家祖先祭祀建筑群。太庙建筑群坐北朝南，总占地面积16.4公顷，由内垣墙和外垣墙围合成两重环套式长方形院落。1912年清帝逊位，祭礼始废，但太庙仍由清室保管。1924年，太庙由清室移交北洋政府，后作为和平公园向公众开放。1931年由故宫博物院接管作为分院。

1950年1月，政务院决定将太庙拨交北京市总工会管理，作为首都劳动人民文化活动的中心场所，并要求在五一劳动节前开幕。据参与劳动人民文化宫早期筹备工作的田耕老先生回忆，他1950年2月到太庙报到时，看到太庙因为长期荒芜，呈现出一片颓废模样，荒草丛生，垃圾堆积成山，偌大的院子连个像样的厕所也没有。

太庙。图源：北京市劳动人民文化宫

毛主席亲笔题字。图源：北京市劳动人民文化宫官网

筹备小组找到北京市政府寻求支持，经研究后北京市拨给其 40.5 万斤小米，作为文化宫的开办费。改造开始后，筹备组拔掉了全园的荒草，清走了几座垃圾山，并在院内四周陆续建了 7 个厕所，解决了游人如厕的需求。在大家的努力下，荒芜的太庙终于面貌一新。

对于北京市劳动人民文化宫的命名与题匾，田耕回忆，名称最初有四个备选方案：北京市工人俱乐部、北京市劳动人民俱乐部、北京市工人文化宫和北京市劳动人民文化宫。

1950 年 4 月中旬，毛主席亲笔题写了"北京市劳动人民文化宫"十个大字。

1950 年 4 月 30 日，劳动人民文化宫揭幕仪式隆重举行，文化宫的建立，作为新中国成立后的重大历史事件载入《中华人民共和国大事记》。为庆贺文化宫开幕，党和国家领导人与社会各界知名人士题词祝贺。

最脍炙人口的题词要数作家赵树理："古来数谁大？皇帝老祖宗。如今数谁大？劳动众弟兄。世道一变化，根本不相同。还是这所庙，换了主人翁。"

这些题词，无一例外地表达出新中国劳动人民当家作主的欣喜，从中不难体会到"劳动人民文化宫"这一名称的深刻寓意。

成才摇篮

北京市劳动人民文化宫是新中国成立后建立的第一个文化宫，1950 年 5 月 2 日，劳动人民文化宫首次举办"北京市工人游园联欢大会"，之后逢重要节日文化宫经常举行盛大庆典，劳动人民在此联欢。文化宫还相继建起劳动剧场、图书馆、灯光球场以及各种展厅、文艺活动室和游艺厅，市民可以自由出入这座曾经的皇家建筑，昔日百姓望而却步的帝王庙成为劳动人民的“学校和乐园”。

1951 年建成的劳动剧场可容纳约 4000 名观众看戏，是当时北京最大的露天剧场。在重大节日，劳动剧场由工会包场招待工人，许多名角在此为广大职工演出，其中梅兰芳为全市劳模和先进工作者演出最为引人注目。

琉璃河水泥厂的一位老劳模看过演出后激动地说：“在旧社会，我们穷工人只能在月份牌和香烟盒中的洋片上看到梅兰芳的影子。新中国把太庙改为文化宫，工会又招待我们看梅兰芳的戏，当我一看到梅兰芳亮相时，怀疑自个儿是不是在做梦。”

据统计，20 世纪 50 年代至 80 年代，劳动人民文化宫接待前来参加活动的工人、市民超过百万人。北京市劳动人民文化宫公共事务部部长刘滨告诉记者，那时的文化宫天天有培训，相继开办了文学创作研修班、舞蹈班及声乐、钢琴、指挥、作曲、电子音乐制作、美术、摄影培训班。

劳动人民文化宫的艺术培训和职业教育经常邀请众多文学、艺术大师来授课、辅导。早在 20 世纪 50 年代，业余艺术学校的创立就为艺术培训和人才输出奠定了基础，吕骥、田汉、焦菊隐、李焕之、瞿希贤、戴爱莲、蔡若虹、华君武、叶浅予等艺术大师为职工文艺爱好者授课，培养出李文华、赵其昌、周森冠、孙振华、王大观等艺术家，随着各类艺术团队的相继成立又培养出马季、聂卫平、王奎荣、方子哥等名家。

劳动人民文化宫的各类培训，丰富了首都职工的业余文化生活，也让许多从未受过文化艺术教育的劳动者心中的艺术种子萌发生长。

如今已年近七旬的陈立新从初中毕业就到东来顺工作，是东来顺涮羊肉制作技艺第四代传承人，20 世纪 70 年代末，库房里长期放置的一架手风琴让陈立新产生了学习乐器演奏的想法，他报名参加了三期劳动人民文化宫手风琴培训班。

陈立新直到现在还记得，在培训班的毕业演奏中，自己的一曲《匈牙利舞曲第五号》得到了指导老师的肯定。“我弹奏完，老师走过来，拉起了我的手。”因为一直切肉、干活儿，陈立新的手有些粗糙。“老师拉着我的手说，你看这哪像是拉手风琴的手？你能够弹奏到这种程度，一定是下了大功夫了。”

陈立新说，从培训班毕业后，正好赶上当时东安市场组建职工乐队，他成为乐队当仁不让的手风琴手。除了在劳动人民文化宫里听过相声、学过手风琴，每年的“五一”游园会，也让陈立新感受到什么是“流动的欢乐海洋”,“节日的文化宫，很多单位都有各自的演出场地，每个单位的文艺骨干都会带来文艺节目，职工中真的是卧虎藏龙。市民来游园会边走边看，各个单位带来的节目都经过非常认真的排练，演员演得投入，观众看得开心”。

文化名片

太庙堪称“天下第一庙”，是全国重点文物保护单位，有着深厚的历史文化底蕴。依托于悠久的历史和传统文化，劳动人民文化宫在改革开放后作为大型文化活动的举办场所，开展了大量中外文化交流活动，接待过许多来访的外国首脑，举办了世界大城市首脑会议“紫禁城之夜”演出、《雅尼中国行》音乐会、大型实景歌剧《图兰朵》、中日友好歌会等文化盛事，成为中国联结世界的重要窗口之一。

2015 年，太庙艺术馆正式对外开放，艺术馆展厅总面积 6000 余平方米，成为弘扬中华优秀传统文化、推动中外文化艺术展示互鉴的专业展览场所。2015 年 12 月 31 日晚，“2016 北京新年倒计时”活动在太庙举行，这是北京向全球发出的一张“城市旅游文化名片”。

随着北京中轴线申遗保护工作的开展，太庙成为中轴线申遗确定的遗产构成要素之一。在北京中轴线申遗保护三年行动计划中，北京市总工会牵头完成太庙文物修缮及展示提升、拆除太庙内非文物建筑恢复历史风貌。近年来，伴随着中华优秀传统文化在新时代焕发新生，在此工作的职工发现很多前来游览的年轻人对太庙的建筑规制说得头头是道、如数家珍，太庙作为传统文化和现代文化交汇点的特征和重要性更加凸显。

如果说经过半个多世纪的发展，北京市劳动人民文化宫已经成为寓教于乐的活动阵地和培养职工成才的摇篮，那么随着北京中轴线申遗的成功，文化宫又有了新的使命。

文 / 邱伟

擎起半边天

以“北京 +”命名的联合国纪念活动，绝无仅有

“望着她，就像是在读一首极有韵律的诗。”

1993 年 10 月，一幢半弧形的建筑在东长安街北侧拔地而起，正中入口后退 40 余米，呈弧形环抱之势，圆润的曲线使整座建筑显得小巧、细腻。当年的新闻报道中，曾用开篇这句话形容中华全国妇女联合会大楼。

在中华全国妇女联合会成立了 44 年之后，它的办公大楼搬上了“神州第

位于东长安街北侧的中华全国妇女联合会大楼。摄 / 北京日报记者　丁文捷

一街”。柔和的建筑立面背后，是中国妇女事业前进道路上踩下的一个又一个坚实脚印。

政权、夫权、族权……数千年封建社会的漫漫长河中，捆绑女性的腐朽绳索，终于在新中国成立后被条条剥离。1954 年 9 月，新中国的第一部《中华人民共和国宪法》诞生，“男女平等”被正式写入其中。

女性力量正在苏醒，她们的故事开始有了更多的形状。她们是母亲，是妻子，但也是工程师、企业家、运动员，是各个行业领军人物的“半边天”。

破枷锁

“中国妇女今天能开这样的盛会，完全是中国共产党英明的领导，中国人民解放战争空前伟大的胜利，千百万人民和妇女坚持奋斗的结果。”

1949 年 3 月 24 日下午，中华全国妇女第一次全国代表大会在北京中南海怀仁堂开幕，蔡畅致开幕词。

也是在那一天，蔡畅当选为中华全国民主妇女联合会主席。为了这一刻，彼时 49 岁的蔡畅已为妇女解放事业奔走了至少 30 年。

1919 年，蔡畅等人发起湖南女子留法勤工俭学运动，并亲自赴法勤工俭学。后来，她又在中国共产党组织安排下赴苏联学习考察。

在苏联，蔡畅时常深入工厂、农村，同女工、农妇聊天，了解她们的工作、生活。回国后，她组织开设妇女运动讲习班，而其中的学员毕业后又回到原地区，领导当地的妇女运动。一颗火种由此播撒开来。

第二次国内革命战争时期，江西革命根据地的青壮年男子大都参军上了前线，蔡畅带头下田，在苏区掀起妇女参与生产管理的高潮。各县组织起妇女耕田队、劳动互助组、犁田合作社等生产组织，妇女还参与农业生产和乡村管理，保障了基本生活所需，也有力支援了前线作战，更重要的是为妇女赢得了社会地位。

蔡畅的行动开始泛起涟漪，而涟漪又泛起了更大的涟漪，妇女组织的力量一点一点积攒起来，开始在不同时期的革命斗争中发挥作用。

“半边天”

1950 年 4 月，新中国制定的第一部法律《中华人民共和国婚姻法》正式颁布，废除包办婚姻、男女婚姻自由、坚持一夫一妻、男女权利平等……

第一次，父权至上的时代从法律的层面被宣告终结。广大女性的自由还不止于此。

据统计，1957 年全国有 70% 的农村妇女参加了农业生产，城市女职工达到 328.6 万人，与 1949 年相比，增加了 4.5 倍，旧中国将妇女排斥在社会生产劳动之外的状况被彻底改变。

与此同时，女性有了真正意义上的“当家证”。

1954 年，全国普选工作结束时，参加投票的女选民占全国女选民总数的 84%，全国选出的 560 多万名基层人大代表中，妇女代表有 98 万余人，占代表总数的 17.3%，出席第一届全国人大会议的女性代表包括蔡畅在内共有 147 人，占全体代表总数的 11.9%。

男女在全国普选中平等地行使选举权和被选举权，这在中国历史上是破天荒的头一次。

1994年3月8日，一条标语横幅从中华全国妇女联合会办公大楼飘然垂下：“迎接 95 世界妇女大会（以下简称 95 世妇会）在北京召开！”

时至今日，这仍是联合国历史上规模空前、人数最多的一次盛会。很多国际友人，也是通过这次大会形成了对北京的“第一印象”的。

据时任中国常驻联合国代表李肇星后来回忆，经过一年多的努力，依靠发展中国家的支持，1992 年 3 月，中国争取到联合国同意，获得了大会举办权，大会的辅助性会议“95 北京非政府组织妇女论坛”也确定在北京同步召开。

当年 8 月，95 世妇会组委会成立，时任全国妇联主席的陈慕华任中国代表团团长。

这自然是一件与世界接轨的好事，但一个摆在组委会面前的事实是，中国此前从未承办过此类盛会。在筹办之初，大多数人都是第一次听说“非政府组织”（NGO）。

不了解怎么办？组委会为此成立了专门的委员会，也派一些干部到国外参会，学习怎么组织一个国际 NGO 论坛。全国妇联第一书记黄启璪就专门到曾举办过世妇会的肯尼亚首都内罗毕考察学习。

更为棘手的是场地。正式确定世妇会 NGO 论坛场地及住宿安排在怀柔时，距离世妇会开幕只有 150 天，而计划中的工程量约等于建造一座新城。

包括拆除破旧建筑物 804 处，共 20 万平方米；清除垃圾和渣土数百万吨；新建工程 40 万平方米，仅部分外宾所需的 8 个住宅小区共 63 栋楼房中新建筑就达 27 万平方米，所需的大小会议室要新建 40 余个。交通、通信、供电、供水、排污，“从天上到地下”都要翻新扩建。此外，要植树 230 余万株，铺草坪 18 万平方米，栽花 40 万株；粉刷喷涂陈旧建筑物 35 万平方米……

但 150 天后，怀柔山环水绕、翠绿掩城，道路宽阔通畅，栋栋新楼拔地而起，这项不可能的任务完成了。

也正是在这次大会上，中国政府向国际社会庄严宣示，把男女平等作为促进我国社会发展的一项基本国策，这标志着男女平等由此从观念意识变为了国家意志。

那一天，颇具中国特色的“半边天”走出国门，成为世界妇女大会秘书长

1995 年 9 月 4 日，联合国第四次世界妇女大会在中国北京召开。摄 / 北京日报记者　翟伟

口中的“Women hold up half of the sky”（“妇女撑起半边天”），开始在国际舞台上频繁出现。

“北京+”

在联合国的历史上，世界妇女大会只召开过4次。2015年，联合国秘书长潘基文和第66届联合国大会主席纳赛尔曾联合提议再次召开，但终未获会员国授权。

虽然不再以世妇会的名义举行妇女大会，但是每隔5年，联合国仍会举行类似纪念活动，并从国家、区域、国际三个层面对北京95世妇会决议的执行情况进行评估，以促进世妇会制定的各项战略目标落到实处。

在联合国的语言中，这些每隔5年举行的纪念活动被称为“北京+5”“北京+10”“北京+15”……当年的这场盛会，从未远去。

2022年10月30日，新修订的《中华人民共和国妇女权益保障法》获得通过，其中规定，消除就业性别歧视，将就业性别歧视纳入劳动保障监察范围，同时完善生育保障，建立健全职工生育休假制度。

如今在中国，一个包括100多部法律法规在内的全面保障妇女权益的法律体系已被搭建起来。

全国妇联大楼的另一边，一栋建筑里的红色旋转楼梯正成为时下的打卡胜地。螺旋向上，旋梯的另一头连接着中国女性崛起的全历程。

2010年，一座由两条曲线勾勒出的中国妇女儿童博物馆落成，在建筑林立的“神州第一街”夺人眼球。

一条曲线柔和地蜷缩起来，好似襁褓中的婴儿，另一条则舒展地覆盖其上，让人联想到母亲的孕育。

从“三寸金莲”绣花鞋到识字证书，再到最早的妇女选民证，展馆中短短十几米的距离，落到泥沙俱下的历史长河中，中国女性走过了千年，她们的步伐仍在向前。

抗美援朝战场上的女战士，我国高校第一位电影学博士生导师，北京大学生电影节的创始人，这些标签都属于如今已 90 岁的北京师范大学教授、中国文化国际传播研究院院长黄会林。

2024 年 3 月，她被授予“全国三八红旗手标兵”称号，这是一项由全国妇联组织的始于 1960 年的表彰活动，各个时期为国家建设做出杰出贡献的先进妇女形象都从中涌现。

与黄会林一同获此殊荣的还有奥运冠军张雨霏、守护中国高铁的高级技师柯晓宾、靠卖豆腐起家的民营企业家张荣华、合肥蓝天救援队队长苏琴、长期从事古遗传学研究的科学家付巧妹……

更为多元的女性力量，正在撑起中国现代化建设的“半边天”。

重要的是，在一个包容发展的社会中，她们拥有了自主选择的权利，她们没有去往同一个地方，她们拥有不同的故事和美好。

文 / 丁文捷

天下第一所

当警察还要考导游证，这不是开玩笑

对每一个中国人来说，“天安门”三个字无疑具有非比寻常的意义。“这辈子总要到一次天安门广场”，是来京游客的共同心声。

天安门地区既是首都北京重要的政治核心功能区，也是重要的旅游功能集聚区。这里汇集了天安门、人民英雄纪念碑、人民大会堂、毛主席纪念堂、国家博物馆、故宫等诸多具有深厚历史文化积淀的著名景点，被称为祖国的“心脏”，吸引着全世界的目光。

“天安门地区无小事”，负责维护这一重要地区社会治安、确保中外宾客安全的公安机关，正是北京市公安局天安门地区分局，下辖中山公园派出所、劳动人民文化宫派出所、故宫派出所三个派出所，被誉为“天下第一分局”。

特殊职责

“天下第一分局”的前身，是“天下第一派出所”——天安门派出所。

1972 年 6 月，天安门派出所正式成立。刚建所时，整个派出所的民警只有 10 多人，所址在故宫端门内西朝房。

老民警孙桂花回忆，建所之初归北京市公安局十三处管辖，当时也就十几个民警，有“老公安”，也有公安学校毕业的学生，还有部队转业的军人。民警年龄都偏大，女民警只有她一个。

1976 年 1 月，天安门派出所划归北京市公安局东城分局管辖。20 世纪 80 年代，民警们在广场巡逻全是靠走路，出警时乘“挎斗摩托车”，所里最好的警车就是后开门的“212 吉普”。

当时没有执法记录仪，连电台都是一组才用一个。平时三四个民警一个警组，夜班有两个班，每个班 5 个人，18 时到 0 时一个班，0 时到 8 时一个班。夜里的 8 个小时里全靠步巡，冬天戴皮帽、穿羊皮大衣、套棉靴，全副武装。“累了只能在人民英雄纪念碑那儿找个背风的台阶坐会儿。”老民警郭高生曾回忆说。

1993 年 12 月，所址迁至东交民巷 37 号，现在这里也是天安门地区分局的办公地址。在 20 世纪 90 年代，天安门派出所的管辖范围北至故宫的午门，南至正阳门，东至南池子，西至人民大会堂西侧路，共 43 万平方米。

天安门派出所的民警除了干维护治安的本职，还得兼职当“咨询员”。国旗几点升降，王府井怎么走，孩子走丢了……每一个上岗民警必须百问不烦，逢困必助，热情待人。

1999 年 5 月 31 日，北京市公安局天安门地区分局获批准成立；6 月 15 日，天安门地区分局正式挂牌成立，“天下第一所”变身为“天下第一分局”。

2024 年 7 月，位于东交民巷 37 号的北京市公安局天安门地区分局。摄 / 北京日报记者　周经纬

同频共振

警察还考导游证，这不是开玩笑，是发生在故宫派出所的真人真事。

每天数万游客“进宫”游览，因照相“C 位之争”之类的纠纷时有发生，而故宫派出所的民警个个都是调解纠纷的高手。

民警陈海春总会向新民警分享自己的调解小妙招。为了做好服务，派出所民警在工作之余学习故宫文化，了解导游行业规范，熟悉旅游业政策、法律法规和导游从业规范，在学习过程中，民警王文彪考下了导游证，成为一名有导游证的民警。

沉下心来，与 600 多岁的故宫同频共振，才能将它的美更好地介绍给从四面八方来的游客。

“我们这里有个不成文的规定，每名民警在入所后，都要学习各类专业知识和有关故宫的方方面面知识。对历史典故和方位路线要了然于胸。在日均客流量几万人的故宫执勤，还要眼观六路、耳听八方、行步如风，具备处理各种事务的能力。”故宫派出所所长郑维嘉说。

2021 年以来，故宫派出所运用网格化管理思路，推行“格区警务”，根据院区防范重点，将故宫划分出不同的格区，并选派 15 名业务骨干组成“格警”队伍，进一步加大故宫各个重点地区的防范力度。“格警”们发动商户店员、物业保安等参加群防群治工作，组建故宫志愿者团队，强化了格区控制，提高了见警率、管事率。几年来，故宫地区的刑事和治安类警情通过 110 报警系统接报的数量始终保持低位运行。

参观游客的“家人走散了”“物品遗失了”等求助类警情时有发生。故宫派出所依托格区警务模式，组建了寻人找物微信群、应急微信群等，民警与景区工作人员相互配合，搭建起守护游客安全的便民服务网络。民警们说，群众的事无小事，小事也是大事。

近几年，故宫派出所归还游客失物数千件，联系紧急医疗救治服务几十次。派出所还精心设计了印有派出所联系电话的贴纸，由民警贴在参观故宫的孩子身上。如果孩子不小心走散了，看到的人就能立即和派出所联系帮助其找回家人。

为民服务

能问询指路，能寻人找物，准备了母婴室，还能盖个主题印章、写下对祖国母亲的寄语……近年来，天安门地区分局的为民服务车成了天安门广场上的网红打卡点。

这个创新之举的源头来自天安门地区分局巡警二大队综合中队中队长李春。2014 年，她从外交学院硕士研究生毕业后，报名参加了招警考试，并主动选择来到了天安门地区分局工作。

广场上人流量巨大，丢失重要物品的情况经常发生，而李春总是竭尽所能地寻找失主，一个个学生证、户口本、钱包，都回到了主人身边，也给他们带去了对首都北京的美好回忆。

一次，一位失主专门给李春寄来了一封感谢信，信中说："世界那么大，感谢你大海捞针般的工作……"就这样，"大海捞针姑娘"便成了李春的代名词。

2017 年，天安门地区分局成立以李春名字命名的"李春为民服务站"，吸纳 50 余名民警，在做好日常执勤执法工作的同时，为群众提供失物寻找、义务寄还、旅游咨询、紧急救助、安全宣传等综合服务。2021 年，"李春为民服务站"获得了首都学雷锋志愿服务"五个 100"最佳志愿服务组织称号，成为北京公安民警开展志愿服务活动的优秀代表。

天安门地区分局趁热打铁，在 2021 年将为民服务站升级成为民服务车，开进了天安门广场，李春是当仁不让的负责人。

一开始，为民服务车设计了"问询指路、安全宣传、失物招领、走散寻人、健康救助、母婴服务、协助预约、临时休息"8 项服务。2022 年，李春设计制作了"国庆"主题和"喜迎二十大"主题纪念印章，放在服务车前，欢迎游客前来打卡盖章，为祖国母亲送上祝贺。她没想到的是，游客们的热情十分高涨，带着贺卡、书本、游览地图甚至衣服来盖章留念。从此之后，为民服务车又多了一项"爱国主义教育"的功能。

2024 年春节期间，李春又设计了与便民服务卡相结合的特制文创"高铁票"——票面上注明"车次"是龙腾盛世车、国泰民安号、G2024 次列车，"列

2024 年春节假期，在天安门广场东侧的北京市公安局天安门地区分局为民服务车，为往来的游客们准备了反诈宣传、许愿墙、特色盖章等多种多样的特色服务。摄 / 北京日报记者　甘南

车”从祖国心脏开往天南地北，票价为“奋斗无价”，下面还写着“让我们以奋斗之名共赴时代之约”的新年祝福。票的背面则印着出行安全、观看升降旗注意事项、分局指挥室电话等服务信息和暖心提示。这样别致的纪念品让游客爱不释手，春节期间每天七八百张都供不应求。

此外，为民服务车还免费向游客赠送防走失腕带，上面印有分局指挥室的电话，如果有人发现走失走散的孩子和老人，就可以拨打电话联系民警救助，帮他们找家人。通过小举动，守护大安全。

将汗水播洒在广场，用坚守筑起防线，把美好送给游客，向世界展示中国。每一个黎明，目送着五星红旗冉冉升起，天安门地区分局的民警们用自己的脚步，丈量了忠诚与担当。

文 / 周经纬

第八章

生态的长安街

长安街红墙下的玉兰。摄 / 何建勇

百花生锦绣

始于 1986 年的国庆主题花坛，大有学问

2024 年 9 月 22 日，“祝福祖国”巨型花篮吊装完成，亮相天安门广场。花坛以喜庆的“蔬果花篮”为主景。篮内选取了具有美好寓意的蔬果和花卉，体现“蔬果飘香，繁花似锦”，表达对祖国繁荣富强、欣欣向荣的美好祝福。

事实上，每逢重大节日和盛事，十里长街就会被装点得花团锦簇，充满喜庆氛围，这是始于 1986 年的老传统。如今，天安门广场的巨型花篮和长安街沿线的立体花坛，更是成为全国各地游客最爱的打卡地之一。

年复一年，摆花记录着国家的重大事件和人民的幸福生活，也体现着花卉产业的创新和进步。

立体花坛水平世界领先

初秋的京城，长安街沿线花坛是很有首都特色的景观。一座座立体花坛前，总会聚集着前来打卡的市民和游客。路旁的花带、广场的花球和花柱，映衬着秋高气爽的好天气，美不胜收。

北京市园林绿化局相关负责人介绍，北京每逢节日和盛事都要摆花，这一传统始于 20 世纪 80 年代。

1986 年，天安门广场首次在国庆前搭建主题花坛。市园林绿化局相关资料显示，这座花坛直径 60 米、高 3 米，6 个巨大的花瓣由中心向外辐射，每

1986 年，天安门广场花坛。图源：北京城建园林花木公司

个花瓣长 25 米、宽 11 米。花心由 50 多盆龙柏球组成，荷兰菊和天冬草镶边。花瓣之间配置 6 个三角形花坛，栽植了各色月季。

自此开始，天安门广场摆花坛迎国庆，从未间断。数十年来，广场的摆花式样历经了三次变迁。

最初是“一大四小”的“五饼式”布局：“一大”指圆形的中心花坛，“四小”是广场四角的立体花坛，这一布局沿用了 17 年。

后来因天安门广场进行大规模改造，在东西两侧新增加了两块绿地。2003 年国庆摆花时，花坛布局首次更新为“画卷式”。当年，中央设主题花坛，两侧绿地分别组成“长江三峡”“万里长城”两幅山水长卷。

2009 年，天安门广场花坛布局再次变化，大家熟悉的“大花篮”从此年年出现。

在十里长街沿线，花坛也经历了从平面式到立体式的变迁。

1999 年以前，长安街沿线的建国门、东单、西单、复兴门等节点的花坛是平面式，只有从高处俯瞰，才能看出花坛营造的整体效果，路过花坛的市民平视很难看出立体效果。1999 年起，长安街沿线花坛变成立体式花坛，巨大

2003 年，天安门广场中心花坛“万众一心”。摄 / 北京日报记者　李继辉

2009 年，大花篮首次亮相。供图 / 北京城建园林花木公司

的花坛，自草坪中显现，既适合远观，也经得住近看。鲜花营造的美丽景观，成为新的打卡地，在扮靓长安街的同时，也为天安门广场分流了赏花游客。

北京城建园林花木公司的退休职工李玉鹏，曾见证了天安门广场摆花的初期模样。当年，他高中毕业，接了父亲的班，在南郊花圃上班，“那时我们用的花材比较简单，工艺也比现在差很多”。

李玉鹏回忆说，摆花造景从前主要靠盆花。花盆直径在 10 厘米左右，且一盆挨着一盆，中间免不了有缝隙，所以很难做出细腻生动的景观效果。近几年，穴盘育苗技术解决了这一难题，较小的种植穴直径仅 2 厘米，相当于 1 元硬币大小。这样一来，植物的栽种密度大，形成色块效果好，并且方便拼接，特别适合立体花坛造景。

“经过几十年发展，我们的立体花坛已经达到了世界领先水平，植物材料多样，造型非常细腻。”北京市园林古建设计研究院的高级工程师、国庆花坛总设计师蓝海浪说，京城的秋天气候宜人，对花花草草很友好。中国人喜欢用花朵来庆祝生日、表达喜悦，这也极大地促进了立体花坛的发展。

长安街年年摆花，带动了首都立体花坛设计团队的创意制作水平，并时常向外省市输出经验和产品。2021 年 10 月，《生物多样性公约》缔约方大会第十五次会议（COP15）在云南昆明举行，会场主花坛“绿色梦想”以及昆明街头的不少立体花坛，就出自首都长安街花坛的设计团队。

用创意装满“大花篮”

从 2009 年起，天安门广场的中心花坛几乎年年是“大花篮”。细心的人会发现，花篮可不是一成不变的，里头装的每一朵仿真花，从品种到造型都很有讲究。今年该为大花篮装什么？这些不断迸发的精彩创意，来自蓝海浪和他的设计团队。

“每年设计摆花，就好像是我的春晚。”他笑着说。年复一年，越来越难，因为好创意几乎被用尽。而万人瞩目的花坛，不仅要出新出彩，更不能出现半点儿差错。

起初，花篮里装的是牡丹，后来又添了梅花、玉兰、月季等传统花卉，有的年份还有向日葵、山丹丹、松枝、竹子、萱草、桂花等。2013 年，花果篮首次亮相，里头不仅有花卉，还有石榴、苹果、蟠桃、葡萄等寓意吉祥的仿真水果。2023 年篮内首次装上了五谷，寓意五谷丰登，以此礼赞丰收、致敬劳动。

长安街沿线约有 10 座立体花坛，也是同一支团队设计的。这些花坛的主题与时代紧紧相连，要体现每年的大事、喜事，如亚运会、香港回归、发射载人航天飞船、迎接奥运。同时，普通人幸福的小日子，也藏在了花坛里，比如 2022 年西单东南角的"绿色生活"花坛，主景就融入了露营、野餐等户外潮流生活方式。

把宏大、抽象的命题落细落实，考验着设计师的功力。蓝海浪随身带着一个本子，随时随地记录灵感，"设计花坛从不缺少题材，而是要注重题材的甄选和平衡"。蓝海他和花坛核心设计团队的成员，都是《新闻联播》的忠实观众。

9 月是花坛搭建团队最忙碌的时候。为减少对市民和交通的影响，在某个无风的夜里，巨型花篮会在数小时内完成吊装，次日清晨惊艳世人。

2023 年的国庆花坛首次装上五谷。摄 / 何建勇

花篮中插着仿真花，每朵仿真花都重达 100 斤以上。巨型仿真花如何插入 10 多米高的花篮?“我们在吊装前,要预先制作一个缩小版花篮,俗称‘插小样’。”北京城建园林花木公司总工程师张先哲。过 3D 扫描确定花朵的空间坐标定位和朝向，在现场插置过程中，利用 GPS 系统快速确定花朵在大花篮中的位置，工程师根据现场环境进行人工调整，使其从各个视角都能完美呈现。

插好花的篮盘约有 60 吨重，需要两台吊车协作完成。吊装时，两台吊车需要高度一致，同时起吊、匀速平稳，不能发生剧烈晃动，精准入位，这是对经验和技术配合的极大考验。

自育花卉让花坛更绚烂

20 世纪八九十年代，长安街沿线只有两种花唱主角：红色的一串红和黄色的菊花。再怎样变换造型，也显得单调乏味。

持续多年的“花坛迎盛事”，倒逼花卉产业的大发展。“北京申奥成功之后，花卉产业特别受重视。行业内都铆足劲儿，要为迎奥运培育好花材。”一位业内人士告诉记者，花卉产业大发展要靠“两手抓”：一是自主繁育花卉，二是引进国外公司选育的好品种。

自主繁育花卉需要经历漫长且充满未知的过程。京企的育种团队前往全国各地，寻找优质的野生品种资源。越是人迹罕至之处，野生资源越丰富，因此，他们穿过瀑布，攀行山崖，滇西南、藏东南等地都留下他们的脚印。

奔波的身影带回了一个个优质的野生花卉资源，这才仅仅是开始。工作人员还要不辞辛苦，进行大量的杂交授粉和后代繁育工作。

繁育美丽，比“万里挑一”还严苛。小菊是北京繁育最成功的品种，第一年播撒下十几万粒种子，只有数百株进入第二年的复选，通过扦插盆栽，选出其中性状良好、表现稳定的种子……粗略算下来，小菊的选育至少需要 5 年。

2008 年前后，花卉产业积累数年的成果得以实现。此后，园林绿化工作者并没有停下创新的脚步，他们追逐着更优质的花卉、更美丽的花坛。有了长期品种资源的积累，加上一直与国外花卉企业合作的优势，北京拥有了越来越多的自主培育花卉品种，如小菊、萱草、秋海棠等，这些自育新品种很多都应用到了国庆花坛上。

2023 年的国庆花坛中，50 余个国内自主知识产权新品种、国外引进新品种和乡土植物首次亮相。自育的国内自主知识产权新品种共 18 个，最具代表性的是花木小菊“猫眼”系列，有粉香槟、粉奶油、咖啡粉黛等多个品种。这种小菊的花期就在国庆前后，能够自然成球，抗高温和大雨，单朵花形也很漂亮。

国外引进的新品种共 20 余个，包括新一代月季“真妍丽”系列的“红队长”“真诚”“金龙”，深蓝鼠尾草“紫色绽放”等。还有荠苎、湘西过路黄、海州常山、陕西卫矛等乡土植物。此外，“京西稻 3 号”、彩色稻“新胭脂稻 1 号”“新胭脂稻 2 号”，也是首次在长安街立体花坛中应用，让市民能够在都市中感受田园风光。

摆花通常在秋天，但也有好几次例外。2021 年是中国共产党成立 100 周年，7 月正值盛夏，多雨闷热、阳光曝晒，在这样的季节让娇嫩的花朵保持元气，难度实在不小。

让花朵在夏天保持精神抖擞，最重要的秘密在于品种筛选。记者曾踏访花木公司的种植基地，试验田里栽植了数百种花卉。就拿矾根这一种植物来说，就有紫色系“着迷”、绿色系“巴黎”、金色系“香茅”等品种；福禄考也有红、白、粉、紫等多个色系。

经过试验，耐高温、强光和湿热，还能连续开花超 3 周的花儿，才能应用在长安街沿线的景观布置中。此外，六倍利、舞春花、萼距花以及本土野花“岩青兰”等蓝白色系花卉，因能够给人带来清凉的视觉感受，也被大量用在了夏日摆花中。

长安街沿线的花坛主题，总是紧紧跟随时代的脉搏，记录着家国大事，展示祖国各项事业发展的历史性成就，如“一带一路”国际合作高峰论坛的举办、“天问一号”探测器发射、脱贫攻坚的伟大奇迹，等等。

2024 年是新中国成立 75 周年，天安门广场和长安街沿线又一次花团锦簇迎盛事。

文 / 朱松梅

芳草碧连天

长街两侧珠链镶嵌，是美丽中国建设的生动实践

2024 年 9 月 25 日，北京市园林绿化局公布了新中国成立 75 周年庆祝活动天安门广场及长安街沿线花卉布置方案。

今年，长安街沿线建国门到复兴门之间精心布置 10 组立体花坛，描绘了祖国繁荣昌盛、人民安居乐业的中国式现代化新篇章。其中，东长安街 5 组花坛体现普天同庆，共贺祖国取得的伟大成就；西长安街 5 组花坛体现华夏儿女共建共享美好家园的幸福生活。

建国门西北角——“普天同庆”花坛。摄 / 北京日报记者　王海欣

西单西南角——“花园社区”花坛。摄 / 北京日报记者　王海欣

如今，放眼长安街，高楼大厦和滚滚车流之间，摇曳着深深浅浅的绿。葱郁的绿化带贯穿长街，层次分明。

不论是矗立广场的油松、映衬红墙的玉兰，还是宽阔的草坪、婀娜的垂柳、高大的白杨，都为长安街平添了生态之美，也成为美丽中国建设的生动实践。

长安绿带珠链镶嵌

过去 70 多年，天安门及长安街延长线总共经历了 5 次景观提升，分别为 1950 年、1959 年、1999 年、2002 年、2009 年。最初，主力树种包括杨柳、油松、桧柏、元宝枫、国槐，还有月季和零星的绿地。

改革开放大幕拉开，“神州第一街”的市政和商业功能得到了更多的重视。1985 年，《关于天安门广场和长安街规划综合方案的建议（草案）》提出，要尽量扩大绿地，充分植树栽花，使建筑物处在绿荫环抱之中。此后，长安街沿线的绿化树种开始丰富起来。

1999 年，新中国成立 50 周年之际，长安街及其延长线进行了最大规模的提升改造工作，范围由公主坟至大北窑，全长 13 公里，全线的园林绿化进行大规模的调整，景观效果得到了全面提升。据《北京日报》报道，那次工程的重要原则之一就是“千方百计争取每一平方米的绿化面积”。天安门广场内、前门箭楼周围、建国门西北角、西单文化广场、大北窑、东单、西单等地都挤出了增绿空间，长街两侧绿带气脉贯通，连线成景。

以西单文化广场（现为西单更新场）为例，那里本是寸土寸金的商业区。西城区政府拆商辟绿，1.1 公顷的大型公共绿地才得以在闹市落户。站在西长安街远远眺望，就能看到广场东北部坡地上的那一片纯净绿色。

2007 年，长安街沿线在条件许可的地段，种植了 1700 多株第二排行道树。除了“增绿”外，工程还为长街“增彩”。当年，长安街沿线首次大规模补植花卉，从复兴门到建国门沿线重点选取四个地段补植，包括复兴门东南角、台基厂路口、东单路口和贵宾楼到南长街一带。这些地方从前种植的是草坪，补植了近 30 万株花卉，包括矮牵牛、串红、万寿菊。

2016 年，第一轮百万亩造林绿化工程刚刚收官，对于什么样的树皮实、

长安街景观提升。摄 / 何建勇

美观且对小动物更友好，北京的园林绿化部门有了更多的心得。彼时，长安街恰好迎10年来最大规模绿化升级，择树的原则自然更加科学。

当年，长安街沿线的部分绿地内补植了国槐、栾树、银杏等乡土树种，补种灌木和草坪。有条件的地方增加了蔓生月季、地锦、凌霄等立体绿化植物，部分地段还增加了玉兰、碧桃、紫薇等及金银木、金叶榆等彩色树种。

据统计，如今，国贸桥至公主坟桥的绿地面积共59万平方米，栽植植物种类178个品种。打造了“玉兰盛景”“玫瑰芳馨”“松风拂坪”“海棠春枝”“紫薇入画”“丁香语浓”“木槿朝荣”“樱花落雨”“梧桐掩翠”“桃红映目”十大绿化景观，使长安街的整体景观更加壮观恢宏。

屋顶被称为城市的“第五立面”，是一座城市空中景观效果的展示窗口，也为现代都市提供了难得的增量生态空间。若是有一双天眼俯瞰长安街，会发现沿线不少建筑并非钢筋水泥的丛林，而是郁郁葱葱的空中花园，草坪如茵，花朵绽放，美不胜收。

长安街以南，有“京城珍珠第一家”美名的红桥市场有一座屋顶花园。其面积约有3000平方米，顶半个足球场大。栽植了凤仙花、孔雀菊、万寿菊等浅根系植物，还有一座标志性的红桥。不管是市场的工作人员还是消费者，都可以来闲逛休憩，眺望庄严的天坛。

如今，通惠花园、华贸中心、国博、中铁建大厦等20多座建筑楼顶的“空中花园”，已在长安街沿线形成了一条空中绿化带。

展示增彩延绿新成果

长安街是大国首都的门面。很多园林绿化的新理念、新品种、新技术，也首先在这里应用。效果最突出的就是增彩延绿。

北京的冬季寒冷而漫长，大部分花木都会凋零，就连草也变得枯黄，城市不免萧瑟。如何让冬天有更多绿色甚至更多彩色，是园林绿化行业一直在思考的问题。

羽衣甘蓝是一种冬季观叶花卉，看起来有点像卷心菜。如今，它是绿化带中很常见的植物。世纪之交，当大部分人连它的名儿都没听过时，羽衣甘蓝就已经被用在了天安门广场的冬季绿化中。

2015 年，北京开始实施“增彩延绿”科技创新示范工程，几年来共引进 20 多个常绿或者“久绿”型植物品种，在长安街沿线、复兴门绿地等 19 个示范区推广种植，示范区的绿期和彩色期延长了一个月以上。

以东方广场一带为例，2015 年种植了 2 万余株针叶树，是从欧洲、北美引进来的。与常见的松树、桧柏等不同，这些新优品种的针叶树，很多是金色系的，如“金叶疏枝”欧洲刺柏、“金叶”鹿角桧、夏日金欧洲紫杉、金羽毛桧柏和萨柏克黄金桧柏。此外，还种了少见的蓝色系针叶树，如蓝冰柏、蓝粉云杉、落基山圆柏。

这些新品针叶树的变色期很明显，极具观赏性。就拿“金叶疏枝”欧洲刺柏来说，叶子在 5 月到 11 月上旬是金黄色的，12 月到来年 3 月又变成了红褐色。

这些新品种彩色针叶树不仅四季不凋零，并且由于枝叶繁密，还具有较好的滞尘、抗污染的作用。这些新品种的树高普遍只有五六十厘米，类似于沙地柏的高度，但生长极为繁密，不仅能有效覆盖地表，而且还能起到滞尘的效果，经过几年的生长，已经成为长安街沿线四季景观的重要组成部分。

当年，复兴门桥绿地也启动了景观提升，种植了金色、红色、紫色等彩叶树种。常绿阔叶植物也在长安街绿地中有小范围应用，为冬季的景观增添了绿意和温情。建国门等桥区分别试种了北海道黄杨、大叶女贞、广玉兰、石楠等常绿阔叶植物。经过两年的冬季低温天气，目前树木健康状态良好。

冬季严寒，一部分乔木尚能保持绿色，可再怎样顽强的地被花卉也禁不住风霜雪雨。因此，天安门广场东西两侧绿地的花带，每到冬季会用绿色无纺布覆盖，到来年春季再布设花卉。

2020 年冬，路过天安门广场的市民惊喜地发现：绿地首次铺上了彩色的“地毯”。只不过点缀“地毯”的并不是花草，而是棕红色和黄色的木质覆盖物。

木质覆盖物是由枯枝加工而成的木片、木屑，形状非常不规则，外缘还有丝丝缕缕的木质纤维。它很轻薄，但平铺在一起后，便会犬牙交错织成一张毯子。

当年，天安门绿地的“彩毯”是一桩新鲜事。才短短几年，园林绿化废弃物制成的彩毯已经在公园和市政绿地得到广泛应用，既能抑制扬尘，又能为冬季广场景观增添色彩。

百里长街形成公园群

1914 年，中山公园在长安街畔诞生，是京城第一家面向公众开放的现代公园。此后，北海、天坛、景山等历史名园相继开放，不少北京市民都在这些公园留下了出游的珍贵回忆。

如今，北京已经是名副其实的“千园之城”，大大小小的公园遍布城乡。不仅有历史名园，还有城市森林、绿隔公园、郊野公园等。百里长街沿线，绿色更是星星点点，构成了壮观的带状公园群。

——向东看，是通往北京城市副中心的廊道。

驱车行驶在京通快速路上，身边一路掠过的是看不尽的绿色。仅在近几年，廊道地区就建成了八里桥公园、官庄公园、杜仲公园、观音堂城市森林公园、通惠·水谷再生水湿地公园等各种森林和湿地。

——向西看，是与连绵群山对话的绿色轴线。

石景山“长安十三园”像一串绿链，每一颗珠子都美得有特色。比如，衙门口森林公园是京西最大规模的留白增绿片区，西长安街文化艺术公园主打文艺范儿，新安城市记忆公园保留了文脉，首钢松林公园则闹中取静……

京城寸土寸金，长安街沿线就更是如此了。如雨后春笋般冒出来的公园，很多都是疏解腾退而来。

就拿永安里附近的 CBD 城市森林公园来说，它从前是北京第一机床厂旧址，面积不大，呈现环山抱谷的布局，宛如镶嵌在林立高楼中的绿宝石。在周边工作的白领员工很喜欢这儿，思维枯竭的时候就来这儿转转，放空大脑。

大公园也是如此。城市绿心森林公园面积达 11.2 平方公里，相当于两个奥森公园的面积，在城市副中心“两带、一环、一心”的绿色空间格局中，“一心”指的就是城市绿心。这里曾是东方化工厂所在地，2017 年，厂子连同周边的村子启动拆除和腾退，紧接着就启动了公园建设。

一条条清澈的水脉，为千年古都平添了明亮清新的气质。其中，两条最重要的河流，恰好居于长安街的东西两端。西端，永定河孕育了北京湾，它千百年来频繁改道，为古都留下了大量的河泉湖沼；东端，大运河曾舳舻千里，把南方的漕粮、鲥鱼、绒花等货物源源不断运到皇城。

近年来，北京的河流大多经历了从清到污、再从污还清的治理过程。如今，永定河、大运河都恢复了水清岸绿的面貌，一处处森林和湿地在两岸绽放。

不妨去永定河畔的南大荒湿地看看。各种动物和昆虫奏响了美妙的协奏曲，叫得最欢的是蟋蟀，青蛙也加入伴奏，鱼跃而出水声泠泠……这样鲜活的动物世界就藏在一望无际的芦苇荡中。

那里本是一片30公顷荒地。永定河全线通水之后，两岸紧锣密鼓恢复湿地、荒山造林。短短两年，永定河沿岸绿量增加6倍，观测到200余种鸟和30余种鱼，包括棉凫、黑鹳等珍稀动物和黑鳍鳈、宽鳍鱲等指示种。

2024年，《北京花园城市专项规划（2023年—2035年）》正式印发。专项规划提出，要构建花园城市“一屏五带、两轴三环、九楔十五片”的空间格局。“两轴”指的就是中轴线及其延长线、长安街及其延长线，是串联古今，横跨全域的花园轴线。

未来，长安街沿线的老城将塑造“平缓开阔、壮美有序、古今交融、庄重大气”的花园城市形象，长安街绿化美化也将步入新阶段。

文 / 朱松梅

金水映江山

金水桥，内显古都雍容华贵、外展大国庄严气派

一条金水河，形如玉带，直似长虹；12 座金水桥，桥上路面平坦，桥下曲似银环。

每天清晨，当仪仗兵跨过外金水桥，伴随着太阳与五星红旗同时升起，北京城又迎来了新的一天。

金水桥，是紫禁城内外跨于金水河上 12 座石拱桥之总称，随着北京中轴

国旗护卫队员升旗完毕，齐步走过金水桥。图源：北京日报

线申遗成功，如今这 12 座桥都已成为“世界遗产”。金水桥飞虹横卧，桥面起伏不平，中间稍窄，两端较宽，呈现出婀娜多姿的曲线美。洁白晶莹的汉白玉金水桥与巍峨壮丽的宫廷建筑浑然一体，更彰显出古都皇城雍容华贵、庄严典雅的大国气派。

“凡立国都，非于大山之下，必于广川之上，高毋近旱，而水用足，下毋近水，而沟防省，因天材，就地利。”《管子·乘马篇》的记载，充分说明了古人认为的国都城邑设置和水系的密切关系是皇城外置河建桥这一中国古代建筑法式的体现。

而这一切，要从元代说起。

辽金引泉

地上金水，天河银汉。

金水河源于京西玉泉山，流至现西直门而入京城。按照古代五行学说，西

故宫内金水河。图源：北京日报

方属金，故元代定名为“金水河”。

在更早的辽金时期，西山之水被引入今天的北海和中南海，元代下游水道被圈入禁苑。

到了明代，为避免河道路线过多所造成的跨河跳槽，金水河改道从玉泉山流出向东进入今紫竹院湖，又向东入高梁河，于高梁桥后分而为二，一灌城隍（护城河），一从德胜门水关汇入后湖，向东南出银锭桥入今什刹海。

很多人不知道的是，即使作为护城河，金水河也是一条“内外有别”的河。

几乎每一位参观故宫的游客都会在太和门广场留影。作为最佳摄影角度之一，这里不仅能拍到雄伟壮观的古建筑群，更能拍到蜿蜒环绕的“内金水河”。

内金水河，由紫禁城西北筒子河水关进入，向南流至武英门前转东向，横跨太和门广场后向北而东，经文渊阁转南，从紫禁城东南角水关出宫汇入菖蒲河。

而这里，是外金水河的起点。其东端汇入玉河再向南，汇入内城南护城河（前三门护城河），再经通惠河、大运河一路越走越宽，直至拥抱江海。

金水河有内外之分，金水桥也随之有别。据《日下旧闻考·国朝宫室》记载，“天安门前环御河跨石梁七，即外金水桥”“（太和）门前列铜狮二，其南环以金水河，跨石梁五，即内金水桥”。外金水桥为三孔拱券式，一共七座，横跨于天安门、太庙、社稷坛前的金水河上；内金水桥则为单孔拱券式，一共五座，位于太和门广场之前。内外金水桥都以精美的汉白玉石筑就，造型舒展秀美，好似条条华丽的玉带，交相辉映，将宏伟壮观的天安门与紫禁城连接起来，古朴雅致。

桥分君臣

“当你在天安门欢度国庆的时候，也不妨欣赏一下古代劳动人民创造的艺术成果。”1961 年 10 月 1 日，故宫博物院原院长单士元先生在《北京晚报》上刊发《金水桥点滴》一文，邀请读者将目光聚焦金水桥。

金水桥之美，独一无二。《故宫遗录》有载，金水桥参照的样板周桥“皆琢龙凤祥云，明莹如玉。桥下有四白石龙，擎戴（一作载）水中；甚壮”。

北京的内外金水桥分别建于何时，官方历史档案文献中并未有确切的记载，只能推断出其大体上应该与明永乐帝肇建紫禁城同时进行，在造型上与南京的金水桥一致。

如今的金水桥，每座桥八字栏杆，组合形成凤凰展翅；从侧面观，每座桥身的 12 根望柱整齐分列；站在天安门上俯瞰，五座桥形成的四处空间犹如行驶的船；远处粗看，这些金水桥只能看到一个桥孔；近处细看则五孔成串，五座桥下面的对应孔拱高、跨径相等，展现形制之美、工艺之精。

就在单士元先生发文的前一年，《北京晚报》还刊发过一篇环卫工人李永纯的文章：“现在走过天安门，腰杆是挺着的，步子迈得大，眼睛也看得远。”

新中国成立后，天安门广场是人民的天安门广场，金水桥是人民的金水桥。但此前，它们一直是封建王朝礼制的象征。

金水桥的历史可追溯到明太祖朱元璋。其在南京建都后“建金水桥及端门、承天门各五间”，还留有一段“金水桥上君臣对”佳话，说的是与刑部尚书开济信步金水桥时聊天的故事。据明人焦竑《玉堂丛语》载，明景泰年间，在北京建金水桥，皇帝特意下诏请有德行的人“试涉”，礼部尚书杨翥便成为有记载的迈上金水桥的第一人。

但随后，金水桥的等级日渐森严。

站在午门城楼上北望，金水河宛如一把弯弓，“御路桥”仿佛就是弦上的利箭，蓄势待发，象征着帝王受命于天，统治江山社稷。

御路桥是天街御衢的一部分，是明清两代皇帝出入皇城的必经之地，只允许万人之上的皇帝游走。其位于中轴线上，不仅路面最宽阔，蟠龙雕花的望柱也最精美。每年冬至往天坛祭天，夏至去地坛祭地，孟春赴先农坛耕耤田，皇帝均要经御路桥出入天安门。

御路桥左右两侧的石桥称“王公桥”，供皇室成员等通行，桥面略为窄小，栏板的石柱上雕刻着荷花。

“王公桥”东西两侧的石桥称“品级桥”，正对着天安门五座大门最外侧的门，供三品以上的文武官员通行。

而在太庙和社稷坛门前的两座桥比“品级桥”还窄，且为单孔，称“公生桥”，供四品以下官员、兵弁、夫役、太监来往。

数次修缮

新中国成立以后，金水桥历经数次修缮和提升。

1954 年 6 月，金水桥北岸的两座临时性观礼台改建为混合建筑，随后又多次进行扩建；1983 年，市政二公司曾对金水河进行整修，重新墁了河底；同年，金水桥两侧绿化工程动工。两侧灰观礼台改建成总面积 5100 平方米的 4 块绿地，栽种 1 万多株常绿树、落叶乔木和花灌木，种草 3000 平方米；1991 年，相关单位为金水桥安装护栏。

1994 年，金水桥两侧增加喷泉。在金水河 8000 平方米的水面下，汇集了 388 台水泵，布设的高光效彩色放电水下灯的密度十分罕见。由 2880 个喷头构成的金水桥喷泉完工后，从此实现了节假日“飞珠溅玉”的景观。

1983 年，金水桥两侧开始植树。摄 / 北京日报记者　王振民

人民群众也提出了很多建议。

1982 年 3 月，分别从广西和广东来京出差、住在中央团校 1 号楼的贾炳庚和植明来到天安门广场参观。在像其他游客一样参观留影的同时，他们将目光投向了金水桥下的金水河。

“金水桥下的水太脏了，臭气随风扑鼻，水面上浮动着纸屑、瓜果皮以及乱七八糟的脏物，很不雅观。”他们给《北京日报》寄出建议信，建议借“全民文明礼貌月”之风做好卫生，让金水桥下的水变清澈。

在这封信发出之后的第二天，市水利局、永定河引水管理处相关负责人就来到天安门金水桥前，坐上橡皮筏下河打捞杂物，送到垃圾箱。随后，对游人的宣传教育次第展开。

有些呼吁和争论，来自专家。

1950 年，当 22 岁的孔庆普在国庆节前主持维修金水桥等五座古桥及其他古建门楼和牌楼时，金水桥就成了他始终惦记的古建之一。

2003 年，面对日渐腐蚀风化的金水桥，孔庆普再次借《北京晚报》发出呼吁：修葺金水桥。

据史料记载，新中国成立以前，对于金水桥的最后一次大修时间为清顺治八年（1651）。从那时起至 21 世纪初，金水桥没有再次大修过。

栏杆风化腐蚀情况严重，裂开的石件接缝处仅用白水泥勾了缝；由于腐蚀风化，蟠龙柱头已失去了原有的錾纹、刻线；断裂的栏杆只用钯锔固定；坑洼不平的桥面被水泥面代替，能看到的石件已经不多……历经 500 余年风吹日晒的金水桥，是一部历史书。可在孔庆普眼中，它已伤痕累累。

“埋在地下的桥要保护好，地上的明代古桥更应该保护好。”孔庆普呼吁，重修金水桥。

2002 年，也就是孔庆普发出呼吁的前一年，相关部门曾对金水桥进行过一次全面的“健康体检”。大修势在必行，可围绕着“怎么修”这一点，尚存争议。

有人主张，可将金水桥的栏杆全部更新；也有人认为，应更新其中损坏严重的石件，为使新旧石件颜色一致，主张对新石件做旧处理。

天安门外金水桥。摄 / 北京日报记者　方非

专家争议还在继续，但保护性工作已经展开。2004 年，针对太庙戟门前的金水桥防风化保护工程启动，经过三轮专家论证，工程首先是修整驳岸石砌体鼓闪严重的地方，然后用与原石质相同的材料填充、修补裂缝和孔洞。技术人员用防风化、耐老化等性能最好的化学材料，并对汉白玉桥 314 块栏板、望柱做清洗，清除表面有害的物质，对金水桥进行化学保护。

2008 年至 2009 年，金水桥修缮穿护“盔”，品级桥剔除混凝土罩面，恢复传统青砖；东公生桥修缮项目主要涉及桥面、望柱及栏板；西公生桥修缮项目则包括望柱及栏板。文博界专家反复召开论证会，集体“会诊”金水桥。

如今的金水桥，既有历史印痕，又映照当代盛景。桥下的时代洪流，仍旧一刻不停歇地滚滚向前。

文 / 耿诺

正阳燕归来

燕鸣故里，为古老与现代交织的都城唱响赞歌

春天，清晨第一缕阳光洒向北京前门大街，几声燕鸣清脆悦耳。沉睡的古都开始苏醒，北京雨燕从远方归来，在正阳门安家。

“前门楼子九丈九，四门三桥五牌楼。”老北京的这句俗语，说的就是正

正阳门箭楼、城楼。摄 / 北京日报记者　李治宏

阳门。明清两朝，正阳门是北京内城的正南门，又因居皇城前方，民间便称为“前门”。

历史上，正阳门是“九门之首”，规格和形制都是最高的，有“国门”之称。如今，它不仅是北京城内唯一城楼、箭楼保存完好的城门，还是《世界遗产名录》中的重要古建筑。2024 年，“北京中轴线——中国理想都城秩序的杰作”成功申遗，正阳门是中轴线上 15 个遗产构成要素之一。

几百年来，正阳门几经毁损、修缮和改造，栉风沐雨又看尽世事变迁，唯有燕鸣声声如昨。在古建楼宇间穿梭的雨燕，为北京城厚重的历史增添一抹亮丽的活态文化遗产。

一门观古今

1949 年 2 月 3 日，农历正月初六，北平城寒风凛冽，正阳门外，老百姓却在夹道欢庆——解放军在此举行隆重的入城仪式。军队穿城门而过，整齐的步伐踏出了历史的新鼓点。

这是正阳门迎来的历史性转折时刻。自诞生后的几百年间，正阳门曾和皇权密不可分。

正阳门最早称“丽正门”，是元大都的南城垣正门。明正统元年（1436）至正统四年（1439）大规模修建京城城垣和城门，正阳门加筑了瓮城、箭楼、东西闸楼，建造石桥、牌楼，才形成了完整的格局，丽正门也更名为正阳门。

正阳门不是一扇“门”，而是一个整体。北面的城楼，南面的瓮城、箭楼等建筑，共同组成了这内城九门之首。

老百姓说“前门楼子九丈九”，并非指具体高度，城楼通高达到了 43.65 米，是城门楼中最高者。一句“九丈九”，道出了正阳门在人们心中的至尊形象。

“四门三桥五牌楼”则折射着正阳门的气派——“四门”指四个门洞，即城楼门洞、箭楼门洞、瓮城两侧东西闸门各一个门洞；“三桥”是箭楼前方护城河上的正阳桥，桥面被栏杆分隔成三路通道；“五牌楼”是正阳门前“六柱五间”的跨街牌楼，九门中它规格最高。

正阳门箭楼和牌楼。摄 / 北京日报记者　李治宏

把正阳门作为“九门之首”不只是因为高大气派。正阳门的箭楼门洞开在城台正中，专走龙车凤辇，是内城九门中唯一箭楼开门洞的城门；正阳桥居中的通道正对着箭楼门洞，称为御道，只有皇帝才能通行……种种将皇室与普通老百姓区隔开的做法，彰显着正阳门的至高规制。

在王朝统治阶段的古代社会，正阳门见证了中国传统城市管理方式的演进。沿着正阳门南北展开的这条轴线，是中国传统都城中轴线发展至成熟阶段的典范之作。在这其中，正阳门以极高的国家礼仪象征意义，为古代中国社会标注着某种稳健的秩序。

藏于故宫博物院的《康熙南巡图》，记录了康熙南巡归来时进正阳门的盛况——先行侍卫跨马排成两行，穿越正阳门缓缓而来。牌楼南侧，康熙皇帝乘坐在八个人抬的肩舆上，以华盖为前导，武装骑士护卫，缓步返回皇宫。

至于正阳门外的民众，在图中，大街上“闲杂人等”一律回避，店铺、住家门窗紧闭，街口的栅栏门也都关闭，并有禁军把守，轰赶人群……

正阳门与生活在这里的老百姓岁岁相望，但在相当长的时间里，两者却始终保持着某种微妙的距离。

而作为“国门”，一如这个古老的国度，正阳门命途多舛。乾隆四十五年（1780），道光二十九年（1849），箭楼曾两度失火被毁。1900 年，八国联军侵入北京，箭楼被焚毁。

城垣倒塌，灰尘中激起了民族觉醒的意志，百年民族抗争历程和解放复兴之路也由此开启。

1915 年，朱启钤主持前门城垣的改造工程，委托德国人罗思凯格尔改建正阳门箭楼，1916 年竣工。

改建后，正阳门瓮城月墙及东西闸楼被拆除，箭楼被改造成为单体的建筑，新开拓的门洞与道路打通了北京东西长安街和两条南北交通线，解决了前门城楼一带的交通拥堵问题。

回看，这是一次极具象征意义的改建。正如封建王朝已成昨日，正阳门也不再是不可撼动的皇家禁地，拆除瓮城更为城市发展注入了一股务实的动力。

时代的洪流滚滚向前，正阳门一旦从高坛走下，必将走向人民。

1915 年改建后，箭楼成为市民游览的场所，1928 年辟为国货陈列所，20 世纪 30 年代增设电影院，1949 年艺人魏喜奎等组织大众游艺社在箭楼演出。1949 年 2 月 3 日，中国人民解放军在正阳门举行盛大的入城式，正阳门见证了北京城的历史翻开新的一页。

一燕鸣故里

每年阳春时节，北京雨燕如游子从远方归来，在北京的楼宇之间穿梭盘旋。它们沿着中轴线上的历史古建筑啁啾鸣唱，安家落户，其中，正阳门是它们的最爱之一。

每逢此时，正阳门不仅是人们心中理想都城秩序的构成要素，对于雨燕来说，也成了它们的“理想居所”。

北京雨燕被视为“北京城的精灵”，是普通雨燕的北京亚种。它们是北京城最早的“原住民”之一，也是少数以“北京”命名的野生候鸟之一。

1870 年，英国鸟类学家斯温侯在北京第一次采集到北京雨燕标本，从此世上有了以“北京”命名的鸟类物种。

以北京命名，雨燕仿佛也与这座城市有了更深的感情。

每年7月中旬，北京雨燕带幼崽离开北京，跨越亚洲、非洲共37个国家，飞行约1.5万公里，到达南非高原过冬。巧合的是，它们迁徙的路线几乎与古丝绸之路重叠。次年天气转暖，北京雨燕又会像离家的游子，准时起航，日夜不停地飞翔，直至4月下旬回到北京。

精灵般的北京雨燕喜欢在北京高大的木质古建筑缝隙中筑巢，“老北京”也称它们为“楼燕”。

北京雨燕喜欢古建楼宇是有原因的。它们的四趾都朝向前方，无法在平地上站立，也难以抓住树枝或弹跳起飞，一旦落地再起飞难度很大，因而只能依附于岩壁、洞穴边缘滑翔起飞。

听起来，这样的特点让它们很难在城市里生存。然而，正因为北京有紫禁城、正阳门这样的古建筑，斗拱飞檐之间的洞穴缝隙，给它们提供了最好的安家之所。

新中国成立后，北京的发展日新月异，高楼大厦鳞次栉比，雨燕何以安家，一度成为人们讨论的话题。最少的时候，北京雨燕仅有两三千只。

这些年，绿色发展理念深入人心，北京环境治理力度不减，北京雨燕的数量越来越多。人们甚至发现，它们也在尝试融入现代城市，把家安在立交桥下、居民楼上。

北京市野生动物救护中心的调查数据显示，北京雨燕数量在稳步提升，它们不断在城市中扩散，适合筑巢的巢址越来越多。

无论城市发展的速度有多快，北京的古建筑永远是北京雨燕安家的“自留地”。高大的正阳门，正是它们的栖息地之一，北京雨燕在斗拱飞檐之间飞翔鸣唱，已成为北京城一道独特的风景。

为了让北京雨燕更好地安家，这些年正阳门也出了不少力。据报道，从2017年开始，正阳门管理处的工作人员主动给它们创造条件：不安装防鸟网、为它们保留进出城楼的孔道、制作草编的人工巢托置于城楼梁架……

有家可依，回归的雨燕越来越多，近两三年雨燕数量稳定在一万只上下。

正阳门雨燕掠影。摄 / 北京日报记者 李治宏

北京雨燕真正成了北京的特殊生态符号、活态文化遗产。

一线通未来

正阳门城楼门洞下，是中国公路“零公里”的铜铸标志。它牢牢地嵌在天安门广场的地面，仿佛为城市牵引出一条条无形的轴线，南北烙印北京的中轴，东西勾画长安街的壮阔。

对于交通而言，“零公里”标志为中国的公路标注了原点，指引着方向。公路“零公里”标志的设立，在于确立国家干线公路的起点和城市的中心点，也有着重要的人文价值。

在首都的中心位置设立公路“零公里”标志，许多国家都有此做法。美国的标志是设在白宫前，俄罗斯的标志是设在红场上，法国的标志是设在巴黎圣母院大教堂前。

2006 年 9 月 27 日，设立在正阳门前的我国公路“零公里”标志正式亮相，中国干线公路起点从此有了象征性的标志。

不同于法国巴黎和澳大利亚悉尼设立的立体指路标志设计，中国公路“零公里”标志为青铜铸造的平面图标，整体造型外方内圆，对称结构，庄重大气。

走近看，“零公里”标志东西南北对应着青龙、白虎、朱雀、玄武四方神兽，象征四极。主体图案四周辅以东西南北四个篆体字造型，标志中心采用阿拉伯数字“0”作为原点。标志中的放射线从中心的车轮，沿着64个方位点辐射开来，喻示中国公路网络的四通八达。

如今，正阳门周围是一幅速度与秩序交汇的画卷——“零公里”标志前车水马龙，前三门大街贯通东西，迎来送往，是北京重要的公路线；箭楼以东，中国铁道博物馆记录着中国铁路的发展历程；城楼一旁，北京地铁2号线、8号线站点人群川流不息；箭楼向南，出发和到达的公交车络绎不绝……

古朴的正阳门，见证着北京现代交通网络的发展。古老与现代在这里交融，那正是中国人不忘来处、奔赴未来的交汇点。

新的历史仍在绘就。2017年《北京城市总体规划（2016年—2035年）》明确，“长安街及其延长线以天安门广场为中心东西向延伸……向西延伸至首钢地区、永定河水系、西山山脉，向东延伸至北京城市副中心和北运河、潮白河水系”。

从3.7公里到63公里，长安街将成为真正意义上的“百里长街”。

自此，南北延伸，北京中轴画下一条大气磅礴的金线，中国理想都城秩序的杰作刻画着古都的辉煌来路；东西瞭望，长安街仍在探出它年轻的触角，一幅从“十里”到“百里”的画卷徐徐展开，城市的发展仍在滚滚向前……

又是一年阳春日。游子归来，掠影中轴，栖身正阳，燕鸣长安。

在这座古老与现代交织的都城，发展速度和古建文脉之间找到了完美的平衡点，“北京城的精灵”成了城市建设的“试金石”。飞速发展的国度里，人们坚守着一份传统和温情，并深知它们的珍贵。

而那条足以代表北京的金色线条，仍在为历史和未来坚定地指引方向，为人类和万物平等地编织家园，为文脉和生态共同写下“文明”二字。

文 / 李治宏

阳光洒在长街上

1=♯C $\frac{2}{4}$

演唱：孙 楠

作词：李 劲

作曲：李凯稠

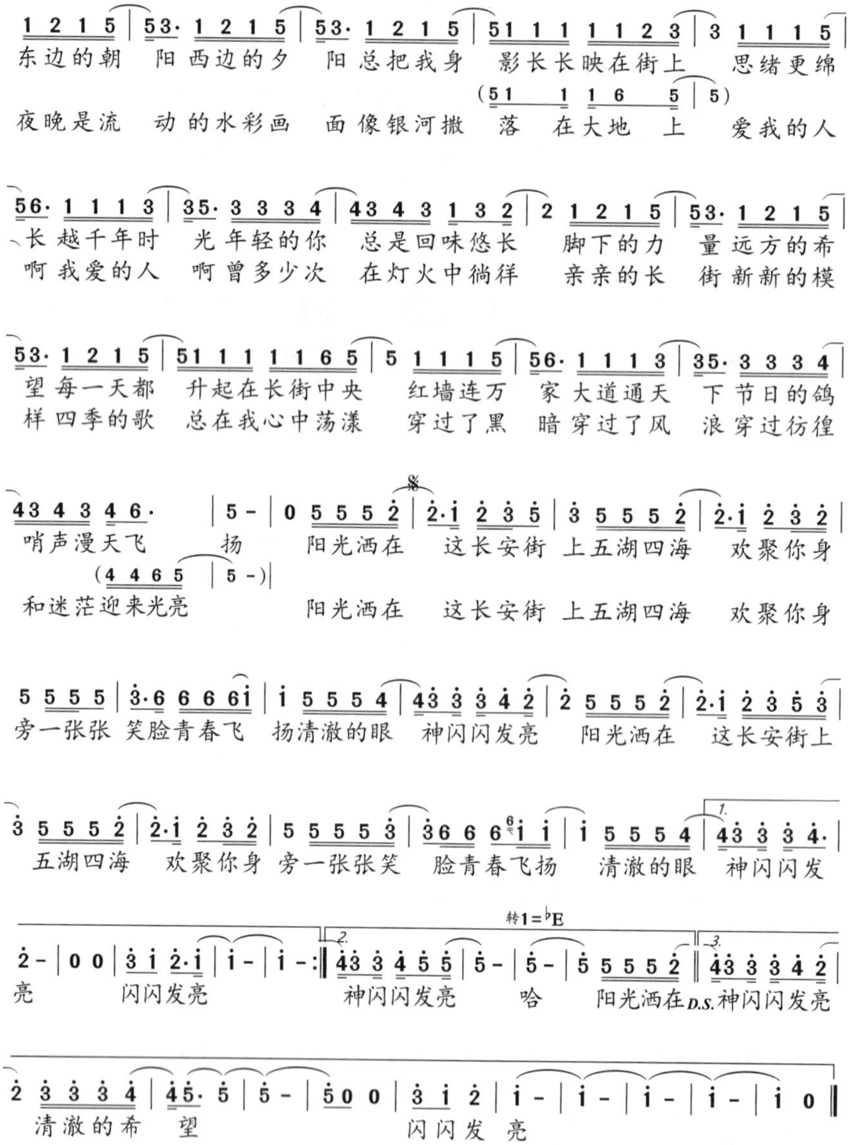

扫码收看主题曲 MV

扫码收听有声书

后记

长安街可谓是被每个中国人所熟知的一条街，不论是否曾踏上过这条街，你一定有关于它的记忆。但有些事物看上去熟悉，实际上却很陌生。比如，长安街有多长？它存在多久了？它的名字从哪儿来？……解读这条街上易被忽略的历史与文化内涵，普及这些有趣有料的知识点，是我们写作的初衷。

2024 年是中华人民共和国成立 75 周年，我们选择在这个特殊的时间节点书写长安街，是因为它记载了千年古都的历史变迁，见证了百年中国的时代巨变。它不仅寄托着中华民族“长治久安”的美好愿望，也昭示着我们将怎样前行。

如何把历史写活，是本书尝试突破的关键。幸赖首都规划建设委员会办公室、北京历史文化名城保护委员会办公室、北京市规划和自然资源委员会、北京市城市规划设计研究院、北京市测绘设计研究院的大力支持，让我们得以更深入细致地了解长安街的“骨骼”与“肌理”。自 2024 年 2 月起，历时半年，长安街知事编辑部联合北京日报社多部门骨干记者，对长安街进行了全方位的采访报道。

回望历史，我们打捞关于沿街建筑的故事。为了让报道跳出固有框架，我们走进自己所书写的建筑与环境之中，用眼睛看、耳朵听、鼻子闻，甚至用手指触摸，记录下了最真实的感受。我们站在天安门城楼上寻找中轴线连成一线的视角，探访中山公园花圃揭开了熏花技术的奥秘，走进欧美同学会触摸百年前詹天佑栽种的古树——这些珍贵的经历为本书增添了独特的现场感。

惊喜的是，采访过程真的是一次“重新发现”。一方面，当我们从首都规划建设的角度解构长安街时，发现不同的时代背景下，国家对“都”的功能定位，都集中地映射在了这条街上。因此，这个系列不仅具有现实意义，在落实《北京城市总体规划(2016 年—2035 年)》的背景下，更是在展望未来。

另一方面，在采写接近尾声时，北京中轴线申遗成功，故宫、太庙、天安门广场及建筑群、正阳门等与长安街紧密联系的构成要素有了“世界遗产”的新身份。我们随即加入了最新内容，让书中内容不止于历史钩沉，更跳动起时代的脉搏。

随着本书的完成，我们仿佛亲历了长安街的“生长史”，从旧时的美好愿景走到今日的繁花似锦，从“十里长街”延伸为“百里长街”，这条“神州第一街”正是中华民族砥砺奋进、走向复兴的最好表征。

最后，我们期待，不同的读者能在本书不同的角落中找到共鸣，感受到那份独属于长安街的魅力。也期望，阅读能唤起人们对身边事物的好奇心，进而去探索这个充满新知的世界。

本书编写组

特别鸣谢：

首都规划建设委员会办公室

北京历史文化名城保护委员会办公室

北京市规划和自然资源委员会

北京市城市规划设计研究院

北京市测绘设计研究院